中国旅游院校五星联盟教材编写出版项目
中国骨干旅游高职院校教材编写出版项目

旅游网络营销

（第二版）

主编　金涛　　　副主编　李卓君　严荣　金莹

中国旅游出版社

再版前言

随着大数据应用、互联网技术的发展，网络营销越来越受到旅游企业的重视。文化和旅游部编制的《“十四五”文化旅游业发展规划》提出要深化“互联网+旅游”。在此背景下，网络营销对文化和旅游业有着深远意义，尤其是新冠肺炎疫情使得网络营销对文化和旅游推广的作用更加凸显。

《旅游网络营销》自出版以来，受到了全国多所院校师生的一致好评。为了与时俱进，编写团队在教材再版编写过程中紧密结合文化和旅游融合发展需要，引用大量最新的行业网络营销案例，进行了以下尝试与创新。

第一，强调课程内容与岗位技能零距离对接，突出实践技能的培养，充分利用互联网及其工具培养学生的网络营销能力。任课教师可以在能够与网络连接的场地授课，充分利用网上资源进行教学。

第二，突出“以能力为本位，以就业为导向”的特色。根据网络营销相关职位技能要求调整教材内容结构，重点介绍网络营销的方法，对目前旅游行业主流网络推广方法进行了详细介绍。通过应用案例、小提示、相关链接拓宽学生的视野，每章都提供实训题目和小组任务，方便教师教学与读者自学使用。

第三，突出“实用、够用、实战”特色，大量增加搜索引擎营销内容，将搜索引擎营销作为一个单独章节进行详细介绍。搜索引擎推广和关键词策略是本书的一大特色，通过大量的案例、数据进行论证，具有良好的可操作性和较强的应用价值。

第四，在研究内容上“求新、求广”，本教材搜集大量的、最新的国内研究成果，通过相关链接、小知识等形式编入书中。

再版教材由金涛任主编，李卓君、严荣、金莹任副主编，第 1 章由严荣编写，第 2 章、第 3 章、第 4 章由金涛编写，第 5 章、第 6 章、第 7 章由李卓君编写，第 8 章由金莹编写。

再版编写过程中，编者得到了浙江旅游职业学院、浙江大学、浙江省文化和旅游厅、文化和旅游部、世界旅游联盟等多方面人士的帮助，借鉴了国内外专家学者最新的研究成果，新疆财经大学旅游学院的严荣教授等多位学者参与了本教材的研讨编写工作，在此表示衷心的感谢！由于编者水平有限，书中难免有不足之处，还请广大读者多提宝贵意见。

编者

2022 年 1 月

前 言

随着旅游业的转型升级，网络营销越来越受到旅游企业的重视。网络营销是以现代信息技术和网络技术为依托，实现企业营销目标的新型营销方式，是企业整体营销战略的一个重要组成部分。网络营销的价值在于可以使旅游产品从设计到消费者的价值交换过程变得更加便利、快捷。随着网络视频、RSS 等技术的成熟，部分企业开始尝试博客营销、RSS 营销。新技术的引入，使网络广告也出现了新的变化趋势，这其中蕴含的机遇在当前全球金融危机的大环境下显得尤为可贵。

本教材共分 8 章，以旅游网络营销的基本理论为起点，系统介绍了网络营销概述、网络消费者行为分析、网络市场调研、网络营销的目标市场定位、网络营销策略、网络营销的方法、搜索引擎营销、网络广告等内容。

本教材由金涛任主编，张萍、贾淑红任副主编，第 1 章、第 3 章、第 6 章、第 7 章由金涛编写，第 2 章由胡泳灵编写，第 4 章、第 5 章由贾淑红编写，第 8 章由张萍编写，全书由金涛统稿，王昆欣审稿。

在本书编写过程中，编者得到了浙江旅游职业学院、首都经济贸易大学、浙江省旅游局等多方面人士的帮助，浏览并收集了大量网上信息，借鉴了国内外专家学者最新的研究成果，在此对各位专家学者及网上信息的提供者表示衷心的感谢！由于网络营销发展非常迅速，对网络营销理论和实践的研究都有待于深入探讨与总结，加之编者的水平有限，书中难免有不足之处，敬请读者批评指正。

编者

2016 年 10 月

目录
CONTENTS

第一章

网络营销概述

网络营销人员是目前最为紧缺的人才之一，现在人才市场需要的主要网络营销岗位有网络推广、网络营销、网络营销策划、网络营销顾问、电子商务销售经理、电子商务网络客服、电子商务专员等。网络营销人员与传统销售员最大的不同是除了应具备一定的市场营销知识与技巧之外，还必须熟悉互联网的特点及运作规律，能够熟练运用各种网络工具。一个合格的网络营销人员应该掌握系统的网络营销知识，全面了解自己服务的行业、企业、产品，能准确地把握市场状况，能制定网站推广战略，对目标任务进行分解并执行，从而达到预期的目的。

学习目标

1. 了解网络营销的基本概念、特点及职能。
2. 熟悉网络营销与传统营销的区别。
3. 掌握网络营销的基本理论。
4. 掌握传统营销与网络营销整合的内涵。

案 例

杭州数字驱动文旅新消费整合营销入选“2020年国内旅游宣传推广典型案例”

2020年，面对新冠肺炎疫情对文旅行业的影响，杭州市文化广电旅游局实施了“数字驱动文旅新消费”整合营销项目，通过政企联手、区县联动、线上线下交互和融媒体传播，以数字驱动激活新消费，以文旅融合促进内循环，取得了一系列成果。

一、“我的家乡我代言”活动

2020年5月至6月，“我的家乡我代言”活动圆满举行，直播带货、达人代言、全民代言三大板块共同发力，打响了杭州文化旅游市场复苏第一枪。

邀请俞飞鸿等知名人士以及三大世界文化遗产和区、县（市）代言人拍摄的12支系列宣传视频在省市电视台连续投放，电视播出覆盖2.5亿人次。杭州市民上传了千余个杭州美好生活作品，点赞数达到45万，活动页面浏览量达到180万人次。

二、“杭州奇妙夜”

2020年8月，持续三晚的首届“2020文旅市集·杭州奇妙夜”火爆杭州。开设“未来已来、文旅超市、小竹林集市、身临其境、杭州爱情驿站、月光美食、云想衣裳、杭派国潮、非遗课堂、杭州书房”十大版块，精彩纷呈。

通过历史浓缩、数字创新、商圈联动、平台共建四大主题，搭建了一场总面积超1万平方米、近200个商户展位的精神文化盛宴。活动共吸引游客11.8万人次（外地游客4万人次），线上线下共拉动消费3008万元。

三、“全球旗袍日”

2020年10月，杭州市文化广电旅游局举办“2020杭州全球旗袍日”活动，将艺术、非遗、文旅消费融为一体，打造六大“旗”遇板块，推出北山旗袍旅拍、清河坊“旗”妙夜、“杭州旗袍”云上展、旗袍文化体验游等15项活动，让旗袍文化搭乘上“互联网+”的快车，吸引来自长三角的各年龄层次旗袍爱好者赴杭体验，释放新兴消费力。

活动总参与者达38.65万人次，总销售额3850万元，媒体总曝光量3.2亿次，获得新华社、中新社、央视、《人民日报》等90余家主流媒体300余篇报道，并入选杭州市文旅金名片工程和浙江省文化和旅游IP库。

除以上活动外，杭州还向全球推出了“杭州数字经济旅游十景”“城市记忆工坊”等整合营销活动。据不完全统计，杭州市文化广电旅游局贯穿2020年的“数字驱动文旅新消费”整合营销系列活动共吸引到400余家文旅企业参与，线上线下拉动消费9383万元；国内外主流媒体宣传曝光超10亿，4次冲上新浪热搜，入选中央媒体14篇，省级媒体24篇，学习强国26篇。活动有效提振了消费、打响了品牌、赢得了口碑，为疫后文化和旅游产业复苏挥出了漂亮组合拳，实现了文化旅游消费带动城市消费升级的良性循环。

案例分析

互联网的介入让旅游营销进入了全新的时代。基于网络传播的特征与优势，进一步激发旅游宣传推广的高效性、及时性、交互性和整合性，最终促进旅游业高质量发展。请思考并分享一个近年来较为突出的旅游网络营销案例。

案例来源：微信公众号“杭州会奖旅游”，有删减

第一节 网络营销的概念

一、网络营销的含义

网络营销是以现代信息技术为依托，在市场营销观念中发展起来的新生事物。旅游网络营销是借助互联网、计算机通信技术和数字交互式媒体来满足旅游消费者需求，实现旅游企业营销目标的一系列营销活动。

相关链接 搜索

网络营销不是网上销售

网络营销不是网上销售，销售是营销发展到一定阶段的产物，销售是结果，而营销是过程，网上销售的推广手段不仅靠互联网，而且可利用传统电视、户外广告、宣传单等。网络营销也不仅限于网上，一个完整的网络营销方案，除了在网上做推广外，还有必要利用传统方法进行线下推广。这可以理解为关于网络营销自身的营销。

从营销的角度来看，网络营销是企业整体营销战略的一个组成部分，是为实现企业整体经营目标所进行的，以互联网为基本手段，营造网上经营环境，实施各种营销策略的活动。由此可见，网络营销的核心思想是“营造网上经营环境”。这里所说的网上经营环境是指企业内部和外部与开展网络营销相关的环境，主要包括网站、客户、ISP、合作伙伴、供应商、销售商等网络环境。网络营销的开展就是与这些环境建立关系的过程。网上经营环境的营造，主要是通过建立一个以营销为目的的网站，并以此为基础，采用具体的策略对网站进行推广，从而建立并扩大与其他站点、用户之间的关系，其主要目的是提升企业品牌形象、进行客户关系管理、开拓网上销售渠道并最终扩大销售，提高企业利润。

小提示

网络营销与电子商务

网络营销不同于电子商务，它是企业整体营销战略的一个组成部分，是促进商业交易的一个手段。而电子商务强调的是交易行为和方式，所以网络营销是电子商务的基础，开展电子商务离不开网络营销，但是网络营销不等于电子商务。

二、网络营销的特点

互联网把遍布全球的企业、组织及个人连接在一起，这使得信息的交换非常便利，也使得网络营销具有传统营销不具备的许多独特的、鲜明的特点。

（一）跨时空

营销的最终目的是占有市场份额，由于互联网具有超越时间约束和空间限制进行信息交换的特点，使交易脱离时空限制成为可能，企业也因此有更多的时间和更大的空间进行营销，可每周7天，每天24小时随时随地提供全球性营销服务，以达到尽可能多地占有市场份额的目的。

（二）多媒体

通过互联网可以传输多种媒体的信息，如文字、声音、图像等，这使得为达成交易进行的信息交换以多种形式存在，可以充分发挥营销人员的主观能动性和创造性。

（三）交互式

企业通过互联网可以展示商品目录、通过连接数据库提供有关商品信息的查询，可以与顾客进行互动沟通，可以收集市场情报、进行产品测试与消费者满意调查等。所以，互联网是企业进行产品设计、提供商品信息和提供服务的理想工具。

（四）人性化

互联网上的促销是一对一的、理性的、消费者主导性的、非强迫性的、循序渐进式的，这是一种低成本、人性化的促销，可以避免传统推销活动中所表现的强势推销的干扰，对企业而言，可以通过信息提供和交互式沟通与消费者建立长期良好的关系。

（五）整合性

在互联网上开展营销活动，一方面，商品信息的发布至收款、售后服务可以一气呵成，实现全程的营销；另一方面，企业可以借助互联网将不同的营销活动进行统一设计规划和协调实施，以统一的资讯向消费者传达信息，从而能够避免不同传播手段的不一致性而产生的消极影响。

（六）超前性

互联网是一种功能最强大的营销工具，它同时兼具渠道、促销、电子交易、互动服务和市场信息分析与提供的多种功能。它所具备的一对一营销能力迎合了现代市场营销的发展趋势。

（七）高效性

网络营销利用数据库存储大量信息，供消费者查询，所传送的信息数量与质量远超过其他媒体，并能及时更新产品信息或产品本身，能及时有效地了解并满足消费者的需求。

（八）经济性

通过互联网进行信息交换，代替传统的面对面的交易方式，一方面可以减少租用营业场地、聘请营业员、印刷与邮递的成本，实行无店面销售；另一方面可以减少由于商品多次配送带来的损耗，提高交易的效率。

（九）技术性

网络营销是建立在高技术作为支撑的互联网基础上的，企业实施网络营销必须有一定的技术投入和技术支持，改变传统的组织形态，提升信息管理部门的功能，引进懂营销与计算机技术的复合型人才，未来才能具备市场竞争优势。

三、网络营销的职能和内容体系

（一）网络营销的职能

网络营销的基本职能表现在下述 9 个方面，每一种职能的实现都有相应的策略和方法。

1. 网络品牌

网络营销的主要任务之一就是在互联网上建立并推广企业的品牌，以及让企业的品牌在网上得以延伸和拓展。网络营销为企业利用互联网建立品牌形象提供了便捷有利的条件，任何企业都可以用适合自己的方式展现品牌形象。网络品牌建设是以企业网站建设为基础，通过一系列的推广措施与手段，进而达到网民对企业的认知和认可。网络的品牌价值是网络营销效果的表现形式之一，通过网络品牌价值转化可以实现持久的客户关系和更多的直接收益。

2. 网站推广

获得必要的网站访问量是网络营销取得成效的基础，尤其对于中小企业而言，由于经营资源的限制，发布企业及产品的新闻、投放媒体广告、开展大规模促销活动等宣传机会一般比较少，因此通过互联网手段进行网站推广的意义显得极为重要，这也是中小企业对于网络营销更为热衷的主要原因。即使对于大型企业，网站推广也是非常必要的，因为许多大型企业虽然有较高的知名度，但其网站访问量并不一定高。因此，网站推广是网络营销最基本的职能之一，是网络营销的基础工作。

案 例

“带货”小能手，乾隆成“网红”

近几年来，故宫凭借创意文创和优秀的网络营销实现了传扬传统文化精华与高增长收益的双赢。2015 年起故宫淘宝将历史元素和现代工艺充分融合，打破历史与现代的隔离感，用生动有趣的创意文创产品征服大众，以诙谐亲和的形象固稳粉丝。它的产品无一不充满创意与趣味，着实抓人眼球。比如折扇上用的是乾隆皇帝的御批文字“朕知道了”；冰箱贴做成牌匾的模样，上书“冷宫”，这种文创产品兼具历史底蕴和萌趣，圈粉效果极好。无论是故宫淘宝的官博文案还是微信公众号的推文都紧跟网络潮流热点，积极运用各种网络流行语，同时打造自己的网络形象定位，确定语言风格。这种塑造方式使得官方运营账号拥有自己的独特人设形象，用户也乐意以这种语言模式和官博互动。故宫文创在网络技术日新月异的今天，抓住了转型的良好时机，凭借成功有创意的网络营销和优质产品为自己谋得新的发展，更是在博得关注的同时推动了优秀中国传统文化的发扬，为文创产业注入了新的活力与血液。

案例来源：腾讯网（https：//new. qq. com/cn/20200110/20200110A0NDWS00. html）

3. 信息发布

网络营销的基本思想就是通过各种互联网工具，将企业营销信息以高效的手段向目标用户、合作伙伴、公众等群体传递。互联网为企业发布信息创造了良好的条件，不仅可以将信息发布在企业网站上，而且可以利用各种网络营销工具和网络服务商的信息发布渠道向更大的范围传播信息。

4. 销售促进

市场营销的基本目的是为增加销售提供支持，网络营销也不例外。各种网络营销方法大都具有直接或间接促进销售的效果，同时还有许多有针对性的网上促销手段，而这些促销方法并不限于对网上销售的支持，网络营销对于促进线下销售同样很有价值。

5. 网上销售

网上销售是企业销售渠道在网上的延伸，一个具备网上交易功能的企业网站本身就是企业的一个网上交易场所。网上销售渠道建设并不限于企业网站本身，还包括建立在专业电子商务平台上的网上商铺以及与其他电子商务网站不同形式的合作等。因此，不同规模的企业都有可能拥有适合自己需要的在线销售渠道。

6. 顾客服务

互联网提供了更加方便快捷的在线顾客服务手段，从形式最简单的 FAQ（常见问题解答）到电子邮件、邮件列表以及在线论坛和各种即时信息服务等。在线顾客服务具有成本低、效率高的优点，在提高顾客服务水平方面具有重要作用，同时也直接影响到网络营销的效果。因此，在线顾客服务成为网络营销的基本组成内容。

7. 客户关系管理

客户关系管理对于开发客户的长期价值具有至关重要的作用，以客户关系为核心的营销方式已成为企业创造和保持竞争优势的重要策略。网络营销为建立客户关系、提高客户满意度和客户忠诚度提供了更为有效的手段，通过网络营销的交互性和良好的客户服务手段，能增进客户关系。一般而言，客户关系管理是网络营销取得长期效果的必要条件。

8. 网络调研

网络调研主要的实现方式包括通过企业网站设立的在线调查问卷、通过电子邮件发送的调查问卷和与大型网站或专业市场研究机构合作开展的专项调查等。网络市场调研具有调查周期短、成本低的特点，不仅能为制定网络营销策略提供支持，而且是整个市场研究活动的辅助手段之一。合理利用网络市场调研手段对于市场营销策略具有重要价值。

9. 网站流量统计分析

对企业网站流量的跟踪分析，不仅有助于了解和评价网络营销效果，而且为发现其中所存在的问题提供了依据。网站流量统计既可以通过网站本身安装统计软件来实现，又可以委托第三方专业流量统计机构来完成。

综上所述，网络营销的各个职能之间并非相互独立的，而是相互联系、相互促进的，网络营销的最终效果是各项职能共同作用的结果。网络营销的职能通过各种网络营销方法来实现，同一个职能可能需要多种网络营销方法的共同作用，而同一种网络营销方法也可能适用于多个网络营销职能。

案　例

广东某国际旅行社有限公司网络营销岗位需求

1. 招聘信息

职位名称：网络营销专员

工作地点：广州

发布日期：2021－11－28

工作经验：1～3 年

最低学历：大专

招聘人数：2 人

薪资范围：8000～15000 元/月

2. 岗位职责

（1）负责店铺的整体营运，提供并执行可行性的网络营销推广方案

（2）负责提升店铺的点击率和浏览量，负责网上调研

（3）负责线上旅游产品的选品和线上活动、旅游专题的策划，线上推广及效果的优化

(4) 负责广告投放实时监控，做到关键词合理出价及流量的优化
(5) 完成领导交办的其他事情
3. 任职要求
(1) 大专及以上学历，1年以上旅游淘宝运营经验或旅游电商经验
(2) 熟悉旅游淘宝网络营销平台、淘宝规则及操作流程，精通淘宝营销工具
(3) 有独立的营销思维、较强的分析能力
(4) 善于整合现有资源，善于把握工作重点，有较强的抗压能力
(5) 热爱旅游行业，具有良好的市场触觉和产品分析能力，善于创新
资料来源：前程无忧网（www.51job.com）

（二）网络营销的内容体系

网络营销作为在互联网上进行营销活动的方式，它的基本营销目的和营销工具是一致的，只不过在实施和操作过程中与传统方式有着很大区别。网络营销是实现企业营销目标的新型营销方式和营销手段，其内容非常丰富。下面是网络营销中主要的内容体系。

1. 网络消费者行为分析

网络消费者是一个特殊群体，由于它与传统市场群体的特征截然不同，所以开展有效的网络营销活动必须深入了解网上用户群体的需求特征、购买动机和模式。互联网已成为许多兴趣爱好趋同的群体聚集交流的地方，并且形成一个特征鲜明的网上虚拟社区，了解这些虚拟社区的群体特征和偏好是网上消费者行为分析的关键。

2. 网络市场调研

主要利用互联网的交互式信息沟通渠道来实施调查活动。它包括直接的网上问卷调查或通过网络收集市场调查中的二手资料。利用网上调研工具，可以提高调查效率。互联网作为信息交流渠道，成为信息海洋，因此在利用互联网进行市场调查时，重点是如何利用有效工具和手段实施调查和收集整理资料，获取信息不再是难事，关键是如何在信息海洋中获取想要的资料信息并分析出有用的信息。

3. 网络营销策略

不同企业在市场中处在不同地位，在采取网络营销实现企业营销目标时，必须采取与企业相适应的营销策略，因为网络营销虽然是非常有效的营销工具，但企业实施网络营销时需要进行投入和承担风险。同时企业在制定网络营销策略时，还应该考虑产品周期对网络营销策略制定的影响。作为信息有效沟通的渠道，网络可以成为无形产品如软件和远程服务的载体，改变传统产品的营销策略特别是渠道的选择。网上产品和服务营销必须结合网络特点重新考虑产品的设计、开发、包装和品牌的传统产品策略，传统的优势在网上市场并不一定是优势。网络是信息交流和传播的工具，从一开始就实行自

由、平等和信息免费的策略，因此网上市场的价格策略大多采取免费或者低价策略。制定网上价格营销策略必须考虑互联网对企业定价的影响和互联网本身独有的免费思想。

4. 网络营销管理与控制

网络营销作为在互联网上开展的营销活动，必将面临传统营销活动无法碰到的新问题，如产品质量保证问题、消费者隐私保护问题以及信息安全与保护问题等。这些问题都是网络营销必须重视和进行有效控制的问题，否则网络营销效果将适得其反，甚至会产生很大的负面效应，这是由于网络信息传播速度非常快而且网民对反感问题反应比较强烈、迅速。

5. 网络广告

互联网双向沟通渠道的最大优势是可以实现沟通双方突破时空限制直接进行交流，而且简单、高效、费用低廉。因此，在网上开展促销活动是最有效的沟通渠道，但网上促销活动必须遵循网上信息交流与沟通规则，特别是一些虚拟社区的礼仪。网络广告这一最重要的促销工具，主要依赖互联网的网络媒体功能。目前网络广告作为新兴的网络媒体发布的广告，具有报纸杂志、无线广播和电视等传统媒体发布无法比拟的优势，即网络广告具有交互性和直接性。

第二节 网络营销环境

网络营销环境是指对企业的生存和发展产生影响的各种外部条件，即与企业网络营销活动有关联因素的部分集合。营销环境是一个综合的概念，由多方面的因素组成。环境的变化是绝对的、永恒的。随着网络技术在营销中的运用，使得环境更加变化多端。对营销主体而言，虽然环境及环境因素是不可控制的，但它也有一定的规律性，可以通过对营销环境的分析对其发展趋势和变化进行预测和事先判断。企业的营销观念、消费者需求和购买行为，都是在一定的经济社会环境中形成并发生变化的。因此，对网络营销环境进行分析是十分必要的。网络营销环境分析是企业制定网络营销战略与策略的前提。

相关链接 搜索

互联网络自身构成了一个市场营销的整体环境，从环境构成上来讲，它具有五个方面的要素。

（1）提供资源。信息是市场营销过程的核心资源，通过互联网可以为企业提供各种信息，指导企业的网络营销活动。

（2）全面影响力。环境要与体系内的所有参与者发生作用，而非个体之间的互相作用。每个网民都是互联网的一分子，他可以无限制地接触互联网的全部，同时在这一过程中要受到互联网的影响。

（3）动态变化。整体环境在不断变化中发挥其作用和影响，不断更新和变化正是互联网的优势所在。

（4）多因素互相作用。整体环境是由互相联系的多种因素有机组合而成的，涉及企业活动的各因素在互联网上通过网址来实现。

（5）反应机制。环境可以对其主体产生影响，同时主体的行为也会改造环境。企业可以将信息通过公司网站发布到互联网上，也可以根据互联网上的信息，自己决策。

一、宏观环境

互联网已经不只是传统意义上的电子商务工具，而是独立地成为新的市场营销环境，并以其范围广、可视性强、公平性好、交互性强、能动性强、灵敏度高、易运作等优势给企业市场营销创造了新的发展机遇与挑战。宏观环境是指一个国家或地区的政治法律环境、经济环境、人文与社会环境、科技与教育水平、自然环境、人口等因素影响企业进行网络营销活动的宏观条件。宏观环境对企业短期的营销行为可能影响不大，但对企业长期的发展具有很大的影响。所以，企业一定要重视宏观环境的分析研究。

（一）政治法律环境

市场经济是法制经济，包括营销活动在内的所有企业行为都必然受到政治与法律环境的约束。政治法律环境包括政治环境和法律环境，它主要对产品标准、服务标准、经营实践、包装、广告等产生重要影响，必须严格依法执行。概括起来就是两个方面：一是保障作用；二是规范作用。因此，在网络营销活动中企业相应的营销策略有以下几个方面：遵守目标市场国家的相关法律法规；服从国家相关发展战略与政策的要求；积极利用国家政策给网络营销带来的机会，争取对企业、对社会、对消费者都有利的法律、法规和政策；积极运用国家法律法规武器，保护自己在网络营销活动中的合法权益。

总之，在国家和国际政治法律体系中，相当一部分内容直接或间接地影响着经济和市场，所以要进行认真的分析和研究。

小知识

目前我国网络营销的相关法律法规有《中华人民共和国电子签名法》《互联网视听节目服务管理规定》《电子认证服务管理办法》《中国互联网络域名管理办法》《中国互联网络信息中心域名注册实施细则》等。

（二）经济环境

经济环境是内部分类最多、具体因素最多，并对市场具有广泛和直接影响的环境内容。经济环境不仅包括经济体制、经济增长、经济周期与发展阶段以及经济政策体系等大的方面的内容，而且包括收入水平、市场价格、利率、汇率、税收等经济参数和政府调节取向等内容。尤其在当前全球经济危机面前，更应该注意国际、国内的经济环境，这里面既有危机也有机遇，需要企业认真研究。

（三）人文与社会环境

企业存在于一定的社会环境中，同时企业又是社会成员所组成的一个小的社会团体，不可避免地受到社会环境的影响和制约。人文与社会环境的内容很丰富，在不同的国家、地区、民族之间差别非常明显，营销企业必须重视人文与社会环境的研究。

（四）科技与教育水平

科学技术对经济社会发展的作用日益显著，科技的基础是教育，因此，科技与教育是客观环境的基本组成部分。在当今世界，企业环境的变化与科学技术的发展有非常大的关系，特别是在网络营销期间，两者之间的联系更为密切。在信息等高新技术产业中，教育水平的差异是影响需求和用户规模的重要因素，已被提到企业营销分析的议事日程上来。

（五）自然环境

自然环境是指一个国家或地区的客观环境因素，主要包括自然资源、气候、地形地质、地理位置等。虽然随着科技进步和社会生产力的提高，自然状况对经济和市场的影响整体上趋于下降，但是自然环境制约经济和市场的内容、形式则在不断变化。

（六）人口

人是企业营销活动的直接和最终对象，市场是由消费者来构成的。市场的构成要素是消费者、需求和消费者的购买欲望。所以在其他条件固定或相同的情况下，人口的规模决定着市场容量和潜力；人口结构影响着消费结构和产品构成；人口组成的家庭、家庭类型及其变化，对消费品市场有明显的影响。

二、微观环境

网络营销微观环境由企业及其周围的活动者组成，直接影响着企业为顾客服务的能力。它包括企业内部环境、供应者、营销中介、消费者、竞争者等因素。

（一）企业内部环境

企业内部环境包括企业内部各部门的关系及协调合作，如企业最高管理层、财务、研究与开发、采购、生产、销售等部门。这些部门与市场营销部门密切配合、协调，构成了企业市场营销的完整过程。市场营销部门根据企业的最高决策层规定的企业任务、目标、战略和政策，做出各项营销决策，并在得到上级领导的批准后执行。研究与开发、采购、生产、销售、财务等部门相互联系，为生产提供充足的原材料和能源供应，并建立考核和激励机制，协调营销部门与其他各部门的关系，以保证企业营销活动的顺利开展。

（二）供应者

供应者是指向企业及其竞争者提供生产经营所需原料、部件、能源、资金等生产资源的公司或个人。企业与供应者之间既有合作又有竞争，这种关系既受宏观环境影响，又制约着企业的营销活动，企业一定要注意与供应者搞好关系。供应者对企业的营销业务有实质性的影响，主要表现在两个方面：第一，所提供资源的价格和数量直接影响企业产品的价格、销量和利润；第二，供应短缺可能影响企业的交货期，损害企业的信誉。

（三）营销中介

营销中介是协调企业促销和分销其产品给最终购买者的公司。主要包括中间商，即销售商品的企业如批发商和零售商；代理中间商（经纪人）；服务商，如运输公司、仓库、金融机构等；市场营销机构，如产品代理商、市场营销咨询企业等。

由于网络技术的运用，给传统的经济体系带来巨大的冲击，流通领域的经济行为产生了分化和重构。消费者可以通过网上购物和在线销售自由地选购自己需要的商品，生产者、批发商、零售商和网上销售商都可以建立自己的网站并营销商品，所以一部分商品不再按原来的产业和行业分工进行划分，也不再遵循传统的商品购进、储存、运销业务的流程运转。网上销售，一方面，可使企业间、行业间的分工模糊化，形成产销合一、批零合一的销售模式；另一方面，随着凭订单采购、零库存运营、直接委托送货等新业务方式的出现，服务与网络销售的各种中介机构也应运而生。一般情况下，除了拥有完整分销体系的少数大公司外，营销企业与营销中介组织都是有密切合作与联系的，因为若中介服务能力强，业务分布广泛合理，营销企业对微观环境的适用性和利用能力就强。

（四）消费者

消费者是企业产品销售的市场，是企业直接或最终的营销对象。网络技术的发展极大地消除了企业与消费者之间的地理位置的限制，创造了一个让双方更容易接近和交流信息的机制。互联网络真正实现了经济全球化、市场一体化。它不仅给企业提供了广阔的市场营销空间，而且增强了消费者选择商品的广泛性和可比性。消费者可以通过网络得到更多的需求信息，使购买行为更加理性化。虽然企业在营销活动中不能控制消费者的购买行为，但可以通过有效的营销活动，给消费者留下良好的印象，处理好与消费者的关系，促进产品的销售。

（五）竞争者

竞争是商品经济活动的必然规律。在开展网上营销的过程中，不可避免地要遇到业务与自己相同或相近的竞争对手；研究对手，取长补短，是克敌制胜的好方法。

1. 竞争者的类型

（1）愿望竞争者，指满足消费者目前各种愿望的竞争者。

（2）一般竞争者，指以不同的方法满足消费者同一需求的竞争者。

（3）产品形式竞争者，指满足消费者某种愿望的同类商品在质量、价格上的竞争者。

（4）品牌竞争者，指能满足消费者某种需求的同种产品的不同品牌的竞争者。

2. 应如何研究竞争对手

在互联网环境下研究竞争对手，既可借鉴传统市场中的一些做法，但更应有自己的独特之处。研究网上的竞争对手主要从其网站首页入手，一般来说，竞争对手会将自己的服务、业务和方法等方面的信息展示在企业网站上。从竞争的角度考虑，应重点考察以下八个方面。

（1）站在消费者的角度，浏览竞争对手网站的所有信息，研究其能否抓住客户的心理，给浏览者留下好感。

（2）研究其网站的设计方式，体会它如何运用屏幕的有限空间展示企业的形象和业务信息。

（3）注意网站设计的细节方面。

（4）弄清其开展业务的地理区域，以便能从客户清单中判断其实力和业务的好坏。

（5）记录其传输速度，特别是图形下载的时间，因为速度是网站能否留住客户的关键因素。

（6）察看在其站点上是否有别人的图形广告，以此来判断该企业在行业中与其他企业的合作关系。

（7）对竞争对手的整体实力进行考察，全面考察对手在主要搜索引擎、导航网站中宣传推广的力度，研究其选择的关键词、使用的介绍文字，特别是图标广告的投放量等。

（8）考察竞争对手是开展网上营销需要做的工作，而定期监测对手的动态变化则是一个长期性的任务，只有时时把握竞争对手的新动向，才能在竞争中保持主动地位。

总之，每个企业都需要掌握、了解目标市场上自己的竞争者及其策略，力求扬长避短，发挥优势，抓住有利时机，开辟新的市场。

第三节 网络营销理论

一、直复营销

直复营销即“直接回应的营销”。它是以营利为目的，通过个性化的沟通媒介或沟通方式向目标市场成员发布产品信息，以寻求对方直接回应（问询或订购）的社会和管理过程。所谓“直”，就是企业利用各种广告媒体直接刺激、推动及引发消费者的购买欲望；

所谓“复”，就是广告受众做出响应，以多种方式将购买意愿直接反馈给企业，企业以邮寄、送货上门等方式完成商品配送，最终完成交易。目前，以互联网为主要媒介的网络直复营销已经得到众多企业的认可，在互联网上的网络直复营销具体表现在以下几个方面。

（一）直复营销的互动性

互联网作为一个自由的、开放的双向式信息沟通的网络，作为营销者的生产企业与作为消费者的顾客之间，可以实现直接的一对一的信息交流与沟通。

相关链接 搜索

美国直复营销协会（American Direct Marketing Association，ADMA）为直复营销做出如下定义：直复营销是一种为了在任何地方产生可度量的反应和（或）达成交易而使用一种或多种广告媒体的相互作用的市场营销体系。基于网络的直复营销将更加吻合直复营销的理念，这里所说的网络就是互联网。

（二）直复营销的跨时空特征

直复营销活动强调的是在任何时间、任何地点，都可以实现营销者与顾客的双向信息的交流。互联网的持续性和全球性的特征，使得顾客可以通过互联网，在任何时间、任何地点直接向作为营销者的生产企业提出服务请求或反映问题；企业也可以利用互联网，低成本地跨越地域空间和突破时间限制与顾客实现双向交流。因为互联网是一种能够在全球范围内、全天候自动地提供网上信息交流的工具，这样顾客就可以根据自己的需要，安排在任何时间、任何地点上网获取信息。

（三）直复营销的一对一服务

直复营销活动最关键的是为每个作为目标的顾客提供直接向营销者反映情况的通道。这样企业可以凭借顾客反应，找出自己的不足之处，为下一次直复营销活动做好准备。由于互联网的方便、快捷性，使得顾客可以方便地通过互联网直接向企业提出购买需求或建议，也可以直接通过互联网获取售后服务。企业也可以从顾客的建议、需求和希望得到的服务中，找出企业的不足，改善经营管理，提高服务质量。

相关链接 搜索

直复营销中的产品选择策略

目前国内许多企业，有的并没有严重的问题，但由于过于受到现代营销思维的影响，没有能够真正考虑中国国情特点，常常是感觉良好地把自己的产品定位在狭小的细分市场，反而限制了自身的成功。其实，如果一家企业对直复营销的目标群体分析不能达到足够精准，过于细分的产品选择反倒会产生事倍功半的负面效果。

因此，在市场实际操作中，对于许多企业，网络营销人员只是对产品定位进行了重新调整，在传播策略中，为产品赋予更大众化的需求，更淡化产品的特定使用人群，就实现了项目的迅速赢利。

选择“需求明确、人群模糊的大众化产品”，是大部分中国企业在直复营销初级阶段适应自身能力和水平的首选。

资料来源：学网（http://www.xue163.com）

从销售的角度来看，网络营销是一种直复营销。直复营销中的“直”是指企业与顾客之间的交互，顾客对这种营销努力有一个明确的回复（买还是不买），企业可统计到这种明确回复的数据，由此可对以往的营销努力做出评价。

网络上的销售最大的特点就是企业和顾客的交互，不仅可以以订单为测试基础，而且可以获得顾客的其他数据甚至建议。所以，仅从网上销售来看，网络营销是一类典型的直复营销（当然网络营销的作用不仅仅局限于网上销售，还有其他很多作用，但这种“直复”的特性依然存在）。网络营销的这个理论基础的关键作用是要说明网络营销是可测试、可度量、可评价的。有了及时的营销效果评价，就可以及时改进以往的营销努力，从而获得更满意的结果。所以，在网络营销中，营销测试是应着重强调的一个核心内容。

网络营销的几乎所有活动都在网络这个媒介上进行。它既是市场调研的工具，又是销售产品的渠道，同时还是广告和公关的媒体，即使顾客想用电子货币付款也是在网络上进行，甚至它还是某些可下载的产品（如软件、图片等）的物流路线。这就使得网络营销是一种很紧凑的全程营销，包括有时对某个具体的操作方法是属于哪个营销策略很难分得非常清楚，这也是网络营销作为整合营销的一个具体体现。

二、关系营销

网络营销的对象就是人，所以从始至终都要把人摆在网络营销的重要位置。要对自己的网络营销对象有充分接触、充分了解，与他们保持良好的关系，这样才能为网络营销的成功奠定基础。

关系营销其实就是网络营销过程中要处理好的一个阶段。处理好与网络营销对象的关系，可以使我们更方便地与他们接触，更方便地推广自己的品牌。

关系营销是1990年以来受到重视的营销理论，它主要包括两个基本点：在宏观上，应认识到市场营销会对范围很广的一系列领域产生影响，包括顾客市场、劳动力市场、供应市场、内部市场、相关者市场以及影响者市场（政府、金融市场）；在微观上，应认识到企业与顾客的关系不断变化，市场营销的核心应从过去的简单的一次性的交易关系转变到注重保持长期的关系上来。企业是社会经济大系统中的一个子系统，企业的营销目标要受到众多外在因素的影响，企业的营销活动是一个与消费者、竞争者、供应商、分销商、政府机构和社会组织发生相互作用的过程，正确理解这些个人与组织的关系是企业营销的核心，也是企业成败的关键。

关系营销的核心是保持现有顾客，为顾客提供高度满意的产品和服务价值，通过加强与顾客的联系，提供有效的顾客服务，保持与顾客的长期关系，并在与顾客保持长期关系的基础上开展营销活动，实现企业的营销目标。实施关系营销并不是以损伤企业利益为代价的，相关研究表明，争取一个新顾客的营销费用是老顾客费用的五倍，因此加强与顾客关系并建立顾客的忠诚度，是可以为企业带来长远利益的，它提倡的是企业与顾客双赢策略。互联网作为一种有效的双向沟通渠道，企业与顾客之间可以实现低费用成本的沟通和交流，为企业与顾客建立长期关系提供有效的保障。第一，利用互联网，企业可以直接接收顾客的订单，顾客可以直接提出自己的个性化的需求。企业根据顾客的个性化需求利用柔性化的生产技术最大限度满足顾客的需求，为顾客在消费产品和服务时创造更多的价值。企业也可以从顾客的需求中了解市场、细分市场和锁定市场，最大限度地降低营销费用，提高对市场的反应速度。第二，利用互联网，企业可以更好地为顾客提供服务和与顾客保持联系。互联网不受时间和空间限制的特性能最大限度地方便顾客与企业进行沟通，顾客可以借助互联网在最短时间内以简便方式获得企业的服务。第三，通过互联网交易，企业可以实现从产品质量、服务质量到交易服务等过程的全程质量的控制。第四，通过互联网，企业还可以与相关的企业和组织建立关系，实现共赢发展。互联网作为最廉价的沟通渠道，它能以低廉成本帮助企业与企业的供应商、分销商等建立协作伙伴关系。互联网企业通过建立电子商务系统和管理信息系统实现与分销商的信息共享，不仅降低了库存成本和交易费用，而且还密切了双方的合作关系。有关网络关系理论的应用将在后面网络营销服务策略中进行详细介绍。

三、软营销

网络软营销是指在网络营销环境下，企业向顾客传送的信息及采用的促销手段更具理性化，更易于被顾客接受，进而实现信息共享与营销整合。

网络软营销理论，实际上是针对工业时代的以大规模生产为主要特征的“强势营销”而提出的新理论，它强调企业在进行市场营销活动时，必须尊重消费者的感受和体验，让消费者乐意主动地接受企业的营销活动。软营销最大的特点是由顾客主动去查阅自己所需要的信息。可见，强势营销的主动方是企业，而网络营销的主动方是消费者。

传统营销中最能体现强势营销特征的是传统广告和人员推销两种促销手段。传统广告以一种信息灌输的方式给消费者留下深刻印象，企业根本不考虑营销对象是否需要这些信息。人员推销也一样，事先不征求推销对象的允许或请求，而是企业人员主动去敲开顾客的门。

网络软营销则是从消费者的体验和需求出发，采取拉式策略吸引消费者关注企业来达到营销效果。个性化消费需求使消费者在心理上要求自己成为主动方，而网络的互动特性又使他们成为主动方真正成为可能。他们不喜欢不请自来的广告，但他们通常会在某种个性化的需求的驱动下自己到网上寻找相关的信息、广告。一旦消费者主动找到商家，就应该竭力把他留住，顾客永久的忠诚是企业应追求的。

在互联网上，由于信息交流自由、平等、开放和交互，强调的是相互尊重和沟通，网上使用者比较注重个人体验和隐私保护，因此，企业采用传统的强势营销手段在互联网上展开营销活动势必会适得其反。但传统的强势营销和网络软营销并不是完全对立的，二者的巧妙结合往往会收到意想不到的效果。

案　例

2020 年的五四青年节，Bilibili 一部《后浪》，让大众看到这一届年轻人的困境与拼搏。站在青年节的节点，老一代艺术家何冰以上一代人的视角，展开了一场与新一代的对话，通过赞美和鼓励，告诉“后浪”们要树立在时代红利下奋发向上的积极价值观。一时之间“后浪”一词火速出圈，不仅如此，此后还相继推出致毕业生的《入海》以及 11 周年品牌片《喜相逢》，完成“破圈”三部曲。《后浪》三部曲引发的话题热潮也引发不少人对这一届年轻人现状的关注，明确了“青年”与“时代”的关联，洞察了年轻人的流量密码，也彰显 Bilibili 作为一个内容丰富、重视自我表达的平台的理念与能力。虽然也伴随着诸多争议，但其为 Bilibili 带来了非常显著的关注热度与市场增长点。现在很多品牌都从生硬地介绍产品转变为通过情感互动或击中消费者痛点的形式开展营销推广。

四、网络整合营销

网络整合营销是 20 世纪 90 年代以来在西方风行的营销理念和方法。与“以产品为中心”的传统营销相比，网络整合营销则更强调“以客户为中心”，它强调营销即是传播，即和客户进行多渠道沟通，和客户建立起品牌关系。与传统营销 4P（产品、价格、渠道和促销）相比，网络整合营销理论的核心是 4C（需求、成本、便利和沟通），其核心思想是：先不要研究企业的产品，而是考虑一下客户的实际需求和欲望；当企业要定价的时候，先考虑客户愿意为之付出的成本；同时请忘掉渠道，去考虑客户究竟在哪里能够更便利地购买到本产品；最后请忘掉促销，而要主动地与客户进行双向的沟通。真正将“消费者请注意”转变为“请注意消费者”。

（一）网络整合营销的定义

在深入研究互联网各种媒体资源的基础上，精确分析各种网络媒体资源的定位、用户行为和投入成本，根据企业的客观实际情况为企业提供最具性价比的一种或者多种个性化的网络营销解决方案就称为整合式网络营销，也称网络整合式营销。简言之，就是整合各种网络营销方法，和客户的客观需求进行有效比配，给客户提供最佳的一种或者多种网络营销方法。

（二）网络整合营销的核心思想

第一，必须时刻关注消费者的价值取向，或者说必须能够深刻理解是什么正在吸引消费者的眼球。

第二，协调使用不同的传播手段，发挥不同传播工具的优势。最常用的传播媒体为电视广告而不是其他，因为电视广告是具体情况下最具优势的传播媒体。

第三，在深刻理解消费者价值取向的基础上，将价值观融入品牌，通过品牌传达让消费者产生相应的价值取向心理体验，让品牌通过价值取向心理体验深深印入消费者脑中，形成品牌体验，从而达到口碑营销、品牌传播的目的。

（三）网络整合营销应用

第一，网络整合营销中的一个重要工具是数据库营销，也就是利用潜在用户数据库，通过各种方式的活动，建立或加强与客户的联系。

第二，在目前的互联网上，有大量的潜在用户或公司的信息，如中华网论坛中的汽车爱好者群组。

第三，利用网络信息采集可以将非结构化的信息从大量的网页中抽取出来保存到集中结构化的数据库中，以便于后续的营销分析与利用。

案　例

“老绍兴”要搭“智慧旅游”的车

一部《樱为爱情》微电影带来了滚滚客流，让尝到甜头的绍兴旅游坚定了自己的“微营销”之路。绍兴市旅游集团已经决定以微电影为切入点，深入开展智慧旅游和微营销，把绍兴打造成数字营销的旅游目的地城市。官方微博“绍兴古城”已经与13个景区微博组成了微博矩阵，相互转发，整合力量，扩大传播面，而一个全面的“微营销”网络也正在完善之中。绍兴已经建立起一个融客户服务、社会化媒体营销、移动电子商务为一体的“绍兴旅游目的地游客互动营销及移动商务平台”，同时设置移动门户、移动导览、移动社交、移动电子商务四大功能模块。游客不仅可以通过手机、电脑网络了解绍兴详细的旅游信息，而且动动手指就能完成全部的旅行安排。

第四节　网络营销与传统营销

一、网络营销与传统营销的异同点

网络营销作为传统营销的延伸与发展，既有传统营销的共性，又有其独特的一面，网络营销为企业提供了一条新的营销渠道和方式，那么，网络营销与传统营销有哪些异同点呢?

(一) 网络营销与传统营销的区别

网络营销与传统营销相比，不论是从理论还是方法上都有很大的不同，主要表现在以下几个方面。

1. 营销理念的转变

网络营销已经从传统的大规模目标市场向集中型、个性化营销理念转变。互联网的出现及其应用，使大规模目标市场向个人目标市场转化成为可能。而在传统营销中，不管是无差异策略还是差异化策略，其目标市场的选择都是针对某一特定消费群，很难把单一消费者作为目标市场。网络营销的出现，使得企业可以通过网络收集大量信息以了解消费者的不同需求，因而企业的产品也更能满足不同顾客的个性化需求。如美的集团的快速发展，受到消费者的好评，原因固然是多方面的，但通过满足消费者的个性化需求，无疑是其中一个重要原因。淘宝网（http：//www. taobao. com）、慧聪网（http：//www. hc360. com）、当当网（http：//www. dangdang. com）的成功，部分原因也要归功于其提供的个性化服务。

2. 信息技术的发展

这是网络营销与传统营销最大的区别。网络营销是一种在现代科学技术基础上发展起来的新营销模式，它以计算机信息技术为基础，通过互联网络实现企业营销活动的信息化、自动化与全球化。网络营销时代，企业营销活动从信息收集、产品开发、生产、销售、推广，直至售后服务与售后评价等一系列过程，都需要现代计算机信息技术的支持。

3. 供求平衡发生变化

网络营销缩短了生产者和用户之间的距离，省却了商品在流通中的诸多环节，降低了流通费用和交易费用。过去，企业无法对产品的配置和数量进行精确规划，供应商不清楚客户何时需要他们的产品，不得不建立库存以应付各种局面，库存常有积压，造成库存商品损耗与管理费用的提高，而网络营销则使这种现象得到了极大的改善。

4. 市场环境发生变化

互联网的出现与广泛应用已将企业营销引导至一个全新的环境。传统市场营销活动所必须面对的物理距离，在很大程度上被网络所取代。由于互联网的开放性和公众参与性，使得网络营销所面对的市场环境是完全开放的，并因其丰富多彩的内容和灵活、便利的商业信息交流，吸引着越来越多的网民。

5. 沟通方式的转变

传统营销在沟通方式上只能做到信息输送的单向性，如媒体广告、公关等只能提供单向的信息传输。信息传送后，企业难以及时得到消费者的反馈信息，因此，生产经营策略和企业营销方式的调整必然滞后，以至于影响企业的生存与发展。一般而言，在传统的媒体上，尤其是在电视上做广告，尽管企业投入巨额资金，但所达到的营销目标也许只是企业的形象宣传，对产品的性能、特征、功效无法进行深入的描述与刻画。而消费者也总处于被动地位，只能根据广告等在媒体中出现的频率，广告的创意等来决定购买意向，很难进一步得到有关产品功能、性能等指标的信息。基于互联网的电子商务的出现，则在很大程度上弥补了传统营销在沟通方式上的不足。互联网使传统的单向信息沟通模式转变为交互式营销信息沟通模式，企业和消费者可以通过微信、QQ、旺旺、钉钉等即时通信工具随时保持双向沟通，网络营销直接针对网络消费者。通过互联网，企业可以为网络消费者提供丰富、翔实的产品信息或服务信息。同时，网络消费者也可以通过网络及时向企业反馈信息。

6. 营销策略的改变

由于网络营销具有互动性，可以实现全程营销，所以从产品的设计阶段开始就需要充分考虑消费者的需求与意愿。在互联网上，即使是小企业也可以通过搜索引擎、论坛、电子邮件等互联网平台及工具以极低的成本在营销的全过程中对网络消费者进行即时的信息搜集。网络消费者则有机会对从产品设计到定价以及服务的一系列问题发表意见。这种双向交互式沟通方式，提高了网络消费者的参与性和积极性，使企业的生产有的放矢，从根本上满足网络消费者的需求，大大提高网络消费者的满意度。

7. 时空界限发生变化

网络营销比传统营销更能满足消费者方便购物的需求。网络营销完全不受传统营销中的时空限制，企业通过互联网能够提供“365 ×7 ×24 服务”，消费者可随时查询所需商品或企业的信息，并可随时在网上购物。查询和购物程序简便、快捷，这种优势在某些特殊商品的购买过程中尤为突出。另外，尽管同样是网络营销，网络公司与传统企业的理解则会有所不同，网络营销的内容也有所差别。对于传统企业而言，网络营销只是一种辅助性的营销策略，建立网站、搜索引擎营销、电子邮件营销、利用网站宣传自己的产品和服务等，都是网络营销的内容。网站为人们提供了一个了解企业的窗口，但传统企业的网站形象与企业现实形象之间并不一定完全一致，因为在企业网站建立之前人们已经有了一定的认识，也就是说，企业的品牌形象在建立企业网站之前就已经确立了。然而，对于网络公司而言，网站则代表着网络公司的基本形象，人们有时甚至不去考虑一个网络公司有多大的经营场所，有多少人员，而仅从网站的内容和设计来想象，也即在网民心目中，网站是一个虚拟的企业，网站就是一个网络公司的全部内容。因此，对于网络企业来说，网站的品牌形象远比传统企业的网站重要，这也是为什么许多企业在网上进行实名认证的原因。互联网公司跟任何其他行业的公司一样，也需要制订有效、合理的市场营销方案。

（二）网络营销与传统营销的联系

网络营销与传统营销虽然有各自的不同特点，但也存在着相同之处，主要表现在两个方面。

1. 网络营销与传统营销都是企业的一种经营活动

两者所涉及的范围不仅限于商业性内容，即所涉及的不仅是产品生产后的活动，还要扩展到产品制造之前的调研、设计。传统营销的理论基础是4P，网络营销环境下，被发展演变为4C，随着网络营销的进一步发展，C的数量可能还会不断增加，但是，如果忽略对P的重视，C也就无从谈起。企业应清楚地看到，无论用什么手段开展营销，首先都要了解已有顾客和潜在顾客的需求，然后采取一定的措施满足顾客的需求。互联网实际上是一种媒体，互联网最能获得利润的，就是信息服务，互联网不可能完全取代传统的营销行为模式，大量的交易还是要通过离线方式进行。网络只是一种营销手段，不是营销活动的全部。网络经济的主体是利用互联网提供的便利，大幅度降低交易成本和向消费者提供更好服务的传统公司，以及研制、生产、销售或提供互联网和网络公司所需设备、软件及其服务的制造商和服务商。也就是说，只有传统公司利用信息化带动工业化，进行企业业务流程改造，降低生产成本和交易费用，网络经济才能得到足够的支撑。

2. 网络营销与传统营销都需要通过组合发挥功能

现代企业的市场营销目标已不仅仅是单一目标，而是要追求某种价值的实现。要实现某种价值，不能单靠某种手段，而要开展各种具体的营销活动，需要启动多种关系，更要制定出各种策略，并且加以组合运用，这样才能够实现所要达到的目的。因此，除了搞好营销外，网络营销与传统营销都要把满足消费者需求作为一切活动的出发点。网络营销与传统营销不能仅停留在满足消费者现实的需求上，还应包括潜在的需求。

目前，网络营销已经成为许多企业的重要营销策略，尤其是中小企业对这种低成本的营销方式表现出了更大的热情。许多网络公司都在为赢利而奋斗，一些网上零售商甚至发展实体商店来拓展销售渠道，网络公司并购传统企业的事件时有发生。传统企业上网的热潮也日益高涨，注资或并购网络公司的案例也在不断增加。可以说，网络企业与传统企业、网络营销与传统营销之间也在逐步相互融合。事实上，传统营销和网络营销之间并没有严格的界限，网络营销理论不可能脱离传统营销的理论基础，营销理论本身也无所谓新旧之分，理论是用以指导实践的，只要是有效的，就是正确的。

二、网络营销对传统营销的影响

（一）网络营销对传统营销的冲击

1. 对营销组织的冲击

网络营销带动企业内部局域网的蓬勃发展，使得企业的内外部沟通均需要依赖网络作为主要的渠道和信息源，企业内部网的兴起改变了企业内部的作业方式及员工学习成长的方式，个人工作的独立性和专业性得到了进一步的提升。网络营销带来的影响主要包括：业务人员与直销人员的减少；经营组织扁平化；经营部门和分店数量的减少；渠道缩短；虚拟经销商和虚拟门市的盛行。这些影响与变化都将促使企业对组织机构进行再造。

2. 对营销组合的冲击

传统的市场营销策略是4P组合，这种理论的出发点是企业的利润，并未将顾客的需求放到与企业的利润同等重要的地位上来。而网络的互动性使得顾客能够真正参与整个营销过程，而且其参与的主动性和选择的主动性都得到进一步加强。这就决定了网络营销首先要求把顾客整合到整个营销过程中来，从顾客的需求出发开始整个营销过程，即追求4C组合。由此可见，网络营销的模式是从消费者的需求出发，营销决策是在满足4C要求的前提下的企业利润最大化，最终实现的是消费者需求的满足和企业利润最大化。在这种新营销模式之下，企业和客户之间的关系变得非常紧密，甚至牢不可破，形成了“一对一”的营销关系，它始终体现了以客户为出发点及企业和客户不断交互的特点。

（二）传统营销的不可替代性及与网络营销的互补

1. 传统营销的不可替代性

一方面网络营销对传统营销产生巨大的冲击，但另一方面网络营销不可能完全取代传统营销，网络营销对传统营销在产生冲击的同时两者有一个整合的过程，网络营销与传统营销将互相融合。首先，传统营销是网络营销的基础，网络营销是传统营销在网络世界的发展和延伸。当网络经济时代到来之后，传统营销理论的一些组成部分确实不再适应网络经济时代的发展，如市场调研、管理、渠道构建等，但是这些策略并非不能再用。至少目前或将来很长的一段时间，网络的出现只不过是为企业的营销增加了一种手段而已。虽然网络营销的程序、手段和灵活性都有了很大的变化，但是营销实质不会改变，网络营销无法脱离传统营销的理论基础。其次，传统营销具有不可替代性。从消费者角度来说，人们不可能在任何时候都从网上购物，逛商店、逛超市等给人带来的另外一种心理效应是网络无法满足的。最后，网络虽然给人带来种种便利，但有时却也给人带来不少烦恼。网络依然存在着安全的脆弱性。由于网络的虚拟性，网上支付、网上安全等因素的困惑都造成了人们不会完全改变传统的营销方式。

2. 网络营销与传统营销的互补

首先，网络营销与传统营销的市场覆盖面具有互补性。由于经济技术发展的差异和消费需求个性化的要求，互联网作为新兴的虚拟市场，能够弥补传统营销中受时空局限的缺陷。其次，网络营销与传统营销的购买方式可以互补。互联网作为一种有效沟通的方式和交易渠道，有着自己的特点和优势，它可以方便企业与用户之间的直接双向沟通并使消费者轻松购物。但由于消费者有着自己的个人偏好、习惯和不同的生活方式，所以网络营销与传统营销的结合可以从不同方面迎合消费者的喜好。最后，网络营销与传统营销的渠道可以互补。传统营销的物流渠道通常可以作为网络营销的物流节点和物流渠道，网络营销最终还会以交易的方式完成，商品的物流必须以真实世界的渠道来实现，在这方面二者可以相互补充。

3. 整合的必要性

网络营销与传统营销是不能完全分开的，是互补和互相促进的。虽然网络营销对传统营销产生了巨大的冲击，但是，网络营销还要以传统营销为基础，传统营销也必须以网络营销为新的手段进行有效的整合，才能适应不断发展变化的社会，满足消费者日益个性化的需求。

三、网络营销和传统营销的整合

网络营销是以互联网为基础开展的营销活动，是营销的组成部分和电子商务的核心。在如今买方市场环境下，市场竞争日益激烈。企业要想依靠传统的营销手段，在市场中取得竞争优势已越来越难。网络营销的出现彻底地改变了原有市场营销理论和实务存在的基础，营销和管理模式也发生了根本的变化。网络营销是企业向消费者提供产品和服务的另一个渠道，为企业提供了一个增强竞争优势，增加赢利的机会。在网络和电子商务环境下，网络营销较之传统营销，从理论到方法都有了很大的改变。于是，如何处理好网络营销与传统营销的整合，能否比竞争对手更有效地唤起消费者对产品的注意和需要，成为企业开展网络营销成功与否的关键。

（一）网络营销中顾客概念的整合

传统的市场营销学中的顾客是指与产品购买和消费直接有关的个人或组织（如产业购买者、中间商、政府机构等）。而在网络营销中这种顾客仍然是企业最重要的顾客。一般来说，网络营销所面对的顾客与传统营销所面对的顾客并没有什么太大的不同。企业开展网络营销应进行全方位的、战略性的市场细分和目标定位。

网络社会的最大特点就是信息“爆炸”。在互联网上，面对众多的站点，每一个网上消费者常常只能根据自己的兴趣浏览其中的少数。而应用搜索引擎则可以大大节省消费者的时间和精力，因此，自第一批搜索引擎投入商业运行以来，网络用户急剧上升。面对这种趋势，从事网络营销的企业必须改变原有的顾客概念，应该将搜索引擎当作企业的特殊“顾客”，因为搜索引擎虽然不是网上直接消费者，但却是网上信息最直接的受众，它的选择结果直接决定了网上顾客接受的范围。以网络为媒体的商品信息，只有在被搜索引擎选中的情况下，才有可能传递给网上的顾客。既然搜索引擎成为企业从事网络营销的特殊“顾客”，那么企业在设计网络广告或发布网上信息时，不仅要研究网上顾客及其行为规律，也要清楚地了解搜索引擎的优化原则，掌握搜索引擎营销的技巧。

（二）网络营销中产品概念的整合

市场营销学中将产品解释为能够满足某种需求的东西，并认为完整的产品是由核心产品、形式产品和附加产品三部分构成，即整体的产品概念。网络营销一方面继承了上述整体产品的概念，另一方面比以前任何时候都更加注重和依赖于信息对消费者行为的引导，因而将产品的定义扩大了：即产品是提供到市场上引起注意、需要和消费的东西。

网络营销主张以更加细腻、更加周全的方式为顾客提供更完美的服务和满足。因此，网络营销在扩大产品定义的同时，还进一步细化了整体产品的构成。它用五个层次来描述，即核心产品、一般产品、期望产品、扩大产品和潜在产品。在这里，核心产品与原来的意义相同。一般产品和期望产品则是由原来的形式产品细化而来，指同种产品通常具备的具体形式和特征。期望产品是指符合目标顾客一定期望和偏好的某些特征和属性。扩大产品与原来的附加产品意义相同，但还包括区别于其他竞争产品的附加利益和服务。潜在产品是指顾客购买产品后可能享受到的超乎顾客现有期望、具有崭新价值的利益或服务，但在使用过程中，顾客会发现这些利益和服务中总会有一些内容对顾客产生较大的吸引力，从而有选择地去享受其中的利益或服务，可见，潜在产品是一种完全意义上的服务创新。

（三）网络营销中营销组合概念的整合

在网络营销过程中，营销组合概念常常因产品的性质不同而不同。对于知识产品，企业直接在网上完成其经营销售过程。在这种情况下，市场营销组合发生了很大的变化。首先，传统营销组合 4P 中的三个——产品、渠道、促销，由于摆脱了对传统物质载体的依赖，已经完全电子化和非物质化。因此，就知识产品而言，网络营销中的产品、渠道和促销本身就是电子化的信息，它们之间的分界线已变得相当模糊，以至于三者不可分。其次，价格不再以生产成本为基础，而是以顾客意识到的产品价值来计算。再次，顾客对产品的选择和对价值的估计在很大程度上受网上促销的影响，因而网上促销的作用备受重视。最后，由于网络消费者的特点，网上促销的知识、信息含量比传统促销有了更大提高。

对于有形产品和某些服务，虽然不能以电子化方式传递，但企业在营销时可利用互联网完成信息流、资金流和商流。此种情况下，传统的营销组合没有发生变化，但价格却由生产成本和顾客的感受价值共同来决定。促销及渠道中的信息流和商流则由可控制的网上信息代替，渠道中的物流则可实现速度、流程和成本最优化。因为网上简便而迅速的信息流和商流使中间商在数量上最大限度地减少甚至为零。

综合上述情况，在网络营销中，市场营销组合本质上是无形的，是知识和信息的特定组合，是人力资源和信息技术综合的结果。在网络市场中，企业通过网络市场营销组合，向消费者提供良好的产品和企业形象，从而获得满意的回报和产生良好的企业影响。

（四）网络营销对企业组织的整合

网络营销带动了企业经营管理理念的发展，同时也带动了企业内联网和外联网的发展，形成了企业内外部沟通与经营管理均离不开网络作为主要渠道和信息源的局面。营销部门人员的减少，营销组织层级的减少和扁平化，经销代理与门市分店数量的减少，渠道的缩短，虚拟经销商、虚拟门市、虚拟部门等内外组织的盛行，所有这些都使企业组织再造工程迫在眉睫。

在企业组织再造过程中，将在营销部门和管理部门中衍生出一个负责网络营销和与公司其他部门协调的网络营销管理部门。它区别于传统的营销管理，主要负责解决网上疑问，解答新产品开发以及网上顾客服务等事宜。同时，内联网的应用，将改变企业的内部运作方式以及员工的素质。在网络经济时代，形成与之相适应的企业组织形态显得尤为重要。

网络营销的产生和发展，使营销本身及其环境发生了根本的变革，以互联网为核心的网络营销正在逐步发展成为现代市场营销的主流。长期从事传统营销的各类企业，必须处理好网络营销与传统营销的整合。只有这样，企业才能掌握网络营销的真谛，才能利用网络营销为企业赢得竞争优势，扩大市场，取得最大的利润。

学习导航

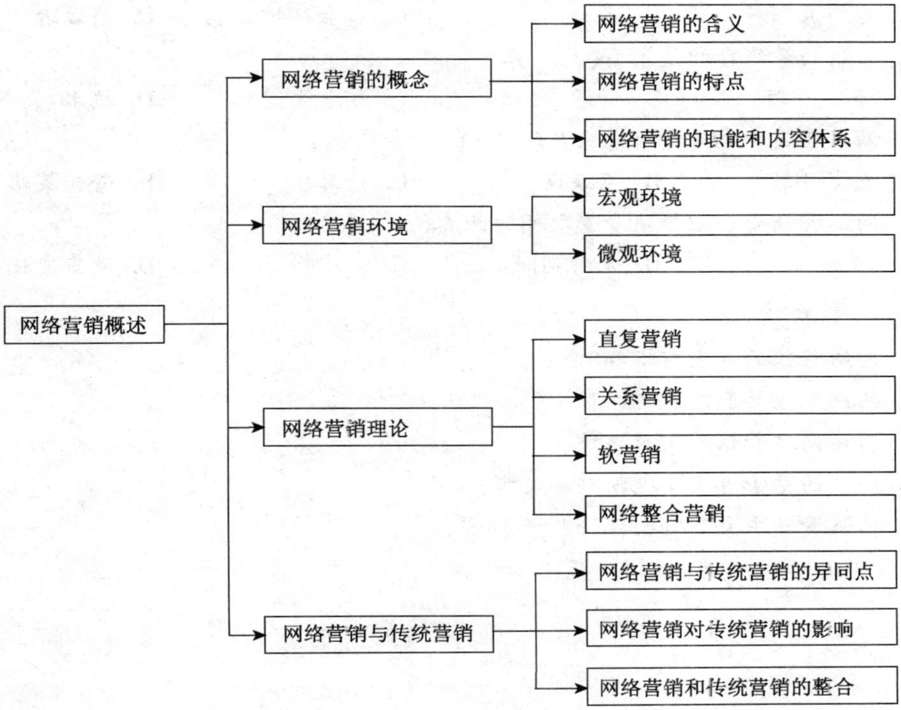

? 自测题

一、 名词解释

1. 网络营销
2. 直复营销
3. 关系营销
4. 网络整合营销

二、 判断题

1. 网络营销就是网上销售。（ ）
2. 企业可以通过互联网实现一对一促销。（ ）
3. 获得必要的网站访问量是网络营销取得成功的基础。（ ）
4. 企业要开展网络营销，必须建立网站。（ ）
5. 在网上建立并推广企业的品牌不属于网络营销的主要任务。（ ）
6. 网络营销必将取代传统的市场营销。（ ）

三、 单项选择题

1.（ ）属于网络营销的微观环境。

A. 经济环境　B. 人口　C. 社会环境　D. 消费者

2. 营销的最终目的是占有（ ）。

A. 市场份额　B. 资源　C. 销售渠道　D. 技术

3. 网络营销产生的技术基础是（ ）。

A. 付款手段　B. 互联网　C. 计算机　D. 营销策略

4. 网络营销使企业与消费者之间的距离（ ）。

A. 增加　B. 无法判断　C. 减少　D. 没有变化

四、 简答题

1. 网络营销的特点有哪些？
2. 网络营销的职能有哪些？
3. 简述网络营销的宏观环境。
4. 企业的竞争者主要包括哪些类型？
5. 网络营销主要有哪些理论？

实训

1. 登录淘宝网，搜索一件数码产品，了解支付方式、物流配送方式及所需支付的全部费用。

2. 登录中国互联网络信息中心（http：//www.cnnic.com.cn），查阅我国目前互联网发展现状及热点问题的调研报告。

小组任务

学生分成5组，每组6人，了解全国主要地区旅行社、酒店对网络营销及相关职位的人才需求情况。具体要求分述如下：

1. 登录招聘网站（如智联招聘、前程无忧、中华英才网、卓博人才网、中华人才招聘网等）。

2. 调查北京、上海、广州、重庆和本地的旅行社、酒店对于网络营销及相关职位1个月内的招聘人数及职位具体要求，将调查结果填在下表中。

3. 撰写调研报告，试分析一个合格的旅行社或酒店网络营销人员应该具备哪些能力。字数要求在2000字以上。报告主要内容包括网络营销及相关职位、需求数量、应具备的能力、不同地区对网络营销人员的特殊要求，以及如何学习网络营销系统知识、如何培养网络营销技能。

网络营销及相关职位社会需求数量调查表

地点 职位					

第二章 网络消费者行为分析

目前，国内多数企业都是由那些对专业市场很有经验，但对网络营销一窍不通的传统营销人员，或是一些以技术为“纲”的网络技术人员“客串”网络营销人员。网络营销人才严重短缺，已成为各公司竞相争夺的对象。未来几年，对企业网站的设计开发及运营管理、网络推广、网络广告而言，需要数以百万的网络营销人才，其中商务运营经理、网络营销顾问、网络销售经理、客户维护经理、渠道销售经理、企业广告经理、商务研究研发工程师、服务营销代表等职位最为热门。网络营销已成为企业突破经济危机的营销利器，实战网络营销人才更是成为企业抢夺的稀缺人才，有企业甚至开出百万年薪招聘实战网络营销人才。

学习目标

1. 了解网络消费者的特征和类型。
2. 掌握网络消费者的需求特征和影响购买行为的因素。
3. 能够进行网络消费者需求行为分析。

案　例

传统企业如何留住网络化的顾客

中国互联网络信息中心发布的第48次《中国互联网络发展状况统计报告》数据显示，截至2021年6月底，中国网民规模破10亿，已达到10.11亿。这个巨大的群体，代表着现有和未来的主流消费力量，当顾客身份的网络化趋势日渐强劲后，其生活形态、消费习惯、购买方式等都会发生前所未有的转变。对传统企业而言，就意味着顾客的流失，转而被新的网络渠道、网络终端所抢占。当然传统企业不会坐以待毙，而会选择加入对网络化的顾客的争夺。例如，浙江运通旅行社有限公司采取的融合信息化运作模式就具有一定的借鉴意义。

浙江运通旅行社（以下简称运通）成立于2005年，是宁波首家采用连锁加盟扩张、直营连锁管理、集中资源采购相整合的方法，集纳各地经销商及加盟连锁店，通过公司核心管理平台统一调度的运营模式予以扩张发展的旅行社。目前，已拥有营业网点110家，涉及城镇、乡村等多级市场。有别于传统旅行社，运通坚持走信息化之路，长远谋划放眼未来，把融合信息化发展作为自己的重要落脚点。

9年来，运通在信息化领域的投入逾百万，逐步完善PC终端和移动终端相结合、有线和无线相结合、线上和线下相结合的多终端、多角度、多渠道的游客、企业、管理者三大服务网络，全方位满足不同类型游客的多样化需求，引领宁波乃至浙江旅游从同质性向异质性转变，进而形成智慧型集群。“2009年，宁波地区首套运用在旅游业上较为成熟的在线办公管理系统就在我们公司诞生了，这套系统是根据公司日常操作流程及运营理念‘量身定做’而成的。导游不用到公司，就可以通过网络完成报账、审核等一系列流程，大幅提高了工作效率。不仅如此，通过‘一改多网’系统，可实现‘一步到位’。总后台的数据发生变化，其他网络平台的数据都相应发生变化，十分快捷。”浙江运通旅行社有限公司副总经理、宁波达人信息科技发展有限公司的首席执行官韩琦说。

在激烈的旅游业竞争中，运通开辟了一条适合自己发展的道路。很快顺利实现了“三级跳”。2010年，运通跻身浙江百强旅行社行列。此后，又是宁波旅游业首家“智慧”旅行社、首家获宁波市“信息化商务示范单位”的旅行社，成为让业内刮目相看的“后起之秀”。与走“信息化”之路一样，“年轻”的运通一直遵守着“变则通”的生存之道。在韩琦看来，尽管传统旅游仍占据着主要地位，然而传统旅游中的“散客班”数量却明显下滑，尤其是市区居民在“散客班”中的占比迅速萎缩，国内包团游的优势在减弱，而个性化的自由行需求却在日益增加，这使网上定制型的旅游打包项目日渐“走俏”；另外，旅游B2B平台“八爪鱼”在线融资1.5亿元、途牛网旅游首推“牛无线”最新境外Wi-Fi热点产品等消息占据着旅游业头条，越来越多的国内“行家”瞄准了在线旅游这个巨大的潜力市场。对运通来说，已到了“非走电商之路不可”的时候。在线网络和旅游电商的崛起，是机遇也是挑战。于是，在2011年，运通成立了新的子公司——宁波达人信息科技发展有限公司，把电商业务从传统旅游中分离出来，着力打造运通在线办公管理软件和电子商务平台。在“B2B”模式上，与携程、驴妈妈、途牛、同程网、去哪儿等在线巨头达成合作，提升业务数量；在“B2C”模式上，运通将本土特色产品和自由行产品“打包”，并在自有网站“慢悠悠”及天猫等平台推出。

顾客向网络转移既然不可避免，那么如果企业不进行顾客迁移，则流失的顾客要么被携程网、艺龙网、淘宝网等电子商务企业所捕获，要么被本行业内已经实行顾客迁移的直接竞争对手所掠夺。无论顾客被谁夺走，对运通旅行社来说都是巨大的损失。一般来说，顾客迁移可以采取两种方式，一种是“绑架式”的强行迁移，一种是“诱导式”的平滑迁移。但“绑架式”迁移只适合垄断型企业，因而运通旅行社采取的是“诱导式”迁移。

为了进行“诱导式”迁移，运通旅行社采取了在实体店宣传、产品包装宣传、在搜索引擎上购买关键词、广告宣传、口碑宣传等多种方法。同时运通旅行社还提供“三便”。

（1）便宜。顾客在运通旅行社网站上下单，可以享受更低的价格。这是非常重要的一个吸引因素。顾客的忠诚度很难抵挡低廉价格的诱惑。如果企业对自己的老顾客提供更多的实惠（价格便宜或提供赠品），那么老顾客是比较愿意迁移的。

（2）便捷。网络购物的兴起很大程度上就是因为比传统购物更为便捷。也就是说，企业要提供更多的服务，让顾客更加方便，如免除去门店的辛劳等。

（3）简便。这是指网络操作而言的。即使是喜欢网络购物的顾客，也会因为操作过程的烦琐复杂而心生退意。所以企业必须提供一个平滑过渡的平台（包括注册、选择、购买、支付等全流程），让顾客在短时间内就能操控自如。

案例分析

企业最宝贵的资源并不是对渠道的占有，而是对具备持续购买力的老顾客的长期拥有。而顾客迁移的实质是顾客忠诚度的迁移。一旦完成了老顾客的迁移，并确保老顾客的网络消费满意度，则新顾客自然就会被由老顾客形成的口碑吸引过来。

第一节　网络消费者概述

网络消费者的购买行为是影响网络营销的重要因素。在传统的商务活动中，消费者仅仅是商品或服务的购买者，对于整个流通过程的影响往往只有在最后阶段才能显现出来，而且影响的范围比较小，主要在家庭、同学、好友中产生一定的影响。而在网络营销中，每一个消费者都是一个活跃在不断变化的网络环境中的一员，网络消费者一方面扮演着个人购买者的角色，另一方面则扮演着社会消费者的角色，起着引导社会消费者的作用。所以，网络消费者的行为是个人消费与社会消费交织在一起的复杂行为。

营销模式发生变革的根本原因在于消费者。随着市场由卖方垄断向买方垄断转化，由消费者主导的时代已经到来。面对更为多样的商品或服务的选择，消费者心理呈现出新的特点和发展趋势，这些特点和趋势在网络营销中表现得更为突出。

相关链接 搜索

《中国在线旅游市场年度综合分析2020》

中国文化和旅游部数据显示，2019 年，中国旅游业总收入约 6.52 万亿元人民币，同比增长 9.2%，增速较去年有所收缩。《中国在线旅游市场年度综合分析 2020》显示，中国在线旅游市场全年交易规模达到 10866.5 亿元人民币，线上渗透率预计达到 16.7%，成功突破万亿级规模；同比增长 11.4%，增幅较上年提升 2.1 个百分点，重回双位数增长轨道。整体看来，在旅游业加速进入标准化、品质化建设，提升产品及服务质量，对存量市场投入精细化运营后，中国在线旅游市场的增长态势有所回暖，在线旅游行业的精耕作业初有成效。

伴随旅游行业收入快速增长，行业互联网化逐渐加深，在线旅游市场也迅速增长。2019 年，中国在线旅游市场流量向头部 OTA 企业聚集，携程系继续保持高位运行。携程、去哪儿、飞猪共同构成了第一梯队，与其他厂商显示出断层差距，领先优势显著，在线旅游市场仍然保持高度集中。

资料来源：易观（https://www.analysys.cn/）

一、网络消费者的特征

网络消费者是一个独特的群体，其购买行为始终是网络营销者关注的一个热点问题。网络消费者是推动网络营销发展的主要动力，其状态决定了今后网络营销的发展趋势和道路，要做好网络营销工作，就必须对网络消费者的群体特征进行分析并制定相应的营销策略。我国网络消费者具有如下几个方面的特点。

（一）注重自我

由于目前网络用户多以年轻用户为主，他们拥有着不同于他人的思想和喜好，有自己独立的见解和想法，对自己的判断能力也有很高的把握，所以他们的具体要求越来越独特，而且越来越多样化、个性化。他们不仅能做出选择，而且渴望做出选择，他们可向商家提出挑战，这是过去不能实现的。今天的网商要帮助个人满足其独特的需求，而不是按大众的标准去寻找大批的消费者。

（二）头脑冷静，擅长理性分析

这是网络消费者的又一显著特点。由于网络用户多数是以大城市的年轻人为主，是一群不会轻易受舆论左右、受潮流、受宣传影响的人，对各种铺天盖地的广告轰炸有相当强的抵抗力，对各种产品宣传有较强的分析判断能力，因此，从事网络营销的企业应该加强信息的组织和管理，加强企业自身文化的建设，以诚信取信于消费者。

（三）对新鲜事物有着孜孜不倦的追求

网络消费者的爱好范围是广泛的，他们喜欢时不时地上网“冲浪”，无论对各类新闻、游戏、股票报价，还是网上娱乐活动，都表现出浓厚的兴趣，对于未知的领域拥有永不疲倦的好奇心，对新事物喜欢追根究底。

（四）品位越来越高而耐心越来越少

现在的网络用户以年轻人为主，他们年轻而时尚，品位较高。他们要求的质量和服务精细程度越来越高。越来越多的家庭有着较高的收入，这就使得他们在网络消费时有自己的标准，而且他们都比较缺乏耐心，当他们搜索信息时，经常会更注重搜索所花费的时间，如果链接、传输的速度比较慢的话，他们一般会马上离开这个站点。

案例

依维世——“0糖”风潮

近年来，消费者的健康意识进一步提升。数据显示，中国将近80%的消费者比较关注食品饮料中的成分，对饮料中含糖量关注度比较高。随之而来的是，饮食界掀起了一股“控糖”革命。昔日以售卖甜蜜收割市场的饮料巨头们，开始审视并调整自身的产品策略，相继推出低糖无糖产品。作为一家拥有百年历史的饮料商，百事对于消费风向的把握无疑是具有前瞻性的，从减糖七喜，到减糖美年达，再到百事可乐无糖，百事打出了一套产品控糖“组合拳”。如今，百事旗下以“0糖0卡”著称的依维世苏打水宣布进军中国市场，又将如何用产品诠释健康消费新美学，俘获年轻消费者的味蕾？

1. 小红书各大顶流博主为产品证言，引领健康生活风尚

近年来，以小红书为代表的“种草购物”方式渐成主流，自带意见领袖属性的KOL通过口碑种草，快速推动品牌口碑裂变。官方数据称，小红书平台月活超过1亿，有70%的用户是“90后”。主打“0糖0卡”的依维世苏打水在小红书一经上线，就成为众多健康生活方式类、生活时尚类博主的饮用首选。有博主为了婚礼前的身材管理，将高热量的奶茶、碳酸饮料换成更加健康的苏打水；有人选择带上依维世，骑行打卡户外的各色美景，累了就停下享用一顿野餐；还有人在闲暇的周末，在家悠闲地用苏打水为自己调制一杯莫吉托。

2. 电商平台口碑效应发酵，深受消费者喜爱

随着依维世登陆京东、天猫的百事旗舰店和天猫超市，依维世在各大电商平台引爆，广受消费者欢迎。有人认为这款苏打水是健身人士必备，也有人发现了调制鸡尾酒的新大陆，解锁了依维世的各种混饮喝法。不仅如此，在京东平台，依维世入选“控糖星人趋势榜”，产品的“0糖”特色完美契合了控糖养生大趋势。

二、网络消费者的类型

（一）简单型

简单型的顾客需要的是方便、直接的网上购物环境。他们每月只花少量时间上网，但他们进行的网上交易却占了一半。零售商必须为这一类型的人提供真正的便利，让他们觉得在你的网站上购买商品将会节约更多的时间。

（二）冲浪型

不管是上网娱乐、工作或与朋友交流，只要是电脑连接上互联网，那么人们在互联网上所做的事情都可以俗称“网络冲浪”。冲浪型网民对经常更新、具有创新设计特征的网站通常很感兴趣。

（三）接入型

接入型的顾客很少在网上购物，但喜欢上网聊天和发送免费问候卡。那些有着著名传统品牌的公司应对这类型人保持足够的重视，因为网络新手们更愿意相信生活中他们所熟悉的品牌。

（四）议价型

议价型顾客有一种趋向购买便宜商品的本能，著名的拼多多 App 用户就属于这一类型，他们喜欢讨价还价，并有在交易中获胜的强烈愿望。

（五）定期型和运动型

定期型和运动型的网络用户通常都是被网站的内容所吸引。定期网民经常访问新闻和商务网站，而运动型的网民则喜欢运动和娱乐网站。

目前，网上销售商面临的挑战是如何吸引更多的网民，如何努力地将网站访问者变为消费者。因此，网络营销人员应该将自己的注意力集中在以上几类网民中，从中确定自己的潜在消费群体，这样才能做到有的放矢。

相关链接 搜索

我国网络购物交易规模

根据国家统计局发布的数据显示，2015～2020 年我国网络购物交易规模呈现连续增长趋势，但虽然 2017 年后交易规模增长幅度逐渐减少，但增速仍然在 10% 以上。2020 年在疫情影响的背景下，网购的便捷性更加显现，使得我国网络购物市场规模仍然保持增长，达到了 11.76 万亿元，同比增长 10.6%。

第二节　网络消费者需求行为分析

一、网络消费者需求行为分析的目的和任务

（一）网络消费者需求行为分析的目的

网络市场营销与策划活动从本质上来说就是网上购买者需求管理，即研究网上购买者的需要，使企业网络市场供给适应网上购买者的需求；无论是适应网上购买者的需求，还是引领创造网上购买者的需求，网络消费者需求行为分析的最终目的，就是通过满足网上购买者的需要实现企业赢利的目的。

（二）网络消费者需求行为分析的任务

网络营销与策划能够改变的是购买者的欲望和需求，将“不想要”“不能要”“要不起”向“想要”“能要”转变。改变购买者的欲望和购买需求就是网络市场营销与策划的根本任务。

二、网络消费者需求行为的特点

由于电子商务的出现，人们的消费观念、消费方式和地位正在发生着重要的变化，互联网商用的发展促进了消费者主权地位的提高；网络营销系统巨大的信息处理能力，又为消费者挑选适合自己的商品提供了前所未有的选择空间，使消费者的购买行为更加趋于理性化。网络消费需求的特点主要体现在以下几个方面。

（一）消费者消费个性回归

在近代，由于工业化和标准化生产方式的发展，使消费者的个性被湮没于大量物美价廉而单一化的产品之中。随着21世纪信息化时代的到来，消费品市场变得越来越多样化，消费者进行产品选择的范围越来越全球化、国际化，产品的设计也更加多样化，消费者开始制定自己的消费准则，整个营销又回到了个性化的基础之上。没有任何两个消费者的消费心理是相同的，每一个消费者都是一个微小的消费市场。因此，个性化消费成了消费的主流。

案例

旅游走向个性化“定制线路”渐成主流

到2019年，旅游消费占居民消费总量的比例将达到18.8%，国内游人数将达60.06亿人次，旅游行业总收入达6.63万亿元。过去，在旅行过程中，总有不少消费者表示，自己感兴趣的景点游览时间太短，不感兴趣的景点转起来没完；好不容易出门旅游，却在购物点浪费了不少时间。伴随着我国旅游业的迅猛发展，这样的情况正在逐渐好转，旅行社也在不断转变经营模式以适应消费者的需求。各大旅行社相继推出“定制线路”“深度旅游”“高端旅游”等旅游项目，大众化旅游正在逐渐走向个性化、私人化。

（二）消费者需求的差异性

不仅仅是消费者的个性消费使网络消费需求呈现出差异性，事实上，对于不同的网络消费者因其所处的时代环境背景不同，也会产生不同的需求心理，不同的网络消费者，即便在同一需求层次上，他们的需求也会存在差异。因为网络消费者来自世界各地，他们受不同的国家、民族、宗教信仰、生活习惯和地区差异等因素的影响，因而会产生明显的需求差异性。所以，从事网络营销的厂商要想取得成功，就必须在整个生产过程中，从产品的构思、设计、制造，到产品的包装、运输、销售，认真考虑这些差异性，并针对不同消费者的特点，采取相应的措施和方法。

案例

个性化旅游千金难买

《旅游法》实施以来，传统旅行社的团队游规模出现了逐渐收缩的情况，有别于大众团队游的旅游方式逐渐为业界所看重，比如说定制旅游，目前无论是以此为主业的小型俱乐部，还是传统旅行社，均纷纷瞄准这个市场，深耕这片很可能会大获丰收的“沃土”。

人们对旅游个性化体验的需求强烈，为满足此需求的极富个性化的定制旅游应运而生，这样的旅游产品必须绕开常规，具有足够的独特性。听上去顺理成章，说起来轻而易举，然而实际上操作起来却不容易。

坦率地说，角逐定制旅游市场，比拼的不仅仅是掌握的资源，更是组合资源的能力。由卖资源给消费者转化成为根据消费者需求重新组合资源，这样的转变实际上是商业模式的转变以及服务水平的升级。根据客人需求来定制线路，听上去似乎是以客人为主导，强调的是客人的主观能动性，然而在休闲旅游业才刚刚起步的当下，不少高端客人对于定制旅游仍不具备经验，甚至对旅游本身的认识也十分有限。而此时，谁能够发掘他们潜在的需求，谁能提供更符合心意的专属线路，谁能够在服务上做到细致入微，全程跟进毫无疏漏，谁才能有制胜的把握。否则，只是提供高价产品，强调奢华体验，或许用钱能买来一丝清闲，买来一些私密空间，却买不到独特而具有启发性的旅游体验。

承诺为一部分群体提供个性化服务的定制旅游机构是否真正履行承诺？还是只是换个新鲜的说法卖高价产品？有没有言过其实？这一切需要消费者自己来进行判断，但至少要清醒地认识一点，那就是所谓的定制旅游，能否在满足需求的同时，还能具有更多的启发性。这才是有别于一般大众旅游产品的根本吧。

资料来源：《南方日报》（http：//epaper. southcn. com）

（三）消费的主动性增强

在社会化分工日益细化和专业化的趋势下，消费者对消费的风险感随着选择的增多而逐渐上升。在一些大件耐用品及高技术含量产品的购买上，消费者往往会主动通过各种可能的渠道获取与商品相关的信息并加以分析和比较。或许这种分析、比较不是很充分合理，但消费者能从中得到心理需求的平衡，从而减轻风险感或减少购买后产生的后悔感，增加对产品的满足感。消费主动性的增强源于现代社会不确定性的增加和人类对需求心理稳定和平衡的欲望。

（四）消费者直接参与生产和流通的全过程

传统的商业流通渠道由生产者、商业机构和消费者组成，其中商业机构起着重要的作用，生产者与消费者之间不能直接沟通，生产者不能直接了解市场，消费者也不能直接向生产者表达自己的消费需求。而在网络环境下，消费者可以直接参与到生产和流通环节之中，与生产者直接进行沟通，因而极大地减少了市场的不确定性。

现在网络中许多广告都设法让消费者加入广告的过程中，这不仅增加了广告的互动性，而且更便于了解消费者的需求，同时也扩大了网络广告的效果。

案 例

瑞士旅游的网络互动式营销

瑞士的确是个美好的旅行目的地，既有高度发达的经济环境，又有宁静怡人的桃源风光，但如何吸引世人前来隐居消费，对瑞士一些偏僻的小山村来说也是个难题。大多旅游营销或许会选择拍摄 TVC 投放渠道，认为渠道铺得广自然知道的人也就多了。看完瑞士的“我的山村”几场营销活动，你就知道重要的不是什么渠道，而是创意是否足够吸引人，能否产生最大化的互动和分享。

1. 电话营销也能刷爆全球

电话营销，很多人觉得太传统。但最近瑞士格劳宾登州这个叫 Tschlin 的小山村策划了一场电话营销活动，却刷爆了全球人的朋友圈，仅仅 6 天，他们就吸引了 2300 万人的目光。

这里的村民们公布了村里的电话号码，并欢迎全球游客拨打，他们保证全村 166 个居民都会第一时间接听它。“如果你打了电话，但是无人接听，我们会奖励给你一次来格劳宾登的免费旅行，或者给你其他奖也可以。”

这一消息放出来，人们开始源源不断地打电话进来，而且整个村子都能听见。村民们遵守承诺，第一时间跑过去接电话，如果没来得及，那打电话的人就能免费获得一次来格劳宾登旅游的机会或者其他大奖。

主办方将村民们接电话的场景录下来传到网站与网友互动，最后总共3万人拨打了这个号码，其中有4000次成功通话。活动的宣传视频收到150万次的点击，宣传网站的点击提高了50万。2300万人通过各个媒体报道，第一次听说了这个小村庄。Tschlin一下就火了……

2. 可以现场直播的广告牌

2015年，苏黎世火车站广告屏上出现了一位老大爷，惊呆路人的是，这位老爷子竟然在美丽的格劳宾登山顶跟大家来了个现场直播！

3. Facebook点赞活动

“点赞”这样的营销套路在咱们国内都被用烂了，但瑞士人却早在2011年就玩出了新花样。

几年前，他们在一个人口只有79人的小村庄Obermutten做了一次推广。在格劳宾登像这样的小村庄很多，虽然都很美，但鲜为人知。整个村子只有一个教堂、一个酒店、几头牛和一些散住村民，村子有个Facebock页面，不过也没什么人知道……

于是围绕这个Facebook页面，营销人想了个大招，就是“集赞”！不过人家是这么玩的：每位给Obermutten村的Facebook页面点赞的朋友，在一星期内就可以将自己的照片传到该村的官方布告栏里。这些粉丝以这种方式成为该村的成员，并且这里的80位居民可以了解他们的粉丝。

毫无意外，这个活动会很容易受到网友们的喜欢，因为村民们实在太真诚了，有的人只不过点了个赞，他们就会把这个人的照片晒出来，这满足了人们希望得到关注的心理。

实际上，这个活动使得Obermutten村的Facebook页面增加了来自32个国家的12000名粉丝，有4025名粉丝会跟页面管理员进行互动。每个粉丝的留言都会得到回复。

人与人之间的互动，不只是网络上的点赞之交，从上面的三个营销活动中，我们发现，瑞士人一直在通过用实实在在的行动和新鲜的玩法，用更真诚的声音、视频、画面来与人们沟通，触动人心从而吸引热爱旅行的目标群体。

4. 找黄轩做瑞士国家旅游局代言人

为了进一步推广瑞士旅游，瑞士国家旅游局找了国内当红演员黄轩做旅游形象代言人。

他们的合作缘起于黄轩主演的电视剧《亲爱的翻译官》，开头的主要取景地就是瑞士。看来瑞士也是看上了中国广阔的旅游市场前景，希望通过黄轩更多地和中国朋友们交流互动。

（五）追求消费过程的方便和享受

选择网上购物，除了能够满足实际的购物需求以外，消费者在购买商品的同时，还能得到许多关于此类产品的相关信息，并得到在各种传统商店享受不到的乐趣。今天，人们对现实消费过程出现了两种不同的追求趋势：一部分工作压力较大、紧张程度较高的消费者以方便性购买为目标，他们追求的是时间和劳动成本的尽量节省；而另一部分消费者，由于劳动生产率的提高，自由支配时间的增多，希望通过消费来寻找生活的乐趣。如一些自由职业者或家庭主妇希望通过购物消遣、打发时间，保持与社会的联系，减少心灵的孤独感，因此他们愿意多花时间和精力去购物，享受其中的乐趣。

如今的网络消费过程，越来越简单化和人性化。从购物网站的页面设计，到可供选择的商品类别；从商品信息的性能介绍、商品的形态，到商品价格的多方比较；从在线支付的方便快捷，到送货上门的贴心服务，都显示出购物网站营销人员的精心策划。消费者在这样一种轻松愉悦的购物环境中，得到的不仅仅是物质上的满足，还有一种精神上的享受。

（六）消费者选择商品的理性化

在网络环境下，消费者面对的是网络系统，是计算机屏幕，可以避免嘈杂的环境和各种影响与诱惑，商品选择的范围也不受时间地域和其他条件的约束，消费者可以理性地规范自己的消费行为。

1. 大范围地选择比较商品

对个体消费者来说，购买商品往往会“货比多家”、精心挑选。那种因信息来源和地理环境所限，不得已而为之的购物现象将不复存在。网络营销系统巨大的信息处理能力，为消费者挑选商品提供了广阔的空间，消费者会利用在网上得到的信息对商品进行反复比较，以决定是否购买。对单位采购进货人员来说，其进货渠道和视野也不会再局限于少数几个定时定点的订货会议和几个固定的供货厂家，而是可以大范围地选择质量好、信用佳、价格合理的厂家和产品。

2. 理智的商品价格选择

对个体消费者来说，他们会利用计算机快速算出商品的实际价格，然后再作横向的综合比较，以决定是否购买。而对单位采购进货人员来说，他们通常会利用预先设计好了的计算程序，迅速地比较进货价格、优惠折扣、运输费用、时间效率等综合指标，最终选择最有利的进货渠道和途径。也就是说，在网络环境下，人们必然会更充分地利用各种定量化的分析模型，更理智地做出购买决策，因为上网购物一般都是年轻型、知识型的购买者。

3. 主动地表达对产品及服务的欲望

在网络环境下，消费者不再被动地接受厂家或商家提供的商品或服务，而是根据自己的需要主动上网去寻找适合的产品。如果找不到，消费者一般会通过网络系统向厂家或商家主动表达自己对某种产品的渴望与需求，其结果是使消费者以实际参与影响到企业的生产和经营过程。

（七）价格是影响消费心理的重要因素

从消费的角度来说，价格虽然不是决定消费者购买的唯一因素，但却是消费者购买商品时必须要考虑的因素。网上购物之所以具有生命力，重要的原因之一是因为网上销售的商品价格普遍低廉。尽管商家都想在一定程度上减弱消费者对价格的敏感度，避免价格上的恶性竞争，但价格始终会对消费者的心理产生重要的影响。消费者可以通过网络联合起来向商家讨价还价，使产品的定价逐步由企业定价转变为消费者引导定价。

由于价格一直是影响消费者心理的最重要因素，所以价格上的一点波动都会给消费者的行为造成不同的影响。亚马逊中国网（http：//www. amazon. cn）与当当网（http：//www. dangdang. com）都是中国国内书籍、音像制品市场上的重量级网站，两者之间的竞争自然不可避免。亚马逊中国网曾是中国最大的网上图书音像商城，而当当网也紧追不舍。二者的经营模式、销售规模、产品种类甚至客户群几乎是一模一样的，因此竞争也就集聚在对价格和客户群的竞争上。

（八）网络消费具有层次性

在传统的商业模式下，根据马斯洛的需求层次理论，人们的消费层次一般是从低层次需要开始，逐渐向高层次需要延伸、发展，即先满足个人的基本生存需要，在此基础上再追求精神上的需要。但在网络消费中，由于网络消费者大多数是年轻的知识族，网络消费本身就是一种高级消费，因此，在消费开始时一般都是为了满足精神需求。到了网络消费的成熟阶段，等消费者完全掌握了网络消费的规律和操作，并且对网上购物有了一定的信任感之后，才会逐渐由精神消费品的购买转向普通消费品的购买。例如，国内消费者通常都是先购书、购买光盘，最后再逐渐转向耐用消费品和日常消费品的购买。

小知识

马斯洛需求层次理论

马斯洛需求层次理论，又称“基本需求层次理论”，是行为科学的理论之一，由美国心理学家亚伯拉罕·马斯洛于1943年在《人类激励理论》论文中提出。马斯洛需求层次理论把需求分成生理需求、安全需求、社交需求、尊重需求和自我实现需求五类，依次由较低层次到较高层次排列。该理论在一定程度上反映了人类行为和心理活动的共同规律。马斯洛从人的需要出发探索人的激励和研究人的行为，抓住了问题的关键；马斯洛指出了人的需要是由低级向高级不断发展的，这一趋势基本上符合需要发展规律。因此，需要层次理论对确定网络消费者的层次有一定的启发作用。

三、影响网络消费者购买行为的主要因素

网络消费者的行为通常受多种因素的影响，包括内在因素和外在因素。其中个人的内在因素对网络消费者的行为产生重要的影响，主要包括网络消费者自身的消费习惯、学历层次、兴趣爱好和收入水平等。不同的网络消费者所关注的商品类型和商品性能都有所不同。我国网民主要是由年轻人和学历较高的人组成，他们是网上商品的潜在消费者，是网络营销市场的主要客户群。

影响消费者上网购买的内在因素还包括家庭环境、个人心理、社会阶层、风俗时尚等诸多方面。除此之外，在网络环境中消费者还要受到以下几点外在因素的影响。

（一）商品的价格

根据销售学的观点，影响消费者消费心理及消费行为的主要因素是价格，即使在今天完备的营销体系和发达的营销技术面前，价格的作用仍然不容忽视。只要价格降幅超过消费者的心理界限，消费者因此而改变既定的消费原则也是在所难免的。对一般商品而言，价格与需求量常常表现为反比关系，同样的商品，价格越低，销售量则越大。目前在网上销售的商品多是计算机软硬件、书籍杂志、娱乐产品等，这些商品的价格一般都不太高，加上网上直接销售减少了许多不必要的中间环节，使得网上销售的商品价格低于传统流通渠道的商品价格，因此对消费者产生了越来越大的吸引力。

（二）购物的时间

这里所说的购物时间包含两方面的内容，即购物时间的限制和购物时间的节约。传统的商店，每天只能营业十几小时，而网上商店可一天 24 小时营业，使消费者在任何时间都可以上网购物，完全不受时间的限制。

（三）购买的商品

目前在网上销售的商品种类已日渐丰富，从生活日用品到大型家用电器，再到高昂的奢侈品，都已经实现了网络销售的功能。随着市场已经逐渐成熟到可以随时随地在网上购买到面包等食品的程度，消费者在经过比较后觉得网上购物的方便程度超过亲自去商店购买时，便会愿意选择到网上购买。

（四）商品的选择范围

在互联网这个全球化的市场中，商品挑选的余地大大扩展，而且消费者可以从两个方面进行商品的挑选，这是传统的购物方式难以做到的。

1. 网络为消费者提供了多种检索途径

消费者可以通过网络，方便快速地搜寻全国乃至全世界相关的商品信息，从中挑选满意的厂商和满意的产品，获得最佳的商品性能和价格。

2. 消费者可在网上发布需求信息

消费者也可通过新闻组、电子公告牌等，告诉千万个厂商自己所需求的产品，吸引众多的厂商与自己联系，从中筛选符合自己要求的商品或服务。有这样大的选择范围，精明的消费者自然倾向于网上购物了。

（五）商品的新颖性

追求商品的时尚与新颖是许多消费者，特别是青年消费者重要的购买动机。这类消费者一般经济条件较好，他们特别重视商品的款式、新颖性、格调和流行趋势，而常常忽略商品的使用价值和价格的高低。他们是时髦服装、新潮家具和新式高档消费品的主要消费者。网上商店由于载体的特点，总是跟随最新的消费潮流，适时地为消费者提供最直接的购买渠道，加上最新产品的全方位网上营销广告，对这类消费者产生了足够的吸引力。

（六）其他因素

影响网络消费者在线消费的还包括许多因素，例如，网速快慢、支付方式、送货方式等。网上消费者在网上购物时青睐的商品大多是信息类服务商品以及音像图书类的商品，因为此类商品一般不会出现太多的质量问题。而企业也可以根据自身的情况，来分析网络消费者的购物需求情况，并确定自己的网络营销方案。

四、网络消费者需求购买动机分析

所谓动机，是指推动人们进行活动的内部原动力，即激励人们行为的原因。人们的消费需要都是由购买动机而引起的。网络消费者的购买动机，是指在网络购买活动中，能使网络消费者产生购买行为的某些内在的动力。只有了解了消费者的购买动机，才能预测消费者的购买行为，以便采取相应的促销措施。由于网络促销是一种不见面的销售，消费者的购买行为不能直接观察到，因此对网络消费者购买动机的研究变得尤为重要。网络消费者的购买动机基本上可以分为需求动机和心理动机两大类。

（一）需求动机

网络消费者的需求动机是指由需求而引起的购买动机。要研究网络消费者的购买行为，首先必须要研究网络消费者的需求动机。美国著名的心理学家马斯洛的需求理论对网络需求层次的分析，对此具有重要的指导作用。而网络技术的发展，使当今的市场变成了网络虚拟市场，由于虚拟社会与现实社会毕竟存在很大的差别，所以在虚拟社会中人们希望满足以下三个方面的基本需要。

一是兴趣需要。即人们出于好奇和能获得成功的满足感而对网络活动产生兴趣。

二是聚集。通过网络给相似经历的人提供了一个聚集的机会与场所。

三是交流。网络消费者可聚集在一起互相交流买卖的信息和经验。

（二）心理动机

人的行为不仅受生理本能的驱使，而且会受到心理活动的支配。心理动机是由于人们的认识、感情、意志等心理过程而引起的购买动机。网络消费者购买行为的心理动机主要包括理智动机、感情动机和惠顾动机三方面的内容。

1. 理智动机

又称合理的购买动机。合理的购买动机所考虑的内容一般包括价格、耗费、功效、可靠性、售后服务、使用寿命等。理智动机具有客观性、周密性和控制性的特点。这种购买动机是消费者在反复比较各在线商场的商品后才产生的，主要出现于耐用消费品或价值较高的高档商品的购买。一般来说，大型消费品和耐用消费品购买活动中的理智动机所起的作用要远比日用消费品购买活动中所起的作用大。在购买中表现为求实、求廉、求安全的心理。

2. 感情动机

又称带有感情色彩的购买动机。它包括许多内容，如舒适感、安全感、自尊心、自豪感、好胜心、娱乐消遣等。要想把所有感情动机的内容全部罗列出来是不可能的，因为人们的感情相当复杂，很难把每一种感情动机割裂开来加以分类。感情动机是由人们的情绪和感情所引起的购买动机。这种动机一般可分为两种类型：一种是由于人们喜欢、满意、快乐、好奇而引起的购买动机，具有冲动性、不稳定性的特点；另一种是由于人们的道德感、美感、群体感而引起的购买动机，具有稳定性和深刻性的特点。感情购买动机主要出现于刚刚推出的新产品或馈赠礼品的购买。一般比较常见的感情动机有：舒适或省力、健身、美的享受、自尊或自我满足、效仿或炫耀、占有欲、交际欲、恐惧或谨慎、好奇心或创造欲、责任感等。根据感情不同的侧重点，又可以将其分为求新、求美、求荣三种消费心理倾向。例如，由于工作紧张，没有多余的时间陪伴在长辈身边，也无暇顾及自己的朋友时，为在感情上进行弥补，现在越来越多的网民通过网络购买礼品送给家人、朋友。再如过节时，远在他乡的网民会在网上商店中为家中的老人、朋友，购买礼物，通过网上商店的配送渠道直接送达他们手中，而不必自己抽时间到邮局邮递。又如，可通过网上花店为女友订一束鲜花，给女友一个甜蜜的惊喜。网上商店应注意网民的各种感情动机，在广告宣传及设计、商品的选择上注重基于感情而购买的动机。

3. 惠顾动机

惠顾动机是建立在理智经验和感情之上，指对特定的商品或特定的商店产生特殊的信任和偏好而形成的，习惯重复光顾的购买动机。这种动机具有经常性和习惯性的特点，表现为嗜好心理。由惠顾动机产生的购买行为，一般是网络消费者在做出购买决策时心目中已首先确定了购买目标，并在购买时能够克服和排除其他同类产品的吸引和干扰，按原计划确定的购买目标实施购买行动。具有惠顾动机的网络消费者，往往是某一站点忠实的浏览者。

第三节　网络消费者的购买决策过程

网络消费者在完成购物或相关的任务时，通常会在网上虚拟的购物环境中浏览、搜索相关商品信息，从而为购买决策提供所需的必要信息。

消费者的购买决策过程实际上是一个搜集相关信息与分析评价的过程，它具有不同的行为程度和脑力负荷。心理学家将消费者的购物活动称作问题解决过程或购买决策的信息处理过程，一般分为五个阶段，即产生需求、收集信息、比较选择、购买决策和购后评价。

一、产生需求

网络购买过程的起点是诱发消费者并使之产生需求。通常情况下，内在需求和外部刺激都可能引发消费者的需求。当消费者认为已有的商品不能满足自己的需求时，就会产生购买新产品的欲望。这是消费者在做出消费决定过程中所不可缺少的前提。在传统的购物过程中，诱发并产生需求的动因也是多方面的。人体内部的刺激、外部的刺激都可以引发“触发诱因”。

对于网络营销来说，诱发需求的动因只能局限于视觉和听觉，因而网络营销对消费者的吸引存在着一定的难度。作为企业或中间商，一定要了解与自己产品有关的实际需要和潜在需要，掌握这些需求在不同时间内的不同程度，以及刺激诱发的因素，以便设计相应的促销手段去吸引更多的消费者关注网页，诱导他们的需求欲望。而作为营销人员，要去深入研究和了解能够引起消费者内在需求的因素，并为消费者营造一种“触发诱因”，以诱发消费者的需求。当前许多电子商务网站均采用多种方法来引发消费者的需求。

案　例

营销创造需求的三种通常途径

1. 通过改变人们生活方式的某个方面来创造需求

量贩式 KTV（提供卡拉 OK 影音设备与视唱空间的场所）因为改变了人们唱歌娱乐的方式且价格实惠而创造了新需求，经营得好的量贩式 KTV 生意十分火爆。再比如，网购因为方便、价格便宜（多数情况下），改变了很多消费者的购物方式，因而越来越受到欢迎。

2. 通过给人们生活方式重大改变来创造需求

随着移动互联网技术的进步，智能手机在尚未进入市场之前，消费者并未意识到对这种产品有需求，只是在这些产品开发出来以后，人们发现购买这样的产品，自己的生活方式会因此得到全新的、好的改变，因而产生了购买欲望，进而产生了需求，最终采取购买行动。短短不过数年，成年人使用的手机几乎都是智能手机了，智能手机也成为很多人生活中极其重要的产品。再如，支付宝、微信支付等，改变了消费者的支付方式，但因其便利性也迅速得到了消费者的认可，创造了需求。

3. 通过科学营销，极大拓展市场空间

腾讯公司通过与春晚结合，同时结合中国过年发红包的传统习俗，开展微信大发红包的营销活动，成功地大大拓展了微信支付的市场空间，迅速在移动支付领域牢牢占据了重要位置。

二、收集信息

当消费者产生需求后，每一个消费者都希望自己的需求能够得到满足，所以，大量的收集信息、了解行情成为消费者购买的第二个环节。

一位被诱导需求的消费者可能会去积极、主动地寻求更多的信息。一般来说，消费者收集信息的渠道可分为内部渠道和外部渠道两种。其中，内部渠道是指消费者个人所储存、保留的市场信息，一般包括购买商品的实际经验、对市场的观察以及个人购买活动的记忆等。外部渠道则是指消费者可以从外界收集信息的渠道，包括个人渠道、商业渠道和公共渠道等。消费者首先在自己的记忆中搜索可能与所需商品相关的知识经验，如果没有足够的信息用于选择，那么他便要到外部环境中主动去寻找与此有关的信息。

当然，不是所有的购买决策活动都要求同样的信息和信息搜寻。根据消费者对信息需求的范围和对需求信息的程度不同，通常可分为以下三种模式。

（一）广泛问题的解决模式

在这种模式中，消费者尚未建立评判特定商品或特定品牌的标准，也不存在对特定商品和品牌的购买倾向，而只是很广泛地收集某种商品的信息。处于这个层次的消费者，可能是因为好奇、消遣或其他原因而关注自己感兴趣的商品。这个过程收集的信息会为以后的购买决策提供相关经验。

（二）有限问题的解决模式

处于有限问题解决模式的消费者，已建立了对特定商品的评判标准，但尚未建立对特定品牌的倾向。这时，消费者已经有针对性地收集信息。一般而言，这个层次的信息收集，才能真正地、直接地影响消费者的购买决策。

（三）常规问题的解决模式

在这种模式中，消费者对将来购买的商品已有足够的经验和特定的购买倾向，所以购买决策需要的信息较少。

三、比较选择

消费者究竟是怎样在众多可供选择的产品中选择自己所需要的商品呢？每一位消费者需求的满足都要受到实际支付能力的限制。消费者为了使消费需求与自己的购买能力相匹配，就要对各种渠道汇集而来的信息进行比较、分析、研究，根据产品的功能、特点、性能、模式、价格、可靠性和售后服务等，从中选择一种自认为“最好”的产品。

通常情况下，网络消费者都会对要购买的商品进行选择、比较、分析。常见的方法有看广告用语、看信息发布渠道、看主页内容更换的频率和尝试性购买等几个方面。而由于网络购物不能直接接触实物，所以，网络营销商要对自己的产品进行充分的文字描述和图片展示，增加消费者的直观性，以吸引更多的顾客。例如，同样的电脑用户，由于其使用的关注点不同，比较的方法也就有所不同，最终会导致不同的选择。比如消费者对苹果电脑关注的理由是“苹果电脑在教育领域应用的广泛性，视频产品与解决方案的完整性，极高的性能价格比”，而消费者对戴尔电脑关注的理由是“因为戴尔电脑直销的价格低廉、个性化定制及周到细致的售后服务”。同样一种产品，因为消费者的关注点不同，比较选择的结果也就不同，关注性能的选择了苹果，关注个性的选择了戴尔。

四、购买决策

网络购买决策是指网络消费者在购买动机的支配下，从两件或两件以上的商品中选择一件满意商品的过程。网络消费者在完成对自己所需商品的比较选择之后，便进入购买决策阶段。与传统的购买方式相比，网络购买者在购买决策时体现出以下三个方面的特点，即网络购买者理智动机所占比重较大，而感情动机的比重较小；网络购物受外界影响较小；网络购物的决策行为与传统购买决策相比速度较快。

小知识

有效浏览时间

网络消费者访问一个网站时的有效浏览时间是指该网站的页面处于 Windows 激活状态窗口的时间。页面不在激活状态、单页打开时间小于 3 秒、单页停留 5 分钟以上均不计入有效浏览时间。

（一）决策购买的条件

网络消费者在决策购买某种商品时，一般要具备对产品有好感、对支付有安全感、对厂商有信任感三个基本条件。所以，网络营销的厂商要重点抓好与以上几方面相关的工作，促使消费者购买行为的实现。同时，消费者在做出购买决策时，通常影响购买决策的因素主要有两种：一是他人的态度，包括他人对此商品的评价和意见；二是一些突发的、未预见的因素。

通常情况下，网络消费者在线购买一些商品时，他人的态度对其购买决策有着非常重要的影响。这里的他人包括三类：一是家人、朋友、邻居、同事等，这些人的评论态度和建议通常能起着决定性的作用；二是广告商、推销员、经销商等，这些人对于商品的宣传和介绍也能起到影响并改变消费者决策的作用；三是大众传媒、报纸杂志、专家学者等中立者的评价。消费者一般会综合上面各个角色的评估信息，对每个方案进行比较，同时依照自己的喜好，最终确定各种产品的优劣顺序。

（二）购买决策的内容

1. 购买动机

消费者的购买动机是多种多样的。同样购买一台洗衣机，有人为了赶时髦，有人为了节约家务劳动时间，有人为了回避涨价风险，有人则是买来孝敬父母。

2. 购买对象

这是购买决策的核心和首要问题。决定购买目标不只是停留在一般类别上，而是要确定具体的对象及具体的内容，包括商品的名称、品牌、商标、款式、性能、规格和价格等。

3. 购买数量

购买数量一般取决于实际需要、商品的功效、支付能力及市场的供应情况。如果市场供应充裕，消费者一般不急于买，即使买数量也不会太多；如果市场供应紧张，即使目前不是急需或支付能力不足，也可能购买甚至会负债购买。

4. 购买地点

购买地点是由多种因素决定的，如路途远近、可挑选的品种数量、价格及服务态度等。它既和消费者的惠顾动机有关，也和消费者的求廉、求速动机有关。

5. 购买时间

这也是购买决策的重要内容，它与主导购买动机的迫切性有关。在消费者的多种动机中，往往由需求强度高的动机来决定购买时间的先后缓急；同时，购买时间又和市场供应状况、营业时间、交通情况和消费者可供支配的空闲时间有关。

6. 购买方式

在许多情况下，顾客还必须对购买方式做出决策。顾客通常要决定购买某些商品的频率、次数、数量、方式等问题。

相关链接 搜索

贺局长说伊犁抖音账号

贺局长说伊犁抖音账号创建于 2020 年 5 月，2021 年 5 月更名为“贺局长说伊犁”，账号到 2021 年年底拥有粉丝 372. 1 万人，账号主要宣传伊犁旅游资源、直播推介伊犁特色农副产品和旅游商品，并通过“伊犁礼物”抖音小店上架产品，采取“短视频链接 + 直播”方式销售本地五大产业名优农特副产品。发布旅游、公益、直播助农短视频 276 条，全网播放阅读量 56. 87 亿人次。在践行网上群众路线，大力宣传党的政策主张，传播网络正能量，推介伊犁独特的旅游资源和农特产业产品，助推特色农牧产业发展，开展网络公益等方面表现突出。

资料来源：光明网

（三）消费者决策的原则

1. 最大满意原则

就一般意义而言，消费者总是力求通过决策方案的选择、实施，取得最大效用，使某方面需求得到最大限度的满足。按照这一指导思想进行决策，即为最大满意原则。遵照最大满意原则，消费者将不惜一切代价追求决策方案和效果的尽善尽美，直至达到最终目标。最大满意原则，实际上只是一种理想化原则，常常被其他原则补充或代替。

2. 相对满意原则

该原则认为，现代社会，消费者面对复杂多样的商品和众多的市场信息，不可能花费大量时间、金钱和精力去搜集制定最佳决策所需的全部信息，即使有可能，与所付代价相比也绝无必要。因此，在制定购买决策时，消费者只需做出相对合理的选择，达到相对满意即可。例如，在购置皮鞋时，消费者只需进行有限次数的比较选择，便可买到质量、外观、价格比较满意的皮鞋，而没有必要花费大量时间走遍所有商店，对每双皮鞋进行挑选比较。贯彻相对满意原则的关键是以较小的代价取得较大的效果。

3. 遗憾最小原则

以最大或相对满意作为正向决策原则，则遗憾最小原则立足于逆向决策。因为任何决策方案的后果都不可能达到绝对满意，都存在不同程度的遗憾，因此，有人主张以可能产生的遗憾最小作为决策的基本原则。运用此项原则进行决策时，消费者通常要估计各种方案可能产生的不良后果及其严重程度，从中选择程度最小的作为最终方案。例如，当消费者因为各类皮鞋的价格高低而举棋不定时，有人便宁可选择价格最低的一种，以便使遗憾减到最低程度。遗憾最小原则的作用在于减少风险损失，缓解消费者因不满意而造成的心理失衡。

4. 预期满意原则

有些消费者在进行购买决策之前，已经形成对商品价格、质量、款式等方面的心理预期。消费者在对备选方案进行比较选择时，常常与个人的心理预期进行比较，从中选择与预期标准吻合度最高的作为最终决策方案，这就是预期满意原则。这一原则可缩小消费者的抉择范围，迅速、准确地发现拟选方案，加快决策进程。

五、购后评价

消费者在购买商品之后会体验某种程度的满意或不满意，因此，商品在售出后，营销人员的工作并没有结束。消费者购买商品后，往往通过和他人的讨论，对自己的购买决策进行检验和反省，重新考虑这种购买是否正确，效用是否理想，以及服务是否周到等问题。产品的购后评价往往决定了消费者今后的购买动向。如果产品符合期望甚至超出期望，消费者对商品的满意度就会很高；反之，如果与期望不符，消费者对商品就会产生抱怨，从而产生遗憾、后悔。一般来说，满意度高的商品，在今后的购买中，重复购买的可能性会更高；反之，满意度低的商品，厂商极有可能从此失去了这些消费者。所以说："满意的顾客就是企业最好的广告。"

小知识

淘宝网的信用评价

淘宝网会员在使用支付宝服务成功完成每一个交易订单后，双方均有权对对方交易的情况做出相关评价。买家可以对整个订单进行商品、服务、发货速度、物流四个不同维度的评价，也可以针对订单中每项买到的商品进行好、中、差评价；卖家可以针对订单中每项卖出的商品给买家进行好、中、差评价。这些评价统称为信用评价。

为了提高企业的竞争能力，最大限度地占领市场，企业必须虚心听取顾客的反馈意见和建议。而方便、快捷、便宜的电子邮件，为网络营销者收集消费者购后评价提供了优势。厂商在网络上收集到这些评价之后，通过计算机的分析、归纳，可以迅速找出工作中的缺陷和不足，及时了解消费者的意见和建议，制订相应的调整对策，改进自己产品的性能和售后服务。

一般来说，厂商在产品销售的过程中都会大力强调自己的售后服务。电子产品的消费者则更注重厂商所承诺的固件升级。但许多电子产品的厂商往往对所做出的承诺不予兑现，这就极大地降低了消费者的购后评价。消费者会用自己的行动拒绝这些厂商的产品，最终导致这些不尊重顾客的品牌被淘汰出局。苹果系列产品在我国和其他各国的移动新媒体市场有着较高的声誉，除了其产品的性能质量外，还与他们的优质售后服务是分不开的。苹果公司十分注重对产品固件的升级，提供了网上在线升级服务，大大地方便了消费者，这些做法也为其获得了许多忠诚稳定的顾客群。

相关链接 搜索

网络消费者产生网购行为的动力因素

有关调查报告结果显示，价格便宜是选择网购的首要因素。在回答选择网购的主要原因中，有74.6%的网购用户选择"价格比实体店便宜"，68.2%的网购用户选择"足不出户，节约时间"，43.7%的网购用户选择"商品（服务）品种丰富，可以进行充分的比较"，34%的网购用户选择"可以随时随地购物"。网购正在逐渐改变人们的消费模式和习惯，七成以上网购用户因为网购而减少了外出购物次数。

学习导航

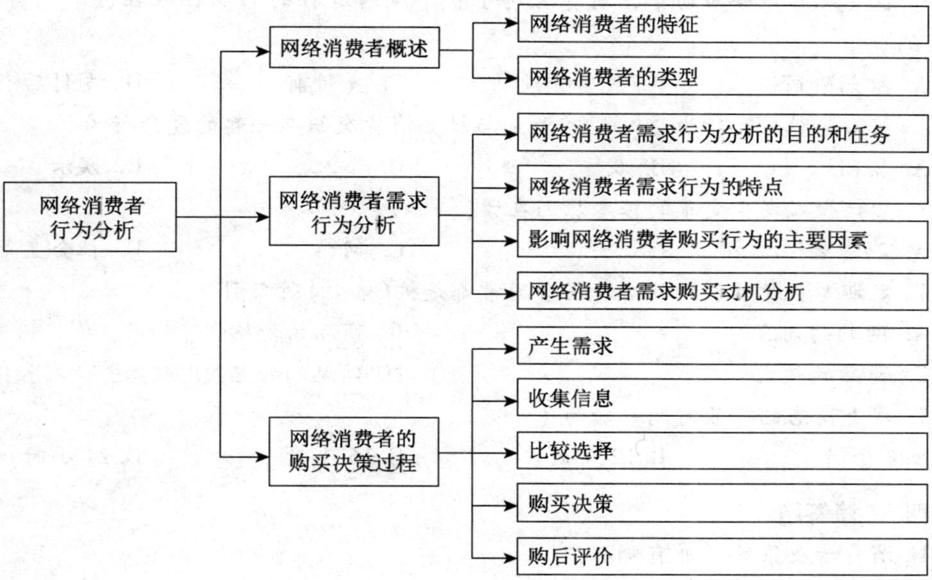

自测题

一、 名词解释

1. 动机
2. 网络消费者的需求动机
3. 网络购买决策
4. 惠顾动机

二、 判断题

1. 遵照最大满意原则，消费者将不惜一切代价追求决策方案和效果的尽善尽美，直至达到最终目标。（　　）

2. 遗憾最小原则立足于逆向决策。（　　）

3. 淘宝网会员在使用支付宝服务成功完成每一个交易订单后，卖方无权对对方交易的情况做出相关评价。（　　）

4. 网络消费者发表商品评论的主要渠道在论坛上。（　　）

三、 单项选择题

1. 在传统的商务活动中，消费者对于整个流通过程的影响往往在(　　)才能显现出来。

A. 初始阶段　　B. 最后阶段　　C. 支付前　　D. 支付后

2. 网络消费者的行为是(　　)消费与社会消费交织在一起的复杂行为。

A. 集团　　B. 提前　　C. 个人　　D. 娱乐

3. 营销模式发生变革的根本原因在于(　　)。

A. 消费者　　B. 企业　　C. 网站　　D. 社会变革

4. 定期型和运动型的网络使用者通常都是被(　　)所吸引。

A. 网站的内容　　B. 商品的价格

C. 商品的款式　　D. 网站的知名度

5. 网上商店的营业时间一般为（　　）。

A. 8 小时　　B. 12 小时　　C. 16 小时　　D. 24 小时

四、 简答题

1. 消费者决策的原则有哪些?

2. 网络消费者在购买过程中主要经历哪几个阶段?

3. 网络消费者有哪些类型?

4. 网络消费者在线购买一些商品时，他人的态度对其购买决策起着非常重要的影响。这里的他人包括哪几类?

实训

1. 登录携程网，选择购买一张机票，体验网络消费者购买行为的决策过程，并分析消费者的行为。

2. 登录去哪儿网，订购一个酒店房间，体验网络消费者购买行为的决策过程，并分析消费者的行为。

3. 分别访问国内一些著名的在线旅游网站，如去哪儿网、艺龙网等，设计一份网络调查问卷，并调查和分析在线旅游消费者购物的特点。

4. 登录中国互联网络信息中心网站，下载并阅读网络消费者的相关调查报告。

5. 登录艾瑞咨询网（http：//www.iresearch.com.cn)，阅读网络消费分析报告。

小组任务

每班分成5组，每组6人，对本校同学旅游消费行为进行分析，并撰写分析报告（1000字以上）。具体要求如下：

1. 进行消费者结构分析。
2. 进行旅游消费情况分析。
3. 进行消费者对旅游产品的设计需求分析。

第三章 网络市场调研

网络市场调研是网络推广的基础，目前人才市场此方面的主要需求岗位是网络营销专员、网站推广、市场调查员、总经理助理、数据分析员、市场部经理、市场/市场拓展/公关、市场总监等。这些岗位要求从业人员能够根据企业经营需求制订适合的市场调研计划，掌握网上市场调研的一般过程。掌握调研计划的制订与实施，能熟练地实施网上市场调研活动；掌握利用网络检索工具检索商务信息的基本方法，能够熟练使用网络搜索工具；掌握利用电子邮件、BBS 等网络工具发布商务信息的方法；撰写市场调研分析报告；掌握商情分析报告的基本格式及商情分析报告撰写的步骤。

学习目标

1. 掌握网络市场调研的概念、特点。
2. 掌握网络市场调研的方法。
3. 能根据调研任务，选择合适的调研方法，设计、制作调研问卷。
4. 能熟练地实施网络市场调研活动。

案　例

中国互联网络发展状况调查

中国网民人数与结构特征、互联网基础资源、上网条件和网络应用等方面情况的信息，对国家和企业掌握互联网络发展动态和决策有着十分重要的意义与作用。1997 年，经国家主管部门研究决定，由中国互联网络信息中心联合互联网络单位共同实施上述信息的统计工作。为了使这项工作正规化、制度化，从 1998 年起，中国互联网络信息中心于每年 1 月和 7 月发布《中国互联网络发展状况统计报告》。统计报告发表后，受到各方的重视，被国内外广泛引用。截至 2022 年 1 月已经完成 48 次调查，采用的调查方法有下列 3 种。

1. 电话调查

调查方式为计算机辅助电话访问。

2. 网络调查

将问卷放置在中国互联网络信息中心的网站上，同时在政府媒体网站、全国较大 ICP/ISP 网站与各省的信息港上设置问卷链接，由网民主动参与填写问卷。回收问卷后，通过技术手段进行答卷有效性检验，筛除无效答卷。

3. 网上自动搜索与统计数据上报

网上自动搜索主要是对域名、网站数量及其地域分布等指标进行技术统计，而统计上报数据主要包括 IP 地址数和网络国际出口带宽数。

案例分析

中国互联网络信息中心是经国家主管部门批准，于 1997 年 6 月 3 日组建的管理和服务机构，行使国家互联网络信息中心的职责，负责管理维护中国互联网地址系统，权威发布中国互联网统计信息，代表中国参与国际互联网社群。中国互联网络发展状况调查中，采用了多种调查方法，同时采用多和手段筛除无效答卷，有效地保证了调查数据的准确性和代表性，中国互联网络信息中心每年发布的《中国互联网络发展状况统计报告》已经成为国内众多企业进行网络营销活动重要的参考数据来源之一。

资料来源：中国互联网络信息中心（http：//www. cnnic. com. cn）

第一节　网络市场调研概述

市场调研是营销链中的重要环节，没有市场调研，就无法了解市场。互联网作为 21 世纪新的信息传播媒体，具有的高效、快速、开放的特点。它加快了世界经济结构的调整与重组，形成了数字化、网络化、智能化、集成化的经济走向：它强烈地影响着国际贸易环境，正在迅速改变着传统的市场营销方式乃至整个经济的面貌，互联网将成为 21 世纪信息传播媒体的主流。

一、网络市场调研的概念

网络市场调研可以充分利用互联网的开放性、自由性、平等性、广泛性和直接性等特点，开展市场调查工作。

网上调研就是利用互联网发掘和了解顾客需要、市场机会、竞争对手、行业潮流、分销渠道以及战略合作伙伴等方面的情况，互联网正是实现了解这些目标的良好资源。从某种意义上说，全球互联网上的海量信息、几万个搜索引擎的免费使用已对传统市场调研和营销策略产生了很大的影响，极大地丰富了市场调研的资料来源，扩展了传统的市场调研方法，特别是在互联网在线调查、定性调查和二手资料调查方面具有传统市场调研无可比拟的优势。

（一）信息与网络商务信息

网络商务信息，不仅是企业进行网络营销决策和计划的基础，而且对于企业的战略管理、市场研究以及新产品开发都有着极其重要的作用。在商务活动中，信息通常是指商业的消息、情报、数据、密码、知识等。网络商务信息则是指通过电子信息网络传递的商务信息，包括文字、数据、表格、图形、影像、声音以及内容能够被人或计算机察知的符号系统等。信息在网络空间的传递称为网络通信，在网络上停留时称为存储。不同网络商务信息对不同用户的使用价值不同。从网络商务信息本身所具有的总体价值水平，可以将它大致分为以下 4 个等级。

1. 免费商务信息

这类信息主要是社会公益性的信息，大约只占信息量的 5%。这类信息主要是一些信息服务商为了扩大自身的影响，从产生的社会效益上得到回报而免费提供的一些方便用户的信息，如在线免费软件、非实时股市信息等。

2. 收取较低费用的信息

这类信息是属于一般性的普通类信息。一般来说，这类信息的采集、加工、整理、更新比较容易，花费也较少，是较为大众化的信息，约占信息量的 10% ~20%。这类信息的提供通常只收取基本的服务费用，如一般性文章的全文检索信息。信息服务商推出这类信息，一方面是体现其面向社会的普遍服务意识，另一方面是为了提高市场竞争力和占有率。

3. 收取标准信息费的信息

这类信息是属于知识、经济类的信息，收费采用成本加利润的资费标准。这类信息的采集、整理、更新等比较复杂，要花费一定的费用，同时信息的使用价值较高，提供的服务层次较深。这类信息约占信息量的 60%，是信息服务商的主要服务范围，网络商务信息大部分属于这一范畴。

4. 优质优价的信息

这类信息是具有极高使用价值的专用信息，如重要的市场走向分析、网络畅销商品的情况调查、新产品新技术信息、专利技术以及其他独特的专门性信息等。这类信息成本费用最高，可为用户提供更深层次的服务。一条高价值的信息一旦被用户采用，将会给企业带来较高的利润。

（二）传统的市场调研

传统的市场调研是指以科学的方法，系统地有目的地收集、整理、分析和研究所有与市场有关的信息，其重点是把握有关消费者的需求、购买动机和购买行为等方面的信息，从而把握市场现状和发展态势，有针对性地制定营销策略，取得良好的营销效益。

（三）网络市场调研

通常把基于互联网而系统地进行营销信息的收集、整理、分析和研究称为网络市场调研。把时下广为流传的网站用户注册和免费服务申请表格填写等做法看作网站发起的用户市场调查的基本手段。

与传统的市场调研一样，进行网络市场调研，目的是要探索以下几个方面的问题：市场可行性研究；分析不同地区的销售机会和潜力；探索影响销售的各种因素；竞争分析；产品研究；包装测试；价格研究；分析特定市场的特征；消费者研究；形象研究；市场性质变化的动态研究；广告监测；广告效果研究等。

（四）网络调查的优势

与传统调查方式相比，网络调查在组织实施、信息采集、信息处理、调查效果等方面都具有明显的优势，这些优势正是网络调查会产生、运用、发展，并最终取代传统调查方式的内在原因。

1. 组织简单、费用低廉

网络调查在信息采集过程中不需要调查人员，不受天气和距离的限制，不需要印刷调查问卷，调查过程中最繁重、最关键的信息采集和录入工作也已经分布到众多网上用户的终端上完成，完全可以不间断地接受调查填表，信息检验和信息处理则由计算机自动完成。

2. 调查结果的客观性高

一是被调查者是在完全自愿的原则下参与调查，因而调查的针对性更强；二是被调查者在完全独立思考的环境下接受调查，不会受到调查员及其他外在因素的误导和干预，能最大限度地保证调查结果的客观性。

3. 快速传播

网络信息传播速度快、容量大、覆盖范围广，使得网络调查的信息能够快速传播，网络调查可以在很短的时间内完成，而传统的市场调查很难做到这一点。

4. 便于对采集信息的质量实施系统的检验和控制

一是可以在网络调查问卷上附加全面规范的指标解释，有利于消除因对指标理解不清或调查员解释口径不一而造成的调查偏差；二是问卷的复核检验完全由计算机依据设定的检验条件和控制措施自动实施，可以有效地保证对调查问卷100%的复核检验，保证检验与控制的客观公正性；三是通过被调查者身份验证技术可以有效地防止信息采集过程中的舞弊行为。

5. 24 小时不间断的调查

由于网络的不间断性，调查可以在任何时间进行。

二、网络市场调研的特点

（一）及时性和共享性

网络的传输速度非常快，网络信息能迅速传递给连接上网的任何用户；网络调查是开放的，任何网民都可以参加投票和查看结果，这保证了网络信息的及时性和共享性。网上投票信息经过统计分析软件初步处理后，可以看到阶段性结果，而传统的市场调研得出结论一般需经过很长的一段时间。如人口抽样调查统计分析需 3 个月，而中国互联网络信息中心在对互联网进行调查时，从设计问卷到实施网络调查和发布统计结果，总共只有 1 个月时间。

（二）便捷性和费用低廉

网络调查可节省传统调查中所耗费的大量人力和物力，费用十分低廉。在网络上进行调研，只需要一台能上网的计算机即可。调查者在企业站点上发出电子调查问卷，由网民自愿填写，然后通过统计分析软件对访问者反馈回来的信息进行整理和分析，由计算机自动完成信息检验和信息处理工作，十分便捷。

（三）交互性和充分性

网络的最大优势是交互性，这种交互性在网上市场调研中体现在两个方面。一方面，在网上进行调查时，被访问者可以及时地就问卷相关的问题提出自己的看法和建议，可减少因问卷设计不合理而导致的调查结论出现偏差等问题。另一方面，被访问者可以自由地在网上发表自己的看法，同时没有时间的限制。这对传统的市场调研来说是无法做到的。例如，面谈法中的路上拦截调查，它的调查时间较短，一般不能超过 10 分钟，否则被调查者肯定会不耐烦，因而对访问调查员的要求也非常高。

（四）调研结果的可靠性和客观性

由于企业站点的访问者一般都对企业产品有一定的兴趣，所以这种基于顾客和潜在顾客的市场调研结果是客观真实的，它在很大程度上反映了消费者的消费心态和市场发展趋向。

第一，被调查者在完全自愿的原则下参与调查，调查的针对性更强。而传统市场调查面谈法中的拦截询问法，实质上是带有一定的“强制性”的。

第二，调查问卷的填写是自愿的，不是传统调查中的“强迫式”，填写者一般对调查内容有一定的兴趣，回答问题相对认真，所以问卷填写可靠性高。

第三，网上市场调研可以避免传统市场调研中人为因素所导致的调查结论的偏差，被访问者是在不受任何因素影响、完全独立思考的环境中接受调查的，能最大限度地保证调研结果的客观性。

（五）无时空和地域的限制

网上市场调研可以24小时全天候进行，这与受区域和时间制约的传统的市场调研方式有很大的不同。例如，某家电企业利用传统的调研方式在全国范围内进行市场调研，需要各个区域代理商的密切配合。

（六）可检验性和可控制性

利用互联网进行网络调查收集信息，可以有效地对采集信息的质量实施系统的检验和控制。

综上所述，利用互联网进行市场调研的优势是明显的，但现在要普及还有一定的难度。一是因为消费者、企业对这种新颖的市场调研方式还不适应；二是网络软、硬件方面的欠缺有时使调研流程不畅；三是专业的网络调研人员目前还太少。

三、网络市场调研的内容

（一）市场需求调研

此类调研的主要目的是掌握企业产品或服务市场需求量、市场规模、市场占有率以及如何运用有效的营销策略，其具体内容如下。

第一，现有市场对某种产品或服务的需求量和销售量。

第二，市场潜在需求量有多大，也就是某种产品或服务在市场上可能达到的最大需求量。

第三，不同的市场对某种产品或服务的需求情况以及各个市场的饱和点及潜在的能力。

第四，本企业的产品或服务在整个市场的占有率。

第五，分析研究市场进入策略和时间策略，从中选择和掌握最有利的市场机会。

第六，分析研究国内外市场的变化动态以及未来的发展趋势，便于企业制定长期规划等。

（二）消费者购买行为调查

第一，消费者的家庭、所在地区、经济等基本情况，社会政治、经济、文化教育等发展情况及其对消费者的需要将会产生什么样的影响和变化。

第二，了解不同地区和不同民族的消费者，他们的生活习惯和生活方式有什么不同，各自有哪些特别的需要。

第三，了解消费者的购买动机、购买习惯和方式，了解消费者喜欢在何时、何地购买何种产品或服务。

第四，了解消费者对某种产品的使用次数，每次购买的单位数量及对该产品或服务的态度。

第五，调研某种产品或服务进入市场后，哪些消费者会最先购买。

（三）营销因素调研

1. 产品调研

调研企业现有产品或服务处于产品生命周期的哪个阶段，应采取的产品策略；调查产品的设计和包装状况；产品应采用的原料、制造技术以及产品的保养和售后服务等。

2. 价格调研

价格对产品的销售量和企业赢利的大小有着极其重要的影响。价格调查的内容包括：影响产品价格的因素；企业产品的价格策略是否合理；产品的价格是否为广大消费者所接受；价格弹性系数如何等。

3. 分销渠道的调研

其内容主要包括：企业现有的销售力量是否适应需要，如何进一步培训和增强销售力量；现有的销售渠道是否合理；如何正确地选择和扩大销售渠道，减少中间环节，以利于扩大销售，提高企业效益等。

4. 广告策略调研

了解广告的接收率及广告推销效果，以评估广告取得的效果；确定今后的广告策略等。

5. 促销策略调研

其内容包括：如何正确运用促销手段，刺激消费，创造需求，吸引用户竞相购买；对企业促销的目标市场进行考察；企业促销策略是否合理，效果如何，是否被广大用户接受等。

第二节 网络市场调研的基本步骤与样本选择

一、网络市场调研的基本步骤

网络市场调研与传统的市场调研一样，应遵循一定的方法与步骤，以保证调研过程的质量。网络市场调研一般包括以下几个基本步骤。

（一）明确问题与确定调研目标

明确问题和确定调研目标对网上搜索尤为重要。互联网是一个永无休止的信息流。当你开始搜索时，你可能无法精确地找到你所需要的重要数据，不过你肯定会沿路发现一些其他有价值、抑或价值不大但很有趣的信息。这似乎验证了互联网上的信息搜索的定律：在互联网上你总能找到你不需要的东西。其结果是，你为之付出了时间和网费。因此，在开始网上搜索时，头脑里要有一个清晰的目标并留心去寻找。一些可以事先设定的目标分述如下：谁有可能想在网上使用你的产品或服务？谁是最有可能要买你的产品或服务的客户？在你这个行业，哪些人已经上网？他们在网上干什么？你的客户对你的竞争者印象如何？在公司日常运作中，可能要受哪些法律、法规的约束？

（二）制订调查计划

网上市场调研的第二个步骤是制订出最为有效的信息搜索计划。具体来说，要确定资料来源、调查方法、调查手段、抽样方案和联系方法。下面就相关的问题加以说明。

1. 资料来源

确定收集的是二手资料还是一手资料（原始资料），这将在本节的相关内容中进行详细介绍。

2. 调查方法

网上市场调查通常可以使用专题讨论法、问卷调查法和实验法。

3. 调查手段

调查手段主要有在线问卷、交互式电脑辅助电话访谈系统、网络调研软件系统三种。

4. 抽样方案

要确定抽样单位、样本规模和抽样程序，详细内容见本节的相关介绍。

5. 联系方法

采取网上交流的形式，如电子邮件传输问卷、参加网上论坛等。

（三）收集信息

网络通信技术的突飞猛进使得资料收集方法得以迅速发展。由于互联网没有时空和地域的限制，因此网上市场调研可以在全国甚至全球进行。同时，收集信息的方法也很简单，直接在网上递交或下载即可。这与传统市场调研的收集资料方式有很大的区别。如某公司要了解各国对某一国际品牌的看法，只需在一些著名的全球性广告站点发布广告，把链接指向公司的调查表就行了，而无须像传统的市场调研那样，在各国找不同的代理分别实施。诸如此类的调查如果利用传统的方式其结果是无法想象的。

在问卷回答中访问者经常会有意无意地漏掉一些信息，这可通过在页面中嵌入脚本或 CGI 程序进行实时监控。如果访问者遗漏了问卷上的一些内容，其程序会拒绝递交调查表或者验证后重发给访问者要求补填。最终，访问者会收到证实问卷已完成的公告。但在线问卷的明显缺点是无法保证问卷上所填信息的真实性。

（四）分析信息

收集信息后紧接着要做的工作是分析信息，这一步非常关键。“答案不在信息中，而在调查人员的头脑中”。调查人员如何从数据中提炼出与调查目标相关的信息，将直接影响到最终的结果。分析信息要使用一些数据分析技术，如交叉列表分析技术、概括技术、综合指标分析和动态分析等。目前国际上较为通用的分析软件有 SPSS、SAS 等。网上信息的一大特征是即时呈现，而且很多竞争者也可能同时从其他一些知名的商业网站上看到同样的信息，因此分析信息能力相当重要，它能使你在动态的变化中及时抢占商机。

（五）提交报告

调研报告的撰写是整个调研活动的最后一个阶段。报告不是数据和资料的简单堆砌，调研人员不能把大量的数字和复杂的统计技术扔到管理人员面前，而应该把与市场营销关键决策有关的主要调查结果报告出来，并以调查报告所应具备的正规结构写作。否则就失去了调研的价值。

作为对填表者的一种激励，网络调查应尽可能地把调查报告的全部结果反馈给填表者或广大读者。如果仅限定为填表者，则只需分配给填表者一个进入密码。对一些“举手之劳”式的简单调查，可以实施互动的形式公布统计的结果，效果更佳。

二、网络市场调研的样本选择

样本选择一般可分为随机抽样和非随机抽样两类。

（一）随机抽样

随机抽样包括简单随机抽样、分层抽样、分群抽样、等距抽样四种方法。

1. 简单随机抽样

是指总体中的每个基本单位都有相等的被选中的机会。即对总体不经任何分组、排列，完全客观地从中抽取调查单位。具体包括抽签法和随机号码表法。

2. 分层抽样

又称分类或类型抽样，就是先将总体按一定的标志分层，然后在各层中采用简单随机抽样，最后综合成一个调查样本。具体可分为分层比例抽样和分层最佳抽样两种方法。

3. 分群抽样

是依据总体的特征，将其按一定标志分成若干不同的群，然后对抽中的群中的单位进行调查的方法。

4. 等距抽样

是将总体各单位按一定标志排列起来，然后按照固定和一定间隔抽取样本单位的一种方法。

上述四种方法各有其独特的地方，但其共同点是事先能够计算抽样误差，不致出现倾向性偏差。

（二）非随机抽样

非随机抽样包括任意抽样、判断抽样和配额抽样三种。网上进行的关于产品或服务等方面的调研，常常用到非随机抽样。

1. 任意抽样

即在偶然的机会或方便的情况下，由调查者根据自身的需要或兴趣任意选取样本。例如，许多企业设立了 BBS（公告栏）以供访问者对本企业产品进行讨论，或者参与某些专题新闻组的讨论，以便更深入地获取有关资料。如果调查部门对某个用户的问题或观点有兴趣，就可以随时联系该用户进行个案调查。虽然新闻组和公告栏（BBS）的信息不够规范，一般还需要专业人员进行整理和归纳，但由于是用户自发的感受和体会，因此传达的信息也是最接近市场和最客观的，有助于企业获取一些问卷调查无法发现的信息，因而不容忽视。

2. 判断抽样

判断抽样是根据调查者的主观判断来抽取样本。常适用下列两种情况：（1）总体范围较小，总体各单位之间差异较小。（2）用于探索性研究，如为问卷设计、进行正式抽样调查等打下基础。

3. 配额抽样

配额抽样是将总体中的所有单位按其属性或特征，以一定的分类标准划分成若干层次或类型，然后由调查者主观确定各层中抽样的样本，并且保持适当的比例。配额抽样的特点是简便易行、快速灵活。其适用范围包括：（1）根据过滤性问题立即进行市场分类，确定被访者所属类型，然后根据被访者的不同类型提供适当的问卷。（2）调研者创建了样本数据库，将填写过分类问卷的被调查者进行分类重置。最初问卷的信息是用来将被调查者按照专门的要求进行归类分析，在正式市场调查开始时，可以从不同的全体中按照一定的比例选取样本，即进行配额，只有那些符合调查条件的被调查者才能填写适合该类特殊群体的问卷。

第三节 网络市场调研的技术方式、方法

一、网络市场调研的技术方式

网络市场调查人员必须根据网络调研的特殊性认真研究调研策略，以充分发挥网络调查的优越性，提高网络调查的质量。网络市场调研的策略主要包括如何识别企业站点的访问者及如何有效地在企业站点上进行市场调查两个方面。

（一）识别企业站点的访问者并激励其访问企业站点

传统市场调研，无论是普查、重点调查、典型调查、随机抽样调查、非随机抽样调查，还是固定样本持续调查，尽管调查的范围不同，但调研对象如区域、职业、民族、年龄等都有一定程度的针对性，也即对被调查对象的大体分类有一定的预期。而网络市场调研则不同，它没有空间和地域的限制，一切都是随机的，调研人员根本无法预期谁将是企业站点的访问者，也无法确定调研对象样本。即使那些在网上购买企业产品的消费者，要确知其身份、职业、性别、年龄等也是一个十分复杂的问题。因此，网络市场调研的关键之一是如何识别并吸引更多的访问者，使他们有兴趣在企业站点上进行双向的网上交流。要解决这一问题，目前可采取以下一些策略：

一是利用电子邮件或来客登记簿获得市场信息。

二是给予访问者奖品或者免费商品。

三是吸引访问者注册从而获得个人基本信息。

四是向访问者承诺物质奖励。

五是由软件自动检测访问者是否完成调查问卷的全部内容。

（二）企业站点上的市场调查

要想有效地在企业站点上进行网络市场调研，通常可采取的策略有以下几种。

1. 科学地设计调查问卷

一个成功的调查问卷应具备两个功能：一是能将所调查的问题明确地传达给访问者，二是设法获得对方的合作，使访问者尽可能真实、准确地回复。设计一份理想的在线问卷，一般应遵循以下几个原则。

（1）目的性原则。询问的问题与调查主题密切相关，目的明确，重点突出。

（2）可接受性原则。为保证被调查者回复哪一项、是否回复完全出于自愿，问卷设

计要容易为被调查者所接受。

（3）简明性原则。询问内容要简明扼要，使访问者易读、易懂，这样在回复内容时也简短省时。

（4）匹配性原则。使得访问者回复的问题便于检查，进行数据处理、统计和分析，提高市场调研工作的效率。

2. 监控在线服务

企业站点的访问者能利用互联网上的一些软件来跟踪在线服务。营销调研人员可通过监控在线服务了解访问者主要浏览哪类企业、哪类产品的主页，挑选和购买何种产品等基本情况。通过对这些数据的深入研究分析，营销人员可对顾客的地域分布、产品偏好、购买时间以及行业内产品竞争态势做出初步的判断和评估。

3. 测试产品不同的性能、款式、价格、名称和广告页

在互联网上，修改调研问卷的内容是很方便的，因此，营销人员可测试不同调研内容的组合。像产品的性能、款式、价格、名称和广告页等顾客比较敏感的因素，更是市场调研中重点涉及的内容。通过不同因素组合的测试，营销人员能分析出哪种因素对产品来说是最重要的，哪些因素的组合对顾客来说又是最具有吸引力的。

4. 有针对性地跟踪目标顾客

当市场调研人员在互联网上或通过其他途径获得了顾客或潜在顾客的电子邮件地址后，可以直接使用电子邮件向他们发出有关产品和服务的询问，并请求他们反馈回复；也可在电子调查表单中设置让顾客自由发表意见和建议的版块，便于顾客发表对企业、产品、服务等各方面的见解和期望。通过这些信息，调研人员可以把握产品的市场潮流以及消费者的消费心理、消费爱好、消费倾向的变化，根据这些变化来重新调整企业的产品结构和市场营销策略。

5. 以产品特色、网页内容的差别化赢得访问者

企业市场调研人员如果跟踪到访问者浏览过其他企业的站点，或阅读过有关杂志的产品广告主页，那么应及时发送适当的信息给目标访问者，使其充分注意到本企业站点的主页，并对产品做进一步的比较和选择。

6. 传统市场调研和电子邮件相结合

企业市场调研人员也可以在各种传播媒体上，如报纸、电视或有关杂志上刊登相关的调查问卷，并公告企业的电子邮箱和网址，让消费者通过电子邮件回答所要调研的问题，以此收集市场信息。此种方法调研的范围比较广，同时可以减少企业市场调研中相应的人力和物力的消耗。

7. 通过产品的网上竞买掌握市场信息

企业推出的新产品可以实行网上竞买，以此了解消费者的消费倾向和消费心理，把

握市场态势，从而制定相应的市场营销策略。

二、网络市场调研的方法

（一）网络市场直接调研的方法

网络市场直接调研是指为当前特定的目的在互联网上收集一手资料或原始信息的过程。根据采用的调查方法不同，可以分为网上问卷调查法、网上实验法和网上观察法三种，常用的是网上问卷调查法，下面将详细介绍如何组织使用网上问卷进行调查。按照调查者组织调查样本的行为，网络调查又可以分为主动调查法和被动调查法。主动调查法，即调查者主动组织调查样本，完成统计调查的方法。被动调查法，即调查者被动地等待调查样本造访，完成统计调查的方法，被动调查法的出现是统计调查的一种新情况。调研过程中具体应采用哪一种方法，要根据调查的实际目的和需要而定。

1. 网上问卷调查法

网上问卷调查法是将问卷在网上发布，被调查对象通过互联网完成问卷调查。网上问卷调查一般有两种途径：一种是将问卷放置在 www 站点上，等待访问者访问时填写问卷。例如，中国互联网络信息中心每 6 个月进行 1 次的“中国互联网络发展状况调查”就是采用这种方式。此方式的好处是填写者一般是自愿的，但其不足之处是无法核对问卷填写者的真实情况。为达到一定问卷数量，站点还必须进行适当宣传，以吸引大量访问者。另一种是通过电子邮件方式将问卷发送给被调查者，被调查者完成后将结果通过电子邮件反馈回来。

2. 网站直接调查法

（1）利用自己的网站。网站本身就是宣传媒体，如果企业网站已经拥有众多固定的访问者，完全可以利用自己的网站开展网络调查。这种方式要求企业的网站必须有调查分析功能，对企业的技术要求一般比较高，但可以充分发挥网站的综合效益。

（2）借用别人的网站。如果企业自己的网站还没有建好，可以利用别人的网站调查。这里包括访问者众多的网络媒体提供商（ICP）或直接查询需要的信息。这种方式比较简单，企业不需要建设网站和进行技术准备，但必须花费一定的费用。

（3）混合法。如果企业网站已经建设好但还没有固定的访问者，可以在自己的网站调查，但需要与其他一些著名的 ISP/ICP 网站建立广告链接，以吸引访问者参与调查。

（4）电子邮件法。直接通过电子邮件向用户发送调查问卷，这种方式简单直接、费用非常低廉。但要求企业必须拥有内部电子邮件列表，而且用户的反馈率一般不会非常高。采取该方式时最好是能提供一些奖励或奖品作为对被调查对象的补偿。

（5）讨论组法。在相应的讨论组中发布调查问卷信息，或者发布调查题目，此方式与电子邮件法一样，成本费用比较低廉而且是主动型的。但是要注意网上行为规范，调查的内容应与讨论组主题相关，否则可能会导致被调查对象的反感甚至是抗议。

（二）网络市场间接调研的方法

网络市场间接调研指的是网上二手资料的收集。二手资料的来源很多，如政府出版物、图书馆、贸易协会、市场调查公司、广告代理公司、媒体、专业团体、企业情报室等。其中许多单位和机构都已在互联网上建立了自己的网站，各种各样的信息都可通过访问其网站获得。再加上众多综合型 ICP、专业型 ICP 以及成千上万的搜索引擎网站，使得互联网上二手资料的收集非常方便。

互联网上虽有海量的二手资料，但要找到自己需要的信息，必须熟悉搜索引擎的使用，掌握专题型网络信息资源的分布。归纳一下，网上查找资料主要通过三种方法：利用搜索引擎；访问相关的网站，如各种专题性或综合性网站；利用相关的网上数据库。

1. 利用搜索引擎查找资料

搜索引擎使用自动索引软件来发现、收集并标引网页，建立数据库，以 Web 形式提供给用户一个检索界面，供用户以关键词、词组或短语等检索项查询与提问所需的资料。

2. 访问相关的网站收集资料

如果知道某一专题的信息主要集中在哪些网站，则可直接访问这些网站，获得所需的资料。以下提供若干个相关的网站。

（1）Expedia：全球最大的在线旅游公司，其业务量约占全球在线旅游市场的 1/3。Expedia 收购的第一家中国互联网公司是艺龙，它在 2004 年 12 月成为在纳斯达克上市的艺龙网的最大股东。5 年之后的 2009 年，Expedia 在华业务拓展提速，先在 4 月推出旅游点评网站到到网，又在 10 月以超过 1200 万美元的价格收购旅游搜索引擎酷讯网，并在当时承诺在 2011 年前为这两家网站投入至少 5000 万美元。Expedia 是美国著名的旅游网站，所属 WWTE 公司（Worldwide Travel Exchange）。网站提供机票预订、租车公司、全球超过 3000 个地点的旅馆及超值优惠的房价，旅馆的详细资讯亦可于线上浏览。旅客只要输入心中理想价位与地区等，在最短的时间内，即可得到最即时且正确的报价。

（2）Priceline：客户反向定价，在线旅游 C2B 模式开创者。Priceline 由美国传奇企业家 Jay Walker 创立于 1998 年，总部位于康涅狄格州诺沃克市，1999 年在纳斯达克上市（NASDAQ：PCLN）。Priceline 旗下包括 Booking. com、Agoda. com、Priceline. com、Rentalcars. com、Kayak. com 五个品牌，向全球用户提供酒店、机票、租车、旅游打包产品等在线预订服务。Priceline 是在线旅游 C2B 商业模式开创者，它为买卖双方提供一个信息平台，以便交易，同时提取一定佣金。对希望按照某一种住宿条件或某指定品牌入住的客人，Priceline 也提供传统的酒店预订服务，但消费者可以根据图片、说明、地图和客户评论来做出选择，并且按照公布的价格付款。但是 Priceline 所创立的“Name Your Own Price”模式（客户反向定价）自创立以来一直是其竞争优势，艺龙后来推出的“酒店杀价”模式有异曲同工之妙，但更结合中国实际情况。

（3）其他网站。其他网站的典型代表有去哪儿网（http：//www. qunar. com）、携程网（http：//www. ctrip. com）等。

3. 利用相关的网上数据库查找资料

网上数据库有付费和免费两种。在国外，市场调查用的数据库一般是需要付费的。我国的数据库业近十年有较大的发展，常用的查找文献信息的数据库有下列几种。

（1）中国知网（http：//www. cnki. net/）。中国知识基础设施工程（China National Knowledge Infrastructure，CNKI）是由清华同方光盘股份有限公司、清华大学中国学术期刊电子杂志社、光盘国家工程研究中心联合建设的综合性文献数据库，于1999年6月在CERNET上开通了中心网站（http：//www. cnki. net），在CHINANET上开通了第二中心网（http：//www. chinajournals. com），并且在许多图书馆和情报单位建立了镜像站点。目前CNKI已建成了中国期刊全文数据库、优秀博硕士学位论文数据库、中国重要报纸全文数据库、重要会议论文全文数据库、科学文献计量评价数据库系列光盘等大型数据库产品，中国期刊全文数据库为其主要产品之一。CNKI中国期刊全文数据库（Chinese Journal Full - text Database，CJFD）收录了1994年至今的6600种核心期刊与专业特色期刊的全文，积累全文文献618万篇，分为理工A（数理化天地生）、理工B（化学化工能源与材料）、理工C（工业技术）、农业、医药卫生、文史哲、经济政治与法律、教育与社会科学、电子技术与信息科学9个专辑，126个专题文献数据库。网站及数据库交换服务中心每日更新，各镜像站点通过互联网或光盘来实现更新。

（2）维普数据库（http：//www. cqvip. com/）。由科技部西南信息中心直属的重庆维普资讯公司开发，收录了1989年以来8000余种中文期刊的830余万篇文献，并以每年150万篇的速度递增。维普数据库按照《中国图书馆图书分类法》进行分类，所有文献被分为7个专辑：自然科学、工程技术、农业科学、医药卫生、经济管理、教育科学和图书情报，7个专辑又进一步细分为27个专题。

（3）万方数据知识服务平台（http：//www. wanfangdata. com. cn/）。万方数据股份有限公司是国内第一家以信息服务为核心的股份制高新技术企业，是在互联网领域集信息资源产品、信息增值服务和信息处理方案为一体的综合信息服务商。它集纳了涉及各个学科的期刊、学位、会议、外文期刊、外文会议等类型的学术论文以及法律法规、科技成果、专利、标准和地方志。期刊论文收录了自1998年以来国内出版的各类期刊6000余种，其中核心期刊2500余种，论文总数量达1000万余篇，每年约增加200万篇，每周两次更新。

（4）中国科学引文数据库（http：//sdb. csdl. ac. cn/index. jsp）。中国科学引文数据库（Chinese Science Citation Database，CSCD）创建于1989年，1999年起作为中国科学文献计量评价系列数据库（ASPT）的A辑，由中国科学院文献情报中心与中国学术期刊电子杂志社联合主办，并由清华同方光盘电子出版社正式出版，是我国最大、最具权威的科学引文索引数据库，为我国科学文献计量和引文分析研究提供了强大的工具。CSCD收录了国内数学、物理、化学、天文学、地学、生物学、农林科学、医药卫生、工程技术、环境科学和管理科学等领域的中英文科技核心期刊和优秀期刊，其中核心库来源期刊为650种。

第四节　网络调查问卷设计

一、网络调查问卷设计的基础知识

（一）网络调查问卷的构成

一份正式的在线调查问卷通常包括标题、卷首语、问题指导语、在线调查问卷的主体及结束语五个部分。

1. 标题

标题是调查内容高度的概括，既要与调查研究内容一致，又要注意对被调查者的影响。

2. 卷首语

用以说明由谁执行此项调查，调查的目的、意义是什么。卷首语的主要功能是使被调查者感到正在进行的调查项目是合理、合法的，值得他们花些时间和精力认真填写。卷首语虽然不是问卷的主体部分，但其作用不容忽视，它可以消除被调查者的顾虑、取得被调查者的信任，所以一定要注明调查者的名称、地址、联系电话和网址。

3. 问题指导语

即填表说明，主要向被调查者说明如何正确地填写问卷。

4. 在线调查问卷的主体

在线调查问卷的主体包括问题和备选答案，是问卷的核心部分。问题的类型可以分为开放型和封闭型两种。网络市场调研中电子邮件问卷多采用封闭型问卷，即在提出问题的同时，给出备选答案。封闭型问卷的优势非常明显，时间省、回收率高、资料便于统计处理和进行定量的分析。

5. 结束语

在这部分可以使用文字、介绍或附加的信息，向被调查者所付出的工作和时间表达感谢，所以措辞要诚恳、亲切。

（二）网络调查问卷的功能

1. 能正确反映调查目的

问题具体，重点突出，能使被调查者乐意合作，协助达到调查目的。

2. 能反映事实

正确记录和反映被调查者回答的事实，提供正确的情报。

3. 统一的问卷便于资料的统计和整理

问卷的设计是网络市场调研的重要一环。要得到有效的信息，需要提出确切的问题。最好通过提问来确定一个问题的价值，即“你将如何使用调查结果”，这样做可使你避免把时间浪费在无用或不恰当的问题上。要设计一份完美的问卷，应事先做一些访问，拟订一个初稿，经过事前实验性调查，再修改成正式问卷。

（三）网络调查问卷设计的原则

为了确保网络调查问卷的设计质量，问卷设计时应遵循一定的原则。这些原则主要包括以下几个。

1. 目的性原则

问卷调查是通过向被调查者询问问题来进行调查的，所以，必须询问与调查主题有密切关联的问题。这就要求在问卷设计时，重点突出，避免可有可无的问题，并把主题分解为更详细的条目供被调查者回答。

2. 可接受性原则

调查表的设计要比较容易让被调查者接受。由于被调查者对是否参加调查有着绝对的自由，他们既可以采取合作的态度，接受调查，也可以采取对抗行为，拒绝调查。因此，请求合作就成为问卷设计中一个十分重要的问题。应在问卷说明词中，将调查目的明确告诉被调查者，让对方明白该项调查的意义和自身回答对整个调查结果的重要性。问卷说明要亲切、温和，提问部分要自然，有礼貌和有趣味，必要时可采用一些物质鼓励，并代被调查者保密，以消除其某种心理压力，使被调查者自愿参与，认真填好问卷。除此之外，还应使用适合被调查者身份、水平的用语，尽量避免列入一些会令被调查者难堪或反感的问题。

3. 逻辑性原则

问卷的设计要有整体感，这种整体感是指问题与问题之间要具有逻辑性，独立的问题本身也不能出现逻辑上的谬误，从而使问卷成为一个相对完善的小系统。

4. 简明性原则

简明性原则主要体现在三个方面，即调查内容要简明，调查时间要简短，问卷设计的形式要简明易懂。

5. 匹配性原则

匹配性原则是指要使被调查者的回答便于检查、数据处理和分析。所提问题都应事先考虑到能对问题结果做适当分类和解释，使所得资料便于分析。

（四）网络调查问卷提问的方式

网络调查问卷提问的方式可以分为以下两种形式。

1. 封闭式提问

也就是在每个问题后面给出若干个备选答案，被调查者只能在这些备选答案中选择自己的答案。

2. 开放式提问

就是允许被调查者用自己的话来回答问题。由于采取这种方式提问会得到各种不同的答案，不利于资料统计分析，因此在调查问卷中不宜过多使用。

（五）网络调查问卷的设计要求

第一，问卷不宜过长，问题不能过多，一般控制在 15 分钟以内回答完毕即可。

第二，能够得到被调查者的密切合作，充分考虑被调查者的身份背景，不要提出对方不感兴趣的问题。

第三，所提问题要有利于使被调查者做出真实的选择，答案不能模棱两可，使对方难以选择。

第四，不要使用专业术语，也不要将两个问题合并为一个，以避免不明确的答案。

第五，问题的排列顺序要合理，一般先提出概括性的问题，逐步启发被调查者，做到循序渐进。

第六，将比较难回答的问题和涉及被调查者个人隐私的问题放在最后。

第七，提问不能有任何暗示，措辞运用要恰当。

二、网络调查问卷问题设计

网络调查问卷设计的过程一般包括确定所需信息、确定问卷的类型、确定问题的内容、确定问题的类型、确定问题的措辞、确定问题的顺序、问卷的排版和布局、问卷的测试、问卷的定稿、问卷的评价十大步骤。

（一）确定所需信息

确定所需信息是问卷设计的前提工作。调查者必须在问卷设计之前就把握所有达到研究目的和验证研究假设所需要的信息，并决定所有用于分析使用这些信息的方法，如频率分布、统计检验等，然后按这些分析方法所要求的形式来收集资料，把握信息。

（二）确定问卷的类型

制约问卷选择的因素很多，而且研究课题不同，调查项目不同，主导制约因素也不一样。在确定问卷类型时，先必须综合考虑调研费用、时效性要求、被调查对象、调查内容等制约因素。

（三）确定问题的内容

确定问题的内容似乎是一个比较简单的问题。然而事实并非如此，这其中还涉及一个个体的差异性问题，也许在你认为容易的问题对被调查者来说却是困难的问题。因此，确定问题的内容，最好与被调查对象联系起来。分析一下被调查者群体，有时比盲目分析问题的内容效果要好。

（四）确定问题的类型

问题的类型大致概括为四种：自由问答题、两项选择题、多项选择题和顺位式问答题。其中，后三类均可以称为封闭式问题。在现实的调查问卷中，往往是几种类型的问题同时存在，单纯采用一种类型问题的问卷并不多见。

1. 自由问答题

自由问答题也称开放型问答题，只提问题，不给具体答案，要求被调查者根据自身实际情况自由作答，自由问答题主要限于探索性调查。自由问答题的主要优点是被调查者的观点不受限制，便于深入了解被调查者的建设性意见、态度、需求问题等；主要缺点是难于编码和统计。

2. 两项选择题

两项选择题是多项选择的一个特例，一般只设两个选项，如“是”与“否”、“有”与“没有”等。两项选择题的优点是简单明了；缺点是所获信息量太小，两种极端的回答类型有时难以了解和分析被调查者群体中客观存在的不同态度层次。

3. 多项选择题

多项选择题是从多个备选答案中择一或择几。这是各种调查问卷中采用最多的一种问题类型。多项选择题的优点是便于回答以及便于编码和统计，缺点主要是问题提供答案的排列次序可能引起偏见。

4. 顺位式问答题

顺位式问答题，又称序列式问答题，是在多项选择的基础上，要求被调查者对询问的问题答案，按自己认为的重要程度和喜欢程度顺位排列。

（五）确定问题的措辞

很多人不太重视问题的措辞，而把主要精力集中在问卷设计的其他方面，这样做的结果有可能降低问卷的质量。在确定措辞时应注意做到以下几点：问题的陈述尽量简洁；避免提带有双重或多重含义的问题；不用反义疑问句，避免否定句；避免问题的从众效应和权威效应。

（六）确定问题的顺序

问卷中的问题应遵循一定的排列次序，问题的排列次序会影响被调查者的兴趣、情绪，进而影响其合作积极性。所以一份好的问卷应对问题的排列做出精心的设计。

一般而言，问卷的开头部分应安排比较容易的问题，这样可以给被调查者一种轻松、愉快的感觉，以便于他们继续答下去。中间部分最好安排一些核心问题，即调查者需要掌握的资料，这一部分是问卷的核心部分，应该妥善安排。结尾部分可以安排一些背景资料，如职业、年龄、收入等。个人背景资料虽然也属事实性问题，也十分容易回答，但有些问题，诸如收入、年龄等同样属于敏感性问题，因此一般安排在末尾部分。当然在不涉及敏感性问题的情况下也可将背景资料安排在开头部分。

还有一点就是注意问题的逻辑顺序，有逻辑顺序的问题一定要按逻辑顺序排列，哪怕这样会打破上述规则。这实际上就是一个灵活机动的原则。

（七）问卷的排版和布局

问卷的设计工作基本完成之后，便要着手问卷的排版和布局。问卷排版的布局总的要求是整齐、美观，便于阅读、作答和统计。

（八）问卷的测试

问卷的初稿设计工作完毕之后，不要急于投入使用，测试通常选择 20～100 人，如果第一次测试后有很大的改动，要考虑是否组织第二次测试。

（九）问卷的定稿

当问卷的测试工作完成，确定没有必要再进一步修改后，可以考虑定稿，正式投入使用。

（十）问卷的评价

问卷的评价实际上是对问卷的设计质量进行一次总体性评估。对问卷进行评价的方法很多，包括专家评价、上级评价、被调查者评价和自我评价。

专家评价一般侧重于技术性方面，比如对问卷设计的整体结构、问题的表述、问卷的版式风格等方面进行评价。

上级评价则侧重于政治性方面，比如对政治方向、舆论导向、可能对群众造成的影响等方面进行评价。

被调查者评价可以采取两种方式：一种是在调查工作完成以后再组织一些被调查者进行事后性评价；一种则是调查工作与评价工作同步进行，即在调查问卷的结束语部分安排几个反馈性题目，比如“你觉得这份调查表设计得如何？”

自我评价则是设计者对自我成果的一种肯定或反思。

三、网络调查问卷设计注意事项

如何通过网络调查活动获取准确、全面而又有价值和符合要求的资料，关键在于能否设计出一份高质量的网络调查问卷。然而，网络调查问卷设计需要很高的技巧，它是一门科学，也是一种艺术。缺乏理论和经验往往不能设计出完美的网络调查问卷，从而使网络调查无法搜集到准确而全面的资料，不能正确地分析和说明市场的变化情况。一般来说，设计网络调查问卷时需注意如下事项。

（一）明确问题

一个问题对于每个被调查者而言，应该代表同一主题，只有一种解释。定义不清的问题通常会产生很多歧义，使被调查者无所适从。例如，“您乘坐哪个航空公司的飞机?”这个问题表面上有一个清楚的主题，但仔细分析会发现很多地方含糊不清，假如被调查者乘坐过一个以上的航空公司的飞机，则他对此可能会有下列 4 种不同的理解或回答：回答最喜欢乘坐的航空公司品牌；回答最常乘坐的航空公司品牌；回答最近在乘坐的航空公司品牌；回答此刻最先想到的航空公司品牌。

另外，在使用时间上也不明确，是上一次、上一周、上一月、上一年甚至更长时间，都可由被调查者随意理解，这样的问题显然无法搜集到准确的资料。因此，明确定义问题极其重要，具体可采取以下几点策略。

1. 采取六要素明确法

即在问题中尽量明确什么人、什么时间、什么地点、做什么、为什么做、如何做六要素。问题的含糊往往是对某个容易产生歧义的要素，缺乏限定或限定不清引起的。因此在设计问题或在检查问题时，可以参照这六要素进行。如上的问题在明确几个要素后可改为：“在过去的三个月中，你乘坐过哪些航空公司的飞机？如果超过一个，请列出其他的航空公司名称”。很显然，这样定义的问题明确多了。

2. 避免用词含糊

避免使用含糊的形容词、副词，特别是在描述时间、数量、频率、价格等情况的时候。像有时、经常、偶尔、很少、很多、相当多，对于这样的词，几乎不同的人有不同的理解，因此这些词应用定量描述代替，以做到统一标准。下面这个例子中，（2）显然比（1）精确得多：

在普通的一个月中，你到旅游网站浏览信息情况如何?

（1）A. 从不　B. 偶尔　C. 经常　D. 定期

（2）A. 少于一次　B. 1～2 次　C. 3～4 次　D. 超过 4 次

3. 避免问题中含有隐藏的选择和选择后果

提问时应使隐藏的选择和后果明晰化，无论是是非式问题还是选择式问题，都是在几个备选选项中做出选择，因此必须使被调查者清楚所有的备选选项及其后果，否则将不能全面地搜集信息。如下面这个例子中，（2）显然比（1）好得多。

一家航空公司想分析旅客对短途飞机旅行的需求量：（1）“在做200公里以内的短途旅行时，您喜欢乘飞机进行吗?”（2）“在做200公里以内的短途旅行时，你喜欢乘飞机呢，还是喜欢坐汽车或者其他交通工具?”同样，问题中有新的选项也应该尽量明晰，以便被调查者进行合理的选择——“你喜欢喝矿泉水吗?”（矿泉水中含有人体所需的微量元素）。对于这个问题中有无括号内的部分，结果也会大为不同。

（二）合适的问题形式

问题的形式多种多样，大的可分为开放式、是非式、选择式、排序式、评分式、联想式等，小的则涉及一些语言技巧的运用和处理。问题形式的选择具有相当的艺术性，合理的形式选择与处理应使被调查者愿意并且以最小的努力就能提供客观真实的答案。不恰当的形式选择会导致被调查者不愿意或不能够提供问题所要求的信息。

例如，“请问你家每人平均每年的外出旅行支出费用是多少?”“请问你个人每月的工资收入是多少?”“人们都说A品牌酒店比B品牌酒店好，您是否也这样认为?”这三种提问方式都存在形式运用不当的问题。第一个问题要求被调查者付出额外的努力，进行复杂的计算：首先把每月的外出旅行支出估算出来，然后乘以12，最后再除以家庭成员数才能得出结果，这样烦琐的计算可能使被调查者单方面结束访问。第二个问题涉及敏感的个人隐私，直接提问容易遭拒绝。第三个问题则带有引导性倾向，通常会影响被调查者的选择。

（三）确定问题的顺序

问卷中的问题应遵循一定的排列次序。问题的排列次序会影响被调查者的兴趣、情绪，进而影响其合作积极性，所以一份好的问卷应对问题的排列做出精心设计。一般来说，要把同类或相近的问题归并到一起，按照一定的逻辑顺序排列。这样做有利于被调查者的回答，而不至于造成思维的跳跃和阻隔。

1. 熟悉的问题在前

把熟悉的问题放在前面，能够使被调查者较快地进入角色，熟悉的问题放在前面，生疏的问题放在后面可以使被调查者由浅入深，由易入难，不致一开始就产生畏惧感，进而产生排斥心理。由于有时被调查者的数量很多，对一些被调查者来说是熟悉的问题，但对另一些被调查者而言就未必如此，因此此时应以多数人熟悉的问题放在前面为原则。

2. 简单的问题在前

一份问卷中的问题总有难易之分，简单的容易回答的问题放在前面，一般不需要被调查者费许多时间的思考，就会沿着研究者的设计和思路，比较顺利地完成填答任务。

3. 感兴趣的问题在前

网络调查问卷是用来测量被调查者的反应，所以被调查者对于问卷本身的态度，喜欢或不喜欢，感兴趣与否，对调动被调查者的填答积极性都有很大的影响。如果把可能引起被调查者兴趣的问题放在前面，就会引导被调查者积极投入问卷的回答，这样就保证了问卷的质量。

4. 开放式答案在最后

开放式的答案一般是综合性较强的问题，往往需要被调查者一定时间的考虑，所以，开放式的答案放在最后比较妥当，这样做不会使被调查者一上来就遇到难题，而产生厌恶、畏难情绪，从而影响后面问题的回答。而且对于一些不愿意回答此类问题的被调查者，也不会影响他对前面其他问题的填答。一般来说，要求被调查者做开放式的问题答案的，题目一般不应该超过四个。

5. 态度问题在前

从总体来说，问卷调查通常可以分为三类：一类是个人基本资料，如年龄、性别、职业、学历等；二类是行为问题，如每天上网时间、使用搜索引擎次数等；三类是态度问题，如个人工作态度、自信心及成就动机等。问卷的排列顺序，经常按照一、二、三的顺序排列。但如果考虑到态度和观点决定一个人的行为，弄清楚自己的态度以后，行为问题也就自然而然地解决了，那么也可以将态度问题放在行为问题的前面。一般来说，如果一份问卷要求填写的个人资料相对简单，建议放在前面，反之，可以放到最后。

（四）问题取舍要合理

问题的数量必须合理，应该既能保证搜集到全面的资料，又能尽量保持问卷的简短，同时也尽力使问卷整体连贯、和谐、生动，能调动被调查者的积极性。现在有的问卷过于冗长，其中充斥着一些与调查主题毫无相关的问题；有的虽然短小，却不能全面搜集所需资料，而且过于严肃、死板，全文贯穿一问一答的形式，压抑被调查者的主动性。通常情况下，问题的取舍应注意以下几点。

1. 按调查主题组织问题，每个问题都应有益于调查信息的取得

首先要明确调查的主题是什么，这是整个调查的基础，也是问卷设计的灵魂和核心所在。应绝对避免为节省费用而附加调查主题之外的问题。问题如果东拉西扯，则会使被调查者产生调查组织不严密的印象，影响他们的答卷态度。

2. 有益于调查的过渡性问题

为了融洽调查气氛，不至于过于严肃、呆板，可以设置一些表面上与调查主题无关，但实质上有益于调查的问题。当问卷的调查主题较为敏感时，这点尤其有效。如在问卷开始，可以设置一些轻松的开放式问题，请被调查者畅述自己的看法，这样有利于调动被调查者的积极性；在各类信息的连接处，也可以设置一些过渡性问题，以引导被调查者的思维。

3. 设置“过滤性”问题

为节省调查时间，保证被调查者符合调查对象的标准，可以在问卷开始设置一个

“过滤性”问题，检查被调查者的合格性。例如，想调查现有商务手机的不足之处，则必然要调查商务手机的使用者。可以在问卷开始提问“您使用过商务手机吗?”这样就可检查被调查者是否合格，以便及时“过滤”掉不合格者。

（五）网络调查问卷答案的类型

网络调查问卷中开放式答案为个别，半封闭式答案为少数，封闭式答案一般为多数。

1. 开放式

开放式答案指在问卷中只提出问题，不提供答案，由被调查者自由回答。如向高职院校学生提问“你希望将来从事什么职业？你认为现在所学课程对你将来的工作有什么影响?”等。开放式答案制作十分容易，问题简单、直接，易于作定性分析。但是数据处理较困难。开放式答案常用于描述性的研究或较为复杂问题的研究，被调查者通常能按自己的理解来回答问题，可以比较真实地反映他们的态度、观点。另外，当研究者无法把握问题答案时，也常采用开放式答案。

2. 半封闭式

半封闭式答案指的是在问题提出并提供若干备选答案后，考虑到个别被调查者的情况可能没有完全包括，因此在最后增加“其他”选项，让被调查者自拟合适的答案。“其他”之前的答案是预先提供的，而“其他”是开放的。

3. 封闭式

封闭式答案指在问卷中除了提出问题，还提供可选择的答案，供被调查者选择。封闭式答案选择是强迫性的，即在两个或多个选项中必须选择其中一个答案。例如，调查汽车购买问卷中，“你购买汽车的主要用途?”选择答案有：A. 家用，B. 工作，C. 外出旅行，D. 商务使用。让被调查者必须从中选择一个答案。

4. 选择式

选择式是从列举的多种答案中挑选最适合个人实际情况的答案，有的可要求选择答案多于1个。要求选择多于1个的答案须在题后注明。例如，“您认为购买汽车最重要的因素是什么?”（可多选）A. 安全性，B. 外形，C. 耗油量，D. 价格，E. 售后服务。

5. 是非式

是非式提供的答案只有两个，从中选择一个，所以又称两项式。例如，“您是否使用过中国移动的飞信?”A. 使用过，B. 没有。

6. 等级式

等级式是对两个以上分成等级的答案的选择方式。等级式回答方式，只能从中选择一个答案。多用以测定人们的态度和情感。所供选择的答案具有等级关系，其等级有二等、三等、五等、七等。二等式是赞成和不赞成；三等式则是赞成、无所谓、反对；五等式则可以是：非常赞成、赞成、无所谓、不太赞成、坚决反对。例如，“你对本次旅行的导游服务质量的满意程度如何?”A. 很满意，B. 比较满意，C. 一般，D. 不大满意，E. 不满意。

7. 排序式

排序式是按照先后顺序对答案进行排列。例如，“你比较喜欢哪些电影？请按喜欢程度从大到小加以排列。”排序式一般有两种方式，一种是将所有答案排序，另一种是把选出的答案排序。前者称全排序，后者称选择排序。在整理数据时，可将选择的顺序变换成数值，最后的选择为1，第一选择则为最高数值。数值大表示喜欢的程度高。

8. 表格式

有一些问题要求针对不同情况分别作答，而问题的答案都在共同的范围，为了表达的简明，可以采用表格的形式。被调查对象在相应的表格上选择就可以了。

9. 矩阵式

一般矩阵式填答，主项为横栏，在左边；次项为纵栏，在右边。

10. 后续式

后续式是对于选择某一种答案的人们再次提供备选答案的填答方式。

学习导航

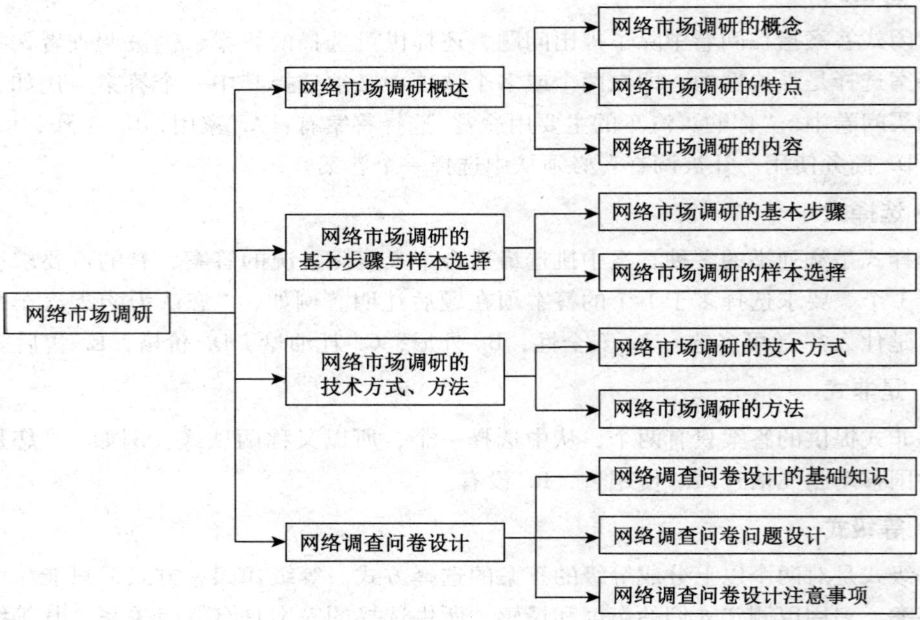

自测题

一、 名词解释

1. 市场调研
2. 网络市场调研

二、 判断题

1. 网络调查在信息采集过程中不需要派出调查人员。（　　）
2. 和传统调查相比，网络调查问卷填写可靠性高。（　　）
3. 在线问卷法不可以委托专业公司进行。（　　）
4. 网络市场间接调研指的是网上一手资料的收集。（　　）
5. 网络调查问卷中所问问题不应是被调查者难以答复的问题。（　　）

三、单项选择题

1. 一份正式的调查问卷一般包括前言、正文和（　　）。

A. 调查计划　　B. 附录　　C. 调查问卷　　D. 统计报告

2. 和传统调查相比，网络调查问卷的填写是（　　）。

A. 自愿的　　B. 强迫的　　C. 随意的　　D. 没有区别

3. 网络问卷不宜过长，问题不能过多，一般控制在（　　）分钟左右回答完毕。

A. 20　　B. 5　　C. 10　　D. 30

四、 简答题

1. 简述网络调查的优势。
2. 网络市场调研有哪些特点？
3. 网络市场调研的内容有哪些？
4. 营销因素调研内容包括哪些？
5. 网络市场调研的基本步骤有哪些？

实训

为一家本地旅行社设计一个网站使用情况网络调查表。

小组任务

学生分成5组，每组6人，每组进行成员分工完成如下任务，登录问卷星网（http://www.sojump.com），掌握网络调查问卷的设计、发布及调查报告的撰写步骤，撰写分析报告。具体要求分述如下。

1. 登录问卷星网（http://www.sojump.com）。

2. 寻找旅游方面的调查问卷，分析调查问卷有何缺陷，问卷问题有何不足。

3. 完成一个旅游线路推广的调查问卷设计工作，发布调查问卷。

4. 分析调查结果并完成调查报告。报告以书面形式提交，字数在2000字以上，报告主要内容包括：在线问卷主要调查问题设计及预期结果的说明；后台发布在线调查问卷的一般方法及问题分析；调查结果分析及调查问卷设计中存在的问题分析；总结个人对于网络市场调研问卷设计及发布的心得体会。

第四章 网络营销的目标市场定位

作为网络营销人员，一定要了解网络营销与网络销售的区别。网络销售是网络营销发展到一定阶段的产物，网络营销是为扩大销售（包括网上销售和非网上销售）服务的，但网络营销本身并不等于网上销售。首先，网络营销活动并不一定能实现网上直接销售的目的，但是，很可能有利于增加总的销售量；同时，网络营销作为一种收集信息和发布信息的工具，其效果可能表现在多个方面。其次，网上销售的推广手段也不仅仅靠网络营销，往往取决于许多传统的方式。网络营销活动对网上销售起了一定的推动作用，但同时，也极大地促进了公司的网下销售，并树立了企业自身的形象。最后，网上销售还采取了很多网络以外的方式。

学习目标

1. 了解网上市场细分的含义、作用、细分原则。
2. 了解影响网上市场细分的因素。
3. 掌握网上目标市场的选择问题。
4. 掌握网络市场定位的有关内容。

案例

传统 OTA 谋变

中国的经济快速发展，人民的物质生活水平不断提高，人们的生活消费模式也随之发生了改变，旅游活动已经成为人们日常生活的一部分。据国家统计局报告显示，普通中国公民的活动半径至少比以前提高了 1000 公里。

2016 年，《财富》杂志发布了当的年中国 500 强排行榜，携程作为唯一的一家 OTA 首次上榜。不得不说，“一站式旅游服务”一直是携程区别于其他在线旅游企业的重要标签，携程不断适应并满足消费者对于在线旅游多样化、个性化的消费习惯。在细分领域，携程在营销上的变化显著，抓住了目前消费者最普遍的消费习惯。

针对年轻用户的泛娱乐营销。此前携程赞助了因《太阳的后裔》而火爆亚洲的宋仲基亚洲巡回见面会，通过打包礼品卡、机票、火车票、用车、酒店、旅行等产品，为粉丝提供一站式的追星旅行服务，成功打响了携程泛娱乐营销的第一枪；此后更是合作黄致列韩国见面会，将其中国粉丝输送到韩国追星，并提供了韩国旅行和买买买的一站式打包方案。前不久“精灵王子”奥兰多·布鲁姆空降上海参加新片发布会，携程作为官方出行合作伙伴，为其独家定制来华的全套行程，还专门为喜爱熊猫的父子俩安排了四川熊猫基地的亲子之旅。

针对学生群体的亚洲音乐节营销。年轻用户是未来，携程在年轻用户的细分市场营销上同样不遗余力。携程将亚洲音乐节打造成了持续一个月的城市海滩、明星、娱乐、网红、美食、啤酒为主题的旅行音乐嘉年华，在 100 余所高校通过学生歌手大赛的方式，以晋级和 PK 机制最终再亚洲音乐节现场选出全国十强并进行表演，该表演也在 ME 直播上进行实时直播，而携程则通过偶像造星的养成计划吸引用户至景区，粉丝可在现场近距离接触校园偶像，在全国的高校用户心目中植入携程旅行的品牌元素，借助口碑营销和 PK 机制将携程品牌辐射至参赛选手的学校和家庭。

针对足球爱好者的体育营销。携程到目前为止已经进场了多次体育营销，由此可见携程对体育这群狂热爱好者的细分市场的重视。携程旅行推出首档直播自制综艺《非常欧洲杯》，邀请 6 位明星独家专访 16 位球星（含影帝让·雷诺），在直播平台累计播放量过亿次，成为欧洲杯期间一档最受关注的非电视类球星专访，在携程站内同样推出了针对欧洲旅行和体育旅行的定制化线路和打包服务，真正让用户实现现场看球的畅快。此后，携程战略合作法甲尼斯队又为体育营销再添一笔，携程成为尼斯队 2016 ~ 2017 赛季法甲联赛的独家旅游合作伙伴，将为用户定制法国足球旅游专属线路。体育营销模式一旦成功，携程将可以依托任何大型的国际性赛事来复制这一模式，真正在“体育旅游”方面满足更多用户的个性化需求，开拓全新的旅游细分服务市场。

针对老年群体的上海广场舞大赛营销。携程通过与上海体育局合作，吸引老年用户对携程品牌的关注，通过老年群体喜闻乐见的广场舞比赛方式，成功海选了 10 万名用户参赛，经过层层筛选最终 1 万名参赛选手进入了正赛阶段，并通过拉票和现场 PK 的活动机制扩散到参与团队的亲友、家庭群体，在老年用户心目中树立起携程放心的形象，并通过口播传播深度影响参赛群体的亲友。此外，携程也针对老年群体推出了“爸妈放心游”的系列产品，服务中老年客群。

案例分析

从上述案例中可以看出，携程的市场细分既客观又全面。携程的成功与这种正确的市场细分是分不开的。市场由消费者构成，而不同的消费者往往有不同的需求，每一个消费者都是一个细分市场，个性化消费正在成为消费的主流，任何企业都不能奢望自己的一种产品能满足所有消费者的需求，因此，必须进行市场细分。而市场细分又是选择目标市场的主流方法，目标市场是企业经过市场细分之后打算进入的细分市场，一般来说，一个企业很难为所有的细分市场都提供最佳的服务，而只能根据自己的资源条件和各个细分市场上的具体情况，选择其中一个或几个细分市场作为营销的对象，这就是选择目标市场。企业一旦确定了目标市场，就要对其产品进行市场定位，即企业的产品在选定的目标市场中占据什么位置。

案例来源：21 世纪网（http：//www. 21cbh. com）

第一节　网上目标市场营销概述

一、网上市场的概念与类型

任何一个企业都无法满足整个市场的需要。因此，准确地选择目标市场，有针对性地满足某一消费层次的特定需要，是每个企业成功地进入市场的关键。企业只有正确地细分市场，识别市场机会，才能选好目标市场，迈向成功之路。

小知识

成功的营销战略

当有记者采访现代营销学之父菲利普·科特勒博士时问：“您认为成功的营销战略包括哪些内容？”他的回答是：“只存在一种成功的战略，那就是仔细地定位目标市场，并且直接向该目标市场提供一流的产品或服务。产品或服务在一个或几个方面的独特表现必须是一流的，例如，更好的质量、更多的特色、更低的价格或者物超所值。不然，企业的产品或服务就只能是对他人产品或服务的简单模仿，缺乏吸引消费者的独创的特质。”

（一）网上市场的基本概念

市场营销学中对市场的定义可用一个公式简单地表示出来，即市场 = 人口 + 购买力 + 购买欲望。市场营销是站在卖方的角度研究问题的，因此，市场营销中所说的“市场”就是买方的代名词。所谓网上市场，就是在某一时空条件下，对某种产品或服务具有现实需求和潜在需求的网上用户群。市场按购买者特性及其购买行为的不同可细分为消费者市场、生产者市场、中间商市场和政府市场四种类型。

在传统的市场营销理论中，顾客是指与产品购买和消费直接有关的个人或组织，如产品购买者、中间商、政府机构等。网上市场分类也和传统意义上的市场一样，分为消费者市场、企业市场和政府市场三大类。

（二）网上市场的类型

目前，从网络市场交易的主体看，网络市场主要包括企业对企业、企业对消费者及国际性交易三种类型。企业对企业的网络营销是指企业使用互联网向供应商订货、签约、接受发票和付款（包括电子资金转移、银行委托、信用卡等）以及商贸中的其他问题，如索赔、商品发送管理和运输跟踪等；企业对消费者的网上营销基本上等同于商业电子化的零售商务；国际性的网络营销是不同国家之间，企业对企业或企业对消费者的电子商务。互联网的发展、国际贸易的繁荣和向一体化方向的发展，为在国际贸易中使用网络营销技术开辟了广阔的前景。由于购买者的身份与购买目的不同，因此企业网络营销的战略、策略也应有所区别。

（三）网上市场的现状

中国互联网络信息中心发布的第48次《中国互联网络发展状况统计报告》数据显示，截至2021年6月底，中国网民规模已达到10.11亿，互联网普及率达71.6%，我国手机网民规模达10.07亿，网民中使用手机上网的人群占比提升至99.6%，我国域名总数为3136万个。

1. 手机上网主导地位强化

截至2021年6月，我国手机网民规模达10.07亿，网民中使用手机上网的人群占比由2020年3月底的99.3%提升至99.6%，网民上网设备进一步想移动端集中。随着移动通信网络环境的不断完善以及智能手机的进一步普及，移动互联网应用向用户各类生活需求深入渗透，促进手机上网使用率增长。

2. 各类互联网应用规模持续增长

2021年上半年我国个人互联网应用呈持续稳定增长态势。其中，我国即时通信用户规模最大，达9.83亿，较2020年12月增长218万，占网民整体的97.3%。网上外卖、在线医疗和在线办公的用户规模增长最为显著，增长率均在10%以上。搜索引擎、网络新闻的用户规模较2020年12月分别增长3.3%、2.3%；商务交易类应用中，在线旅行预订、网络购物的用户规模较2020年12月分别增长7.0%、3.8%；网络娱乐类应用中，网络直播、网络音乐的用户规模较2020年12月均增长3%以上。

3. 农村互联网普及率保持平稳，城乡差异依然较大

截至2021年6月，我国农村网民规模为2.97亿，占网民整体的29.4%。但是，城镇地区互联网普及率超过农村地区41.2个百分点，城乡差距仍然较大。“使用技能缺乏”“文化程度限制”和“设备不足”是农村非网民不上网的主要原因。

4. 网络支付使用率近九成，数字货币试点进程全球领先

截至2020年12月，我国网络支付用户规模达8.54亿，较2020年3月增长8636万，占网民整体的86.4%。网络支付通过聚合供应链服务，辅助商户精准推送信息，助

力我国中小企业数字化转型，推动数字经济发展；移动支付与普惠金融深度融合，通过普及化应用缩小我国东西部和城乡差距，促使数字红利普惠大众，提升金融服务可得性。2020 年，央行数字货币已在深圳、苏州等多个试点城市开展数字人民币红包测试，取得阶段性成果。未来，数字货币将进一步优化功能，覆盖更多消费场景，为网民提供更多数字化生活便利。

（四）网络购物市场现状

根据中国互联网络信息中心发布的第 48 次《中国互联网络发展状况统计报告》数据显示，截至 2021 年 6 月，我国网络购物用户规模达 8.12 亿，较 2020 年 12 月增长 2965 万，占网民整体的 80.3%。仅 2021 年上半年，我国网上零售额 61133 亿元，同比增长 23.2%。网络购物已经成为人们主流的购物方式。网络消费通过模式创新、渠道下沉、跨境电商等方式不断释放动能，形成多个消费增长亮点。

近几年来，城乡网络购物使用率差距缩小 6.7 个百分点。从 2017 年 6 月到 2021 年 6 月，网络购物使用率省间差异极值由 33.8% 降至 20.2%，缩小 13.6 个百分点。一方面，电商扶贫通过将当地特色农产品嵌入电子商务产业链，提高贫困地区人口收入水平；另一方面，电商扶贫通过培养业务人员的电商技能，带动周边人群使用网络购物，助推我国贫困地区共享普惠成果，实现地域消费进一步均等化。

二、网上目标市场营销

（一）网上目标市场营销的概念

目标市场是指在需求异质性市场上，企业根据自身能力所确定的有待满足的现有的和潜在的消费者群体的需求。目标市场营销则是指企业通过市场细分选择了自己的目标市场，专门研究其需求特点并针对其特点提供适当的产品或服务，制定一系列的营销措施和策略，实施有效的市场营销组合。

（二）目标市场营销的产生

目标市场营销思想在企业营销工作中具有十分重要的地位。一般说来其发展过程大致经历下列 3 个主要阶段。

1. 大量营销

大量营销又称无差异营销。该阶段中，卖方对于所有的买主均大量生产、大量分销、大量促销单一产品。这种观念认为，大量营销可以大大降低成本并且能够开拓最大的潜在市场。

2. 产品差异性营销

此阶段中，卖方生产出两种或两种以上的产品，且产品具有不同的特点、式样、质量和尺寸，这是为了给买方提供多种选择，而不是为了吸引不同的细分市场。此时，企业的经营指导思想依然是生产观念，本质上还是生产什么就销售什么。但应当看到，在这种营销思想中已经包含了细分目标市场、选择目标市场的意识萌芽。

3. 目标市场营销

此阶段卖方首先要细分市场，然后从中确定一个或几个作为目标市场，最后根据每一目标市场的特点来制订产品计划和营销计划。在这种情况下，市场营销观念逐渐形成，西方先进企业开始在以满足顾客需求为中心的指导思想下组织生产和销售，并对具有不同需求的顾客所对应的不同市场进行理性区分，同时结合自身的特点和优势，有针对性地选择目标市场。这样，目标市场营销思想便成为主流。

三、目标市场营销的步骤

目标市场营销也称 STP 营销，包括市场细分、选择目标市场和产品定位三个相互关联的过程，如图 4－1 所示。

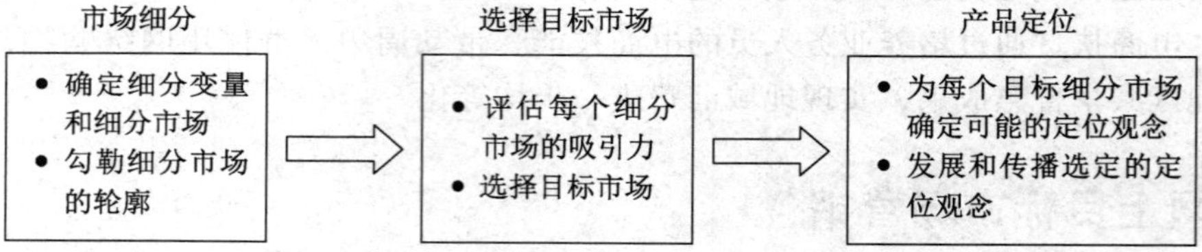

图 4－1　市场营销三部曲

（一）市场细分

市场细分是指企业根据购买者对产品或营销组合的不同需要，将市场划分为不同的顾客群体，并勾勒出细分市场轮廓的行为。它是一个辨别具有不同需求和不同行为的顾客并加以分类组合的过程。经过细分的子市场之间，顾客需求具有较为明显的差异，而在同一子市场之间，顾客需求则具有相对的类似性。

（二）选择目标市场

选择目标市场又称市场覆盖战略，是指企业选择要进入的一个或多个细分市场的行为。企业在对整体市场进行细分之后，还要对各细分市场进行评估，然后根据细分市场的市场潜力、竞争状况、本企业资源条件等多种因素再决定把哪一个或哪几个细分市场作为目标市场。

（三）产品定位

产品定位是指企业为产品和具体的营销组合确定一个富有竞争力、与众不同的位置的行为。也就是要培养本企业产品的特色，树立一定的市场形象，在消费者心中形成一种特殊的偏好。企业通过产品定位努力，使得自己的产品和服务与市场中其他竞争者的产品和服务区别开来，让消费者在心目中认可自己的产品而不是竞争对手的产品。

第二节　网上市场细分

网络市场是一个巨大的市场，任何企业都不可能满足整个网络市场的所有需求，必须通过市场细分，进行合理的市场定位，再选择企业的目标市场，这就是企业的市场策略。网络营销中的市场策略是企业进行网络营销时一个十分重要的过程。主要用于解决企业在网络市场中应满足谁的需要，向谁提供产品和服务的问题。对于企业来说，只有在网络市场中选准了为谁服务这一目标，才能有效地制定网络营销策略。

一、网上市场细分的概念和前提

（一）网上市场细分的概念

市场细分是现代市场营销观念的产物，是指按照消费者需求的差异性，把某一产品（或服务）的整体市场划分为不同的子市场的过程。网络市场细分是指企业在调查研究的基础上，依据网络顾客的需求、购买动机和习惯、爱好的差异性，把网络市场划分成不同类型的顾客群体，其中每个顾客群体就是企业的一个细分市场。

（二）网上市场细分的前提

1. 网上市场行为的差异性及由此决定的购买者动机和行为的差异性

网上市场行为的差异性及由此决定的购买者动机和行为的差异性，要求对网上市场进行细分。网上市场需求的差异性取决于社会生产力的发展水平、网络市场商品供应的丰富程度以及消费者的收入水平。除对某些同质商品有相同的需求外，通常情况下，消费者的需求总是各不相同的，这是由性别、年龄、地理位置、文化背景、职业等方面的差异所决定的。

2. 网上市场需求的相似性

从整体上看，人们的消费需要千差万别，然而在这种差别之中又包含着某种共性。这种交叉中的相似性和差异性就使网上市场具有可聚、可分的特点，为企业按一定标准细分网上市场，从中选择自己的网上目标市场提供了客观可能性。

3. 买方市场的形成迫使企业进行市场细分

由于现代市场经济的高度发展，买方市场的全面形成和卖方之间市场竞争的日益激化，有厚利可图的市场越来越少。因而企业只有依靠市场细分，发掘未满足的网上市场需要，寻求有吸引力的、符合自己目标和资源的营销机会，才能在市场竞争中立于不败之地。

小提示

市场细分的顾客基础是全体网民

对于从事网络营销的企业来说，首先应该明确一点，即进行市场细分的顾客基础是全体网民，即使在目前，还有相当一部分网民由于种种原因没有网络消费的倾向，甚至从来也不打算进行网络购买，但他们也可以成为企业的潜在顾客。当然，为了提高营销的效率和效益，企业必须对全体网络顾客进行市场细分，从中选定适合自己企业的目标顾客市场，从网络顾客中构建自己坚实的顾客网络。

二、网络营销市场细分的重要意义

市场细分是20世纪50年代中期由美国著名市场营销学家温德尔·史密斯提出的营销新概念。这一概念的提出，表明战后西方市场营销思想和战略进入了一个新的阶段。市场细分和目标市场营销已经成为企业市场营销战略的一个核心内容，是决定企业营销成败的一个关键性的问题。网上市场细分对企业来说有着重要的意义，一般可概括为以下4个方面。

（一）有利于巩固现有的网上市场

通过网上市场细分充分把握各类顾客的不同需要，并投其所好地开展营销活动，就可稳定企业的现有网上市场，这对于发展余地不大的成熟行业和不愿或不能转向新市场的企业来说意义尤其重大。

（二）有利于企业发现新的网上市场机会，选择新的网上目标市场

通过网上市场细分，企业可以了解网上市场各部分的购买能力、潜在需求、顾客满足程度和竞争状况等，从而及时发现新的网上市场机会和问题，及时采取对策，夺取竞争优势。

（三）有利于企业的产品适销对路

企业一旦选择一个或几个网上细分市场作为网上目标市场，就可更加深入地研究这些市场需求的具体特点，集中人力、物力和财力，生产出满足网上目标市场需要的产品，从而取得更大的经济效益。

（四）有利于企业制定适当的营销战略和策略

企业应把有限的资源集中用于网上目标市场，以取得最好的经济效益。一方面企业在网上市场细分的基础上针对网上目标市场的特点制定战略和策略，能做到“知己知

彼”；另一方面，企业只是面对一个或几个网上细分市场，可及时捕捉信息，按需求变化调整发展策略。

案　例

日本钟表商的细分市场策略

日本钟表商根据社会调查发现，美国市场上对手表的需求大致有以下三类不同的消费者群。

（1）有大约23%的消费者对手表的要求是计时、价格低廉。

（2）约有46%的消费者要求是计时基本准确、耐用、价格适中。以上两类消费者都受经济因素的影响较大。

（3）有大约31%的消费者求新、求高、求精，要求既有精确计时价值，又有装饰价值，以显示其高贵身份。美国和瑞士的钟表厂商一向注重第三类消费者群，这样，约占70%的一、二类消费者的需求就不能充分满足，日本的钟表商在美国市场调查中发现了上述情况后，立即生产出需要的手表。如日本精工牌电子表，款式新颖，价格便宜，并提供免费保修，而且顾客在许多商店都可以买到，结果在美国市场获得了很高的占有率。

三、细分网上市场的要求

细分网上消费者市场，除选择和把握最能反映网上消费者需求特征这一标准外，还需要注意下述5个方面的要求。

（一）要做到分片集合化

网上市场细分的过程应从最小的分片开始，根据网上消费者的特点先把总体市场划分为一个个较小的片，然后把相类似的小片集合成一个个较大的片。对这个集合后的相对大一些的片要求特征明确，每个片（如细分市场）必须有各自的构成群体、共同特征和类似的购买行为。

（二）细分后的子市场要有足够的购买潜力

这既要求细分后的网上子市场具有与企业营销活动相适应的规模，还要求网上子市场不仅具有现实的购买力，而且要具有相当的购买潜力，这样的网上子市场才有发展前途。

（三）细分后的子市场要有可接近性

主要指企业能够有效地集中营销力量，作用于所选定的网上目标市场的程度。

（四）市场细分要有可衡量性

主要体现在两方面：其一，作为细分的标准应该是能够得到的，有些消费者特征虽然重要，但不易获取或衡量，不适宜作细分的标准；其二，细分后的消费者市场片的人数、购买量及潜在购买能力应该是可以衡量的，否则细分被视作不成功。

（五）市场细分要有相对的稳定性

每个分片划定之后，要有一个相对的稳定期，具体期限的要求要根据网上市场的变化和商品的特征而定。

四、网上市场细分的原则与方法

（一）网上市场细分的原则

1. 可衡量性

可衡量性是指表明消费特征的有关资源的存在或获取这些资料的难易程度，即细分出来的市场范围不仅比较明晰，而且能够大致判定该市场的大小。例如，以地理因素、消费者的年龄和经济状况等因素进行市场细分时，这些消费者的特征就很容易衡量，该资料获得也就比较容易；而以消费者心理因素和行为因素进行市场细分时，其特征则很难衡量。

2. 实效性

实效性是指网上目标市场的容量及获利性值得企业进行开发的程度。一个细分市场是否大到可以实现具有经济效益的营销目标，通常取决于这个市场的人数和购买力。

3. 可接近性

可接近性是指企业能有效地集中力量接近网络目标市场并有效为之服务的程度。一方面指企业能够通过某种媒体把产品信息传递到细分市场的消费者手中，另一方面是指产品经过一定的渠道能够到达该细分市场。

4. 反应率

反应率是指不同的细分市场，对企业采用不同营销组合策略所具有的不同反应程度。如果网络市场经过细分后，市场对各种营销方案的反应还都差不多，则细分市场就失去了意义。例如，如果所有细分市场按同一方式对价格变动做出反应，也就无须为每一个市场规定不同的价格策略。

5. 稳定性

网络细分市场必须在一定时期内保持相对稳定，以便企业制定较长期的营销策略，有效地开拓并占领该目标市场，获取预期收益。若细分市场变化过快，那么网络目标市场犹如昙花一现，则企业经营风险也将随之增加。同时，在实践中，除稳定性外，细分市场也并不是越细越好。因为如果过于细分，一是增加细分变数，给细分带来困难，二是影响规模效益，三是增大费用和成本，这时就应实施“反细分化”策略。推行“反细分化”策略，有利于扩大产品的适销范围，降低成本和费用，增加销售量，提高经济效益。

（二）网上市场细分的方法

根据细分程度的不同，市场细分一般有三种方法，即完全细分、按一个影响需求因素细分、按两个以上影响需求因素细分。如图 4－2（A）所示假设一个拥有 8 个购买者的市场，按不同方法对这一市场细分的情况如下。

1．完全细分

假如这几个购买者的需求完全不同，那么每个购买者都可能是一个单独的市场，完全可以按照这个市场所包括的购买者数目进行最大限度的细分，即这个市场细分后的小市场数目也是构成此市场的购买者数目。如图 4－2（B）所示就是这种彻底细分的极端情况。在实际市场营销中，有少数产品确实具有适于按照这种方法细分的特性；但在绝大多数情况下，要把每个购买者都当作一个市场，分别生产仅符合这些单个购买者需要的各种产品，从经济效益看是不可取的，而且实际上也是行不通的。因此，大多数销售企业还是按照购买者对产品的要求或对市场营销手段的不同反应进行概括性的分类。

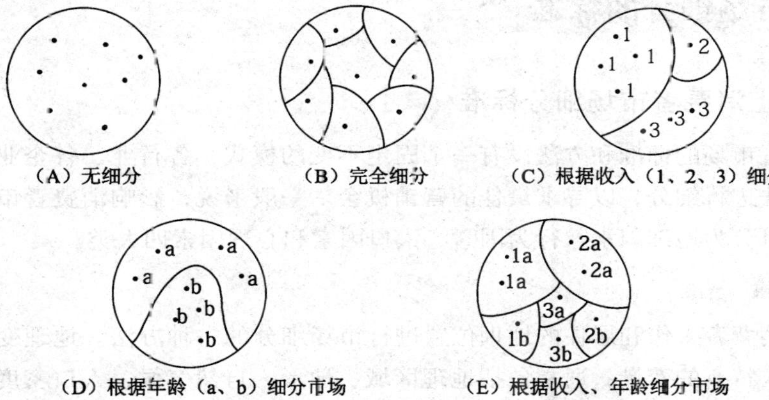

图 4－2　市场的不同细分法

2．按一个影响需求因素细分

对某些通用性比较强、挑选性不太强的产品，往往可按其中一个影响购买者需求最强的因素进行细分，如可按不同收入划分或按不同年龄范围划分。如图 4－2（C）所示以 1、2、3 代表不同收入的阶层，将相同收入阶层的购买者归入同一个市场范围内，结果可按收入因素，将原市场细分成三个部分。在本例中，显而易见，第一收入阶层所包含的购买者最多。在图 4－2（D）中以 a、b 代表不同的年龄范围，按年龄范围又将原市场细分成两个部分，此时每个细分市场的人数恰好都相等。

3．按两个以上影响需求因素细分

通常情况下，大多数产品的销售受购买者多种需求因素的影响，如不同年龄范围的消费者，因生理或心理的原因对许多消费品都有不同的要求；同一年龄范围的消费者，因收入情况不同，也会产生需求的差异；同一年龄范围和同一收入阶层的消费者，更会因性别、居住地区及其他众多情况的不同而有纷繁复杂、互不相同的需求。因此大多数产品按照两个或两个以上的因素细分。如图 4－2（E）所示是按购买者的收入及年龄两因素将原市场进行细分的情况，结果可把原市场区分为 6 个细分小市场：1a、1b、2a、2b、3a、3b。在本例中，1a、2a 部分有两个购买者，其他各部分各有一个消费者。

当然，以多个需求特征组合作为市场细分的依据时，如前所述，销售者可以更精确地划分目标市场，但这样一来，就会相应增加细分市场的数目。如果销售者把所有可能影响需求的因素进行组合来细分市场，那么又将回到图 4－2（B）所示的完全细分情况，那时每个购买者都是一个细分市场。因此，本细分方法中所说的两个以上影响需求因素并不是无限的。各个销售企业在具体运用市场策略时，还应根据不同的产品情况，控制一定的细分因素组合。

五、网上市场细分的标准

（一）网上消费者市场细分标准

细分消费者市场的标准和方法没有一个固定不变的模式，各行业、各企业可采取不同的标准和方法进行细分，以寻求最佳的营销机会。一般来说，影响消费者市场需求的主要因素大致可分为地理因素、行为因素、人口因素和心理因素四大类。

1. 地理因素

这是根据消费者工作和居住的地理位置进行市场细分的一种方法。地理变量是反映消费者生活地区特点的变量，通常包括地理区域、地形、自然气候、人口密度、交通运输条件、通信条件和城市规模等。对于营销地理区域范围较大的企业来说，地理变量往往是其首选的和最常用的细分变量，也是最稳定、最易界定、最易衡量和运用的细分变量。但对于网络营销而言，地理因素的区别则更多地体现在给网上消费者带来的生活习惯、物流等的影响，而真正的地理概念在互联网中却被淡化了。

2. 行为因素

这是根据购买者对真实产品特性的知识、态度、使用与反应等行为将市场细分为不同的群体。行为因素包括购买时机、追求的利益、使用量和使用状态。

（1）购买时机。根据消费者购买产品的时机划分细分市场，如保健品市场可区分为礼品市场和日常保健品市场。

（2）追求的利益。以顾客所追求的利益来细分市场。例如，曾有人做过一项牙膏市场研究，发现牙膏顾客所追求的利益有低价格、防蛀牙、洁白牙齿、味佳。因此，可以将牙膏市场细分为上述 4 个细分市场。

（3）使用量。根据消费者对产品的使用量来划分，可分为轻度使用者、中度使用者及重度使用者等。其中，重度使用者所占的人口比例很少，但所占的消费量比例却很高，这部分的目标人群通常是非常有价值的人群。

（4）使用状态。市场可依据购买者的使用情况进行细分，一般分为从未使用者、曾经使用者、初次使用者、潜在使用者及固定使用者等。

3. 人口因素

这类统计因素有很多，通常有性别、年龄、收入、教育程度、职业、家庭规模等因素，这类因素与消费者的欲望、行为与偏好有着十分密切的联系。

案 例

梦舒雅女裤细分产品

在“女裤着装解决方案专家”理念指导之下，梦舒雅女裤在延续原来的简约知性的风格下，又新增了活力休闲等多样风格，对女裤产品进行了细分，“动感地带”“非凡商务”“假日时光”“经典永恒”“美丽制约”五大女裤系列隆重登场。产品新系列中“动感地带”是牛仔布料的裤装，使用纯天然植物染料，动感设计十分符合年轻消费者的生活需求；“非凡商务”是职场女性的良好选择，版型上注重纵向拉伸和优雅曲线的打造；“假日时光”强调健康面料与休闲设计，适合外出旅行穿着；“经典永恒”则是梦舒雅独具匠心的版型设计，适用于搭配多款式服装；“美丽制约”则是设计师限量打造的产品。梦舒雅系列女裤产品，可以解决一位女性在主要生活场景下的裤装要求，并给客户提供最实用的搭配建议。

当今已进入一个前所未有展示个性的时代，梦舒雅女裤细分产品的举动正是源于市场的需求。女性着装不仅仅是美丽的展示，更是生活态度的表达。什么场合穿什么服装，什么心情下做什么打扮，消费者对服装的要求早已不仅仅是功能层面的，而是上升到了精神层面。梦舒雅对产品进行细分，就是为消费者根据生活场景不同、身份不同、角色不同而提供更适合的产品。

从单纯的销售层面来说，产品细分是提升销售的最佳方式。梦舒雅把产品进行功能性细分，有利于发掘市场机会，开拓新市场。通过市场细分，企业可以对每个细分产品的市场人群进行了解，掌握不同市场顾客的需求，从中发现各细分市场的购买者的满足程度。

案例来源：网易女人频道（http://lady.163.com）

4. 心理因素

心理因素包括社会阶层、生活态度、生活方式、个性和消费习惯等。例如，对服装现有市场分析，时尚女装品牌占中国服装25%，职业女装占10%，正装男装占10%，休闲男装占5%，而运动系列占10%，男女休闲装占40%。现在消费者的消费倾向逐渐转向休闲服饰，特别是年轻消费者的影响力较大主要是休闲服饰带来新的生活方式，既简单又舒服。同时随着“新正装”的兴起，45岁以下的中青年消费者逐渐倾向于“新正装”风格，对休闲服装的要求也不断提升。但现在服装风格接近，档次多集中在中低档，也让其在选择上（特别是中高档休闲服装）存在很大的困难。

（二）网上生产者市场细分标准

网上生产者市场细分的标准，有许多与网上消费者市场细分的标准是相同的，如追求利益、对品牌的依赖程度、态度等。由于网上生产者市场具有与消费者市场截然不同的特点，因而导致用户购买行为产生差异的因素也不同于消费者市场。因此，还需要采用一些不同的标准。较为常见的是最终用户、顾客规模、用户要求等细分标准。

1. 最终用户

最终用户是指不同行业、种类的用户往往会有不同的要求，这必然影响购买者对产品的选择。

2. 顾客规模

顾客规模是网上生产者市场细分的又一重要标准。用户规模的大小通常是以用户对产品需求量的多少来区分的。这种量的区别，在于市场价值的不同。在生产者市场上，用户需求量的差异远远大于消费者市场上个人消费者之间的差异。少数大客户的需要量可能占据生产企业销售总量的绝大部分，而数量众多的小客户的需要量可能仅占生产企业销售量的很小一部分。因此，生产企业应对不同规模的客户采用不同的营销策略。

3. 用户要求

用户要求指的是不同类型的用户的采购行为，在追求利益点上往往有很大的不同。生产企业在进行网上市场细分时，可把要求大体相同的用户分为一类，并为不同的类别相应地运用不同的市场营销组合，满足不同客户的要求以促进销售。

与消费者市场一样，网上生产者市场的需求差别也往往是由多种因素造成的。因此，需要同时从多种因素、多种角度进行细分。

（三）网络因素

除了上面传统的细分标准外，还可以按是否上网、上网能力、上网时间、上网费用、上网的主要地点、拥有电子邮件地址的平均值、平均每周收发的电子邮件数、知悉新网站的主要途径、使用的语种等新的细分标准，对目标消费者进行分群。

由于消费者的情况千差万别，任何市场都是由许多小市场组成的。这些小市场不是随便根据什么标准都可以划分出来的，而要根据一些影响消费需求的主要因素来细分。一般在进行网上市场细分时，大致可以围绕下列几个问题来进行：细分小市场的位置在什么地方？这些细分小市场的顾客是什么人？他们购买什么产品？他们如何购买这些产品？他们为何要购买这些产品？

由此可见，影响产品需求的因素是多方面的，而且这些因素非常复杂，实际上根本不可能按这些因素逐个来进行市场细分。因此在实际工作中，往往把它们归纳为若干基本要素，然后使用多个细分标准对其进行细分。

第三节　网上目标市场的选择

企业的一切营销活动都是围绕目标市场展开的。一个企业只有选择好营销对象，才能将企业的特长与优势充分发挥出来，才能有的放矢地制定营销战略与策略。企业选择网上目标市场，是在网上市场细分的基础上进行的，只能按照网上市场细分的要求与方法正确地进行网上市场细分，企业才能从中选择适合本企业为之服务的网上目标市场。

一、网上目标市场的概念

网上目标市场，又称网上目标消费者群或目标顾客群，是指企业为了实现预期的战略目标而选定的营销对象，是企业试图通过满足其需求实现赢利目的的消费者群。网上目标市场的选择是企业进行网络营销的一个非常重要的战略决策。它主要用于解决企业在网络市场中满足谁的需要，向谁提供产品和服务的问题。例如，奥迪车在欧洲的目标客户是殷实的中年经理，e－tang 网的目标访问者是在校大学生等。

二、网上细分市场的评估

为了选择适合的网上目标市场，企业必须对有关网上子市场进行评估。一般情况下，企业评估网上细分市场主要从三方面考虑：一是市场规模和增长潜力；二是细分市场的吸引力；三是企业本身的目标和资源。

（一）市场规模和增长潜力

首先要评估网上细分市场是否有适当规模和增长潜力。适当规模是相对于企业的规模与实力而言的。较小的网上市场对于大企业来说，不值得涉足；而较大的网上市场对于小企业而言，又缺乏足够的资源来进入，并且小企业在大市场上也无力与大企业相竞争。

网上市场增长潜力的大小，直接关系到企业销售和利润的增长，但有发展潜力的网上市场也常常是竞争者激烈争夺的目标，这又减少了它的获利机会。

（二）细分市场的吸引力

细分市场可能具备理想的规模和发展特征，然而从赢利的观点来看，却未必有吸引力。波特认为有五种力量决定整个市场或其中任何一个细分市场是否具有长期的内在吸引力，这五种力量分别是同行业竞争者、潜在的新参加的竞争者、替代产品、购买者和供应商，它们对企业具有以下五种威胁性。

1．细分市场内激烈竞争的威胁

如果某个细分市场已经有了众多强大的或者竞争意识强烈的竞争者，那么该细分市场就会失去吸引力。当该细分市场处于稳定或者衰退期时，由于生产能力不断大幅度扩大，固定成本过高，撤出市场的壁垒过高，竞争者的投资又很大，因而情况就会更糟。这些情况常常会导致价格战和广告争夺战，使得企业要参与竞争就必须为之付出高昂的代价。

2. 新竞争者的威胁

如果某个细分市场吸引可能拥有新的生产能力、大量资源并能争夺市场份额的新的竞争者，那么该细分市场就会失去吸引力。问题的关键是新的竞争者能否轻易地进入这个细分市场。如果新的竞争者进入这个细分市场时遇到森严的壁垒，并且遭受到细分市场内原来企业的强烈报复，那么它们便很难进入。保护细分市场的壁垒越低，原来占领细分市场的企业的报复心理就越弱，这个细分市场就越缺乏吸引力。某个细分市场的吸引力随其进退难易的程度而有所区别。根据行业利润的观点，最有吸引力的细分市场应该是进入的壁垒高、退出的壁垒低。在这样的细分市场里，新的企业很难打入，但经营不善的企业可以安然撤退。如果细分市场进入和退出的壁垒都高，则那里的利润潜量就大，但也往往伴随较大的风险，因为经营不善的企业难以撤退，必须坚持到底。如果细分市场进入和退出的壁垒都较低，那么企业便可以进退自如，获得的报酬虽然稳定，但却不高。最坏的情况是进入细分市场的壁垒较低，而退出的壁垒却很高。于是在经济繁荣时，大家蜂拥而入，但在经济萧条时，却很难退出，其结果是大家生产能力都过剩，导致收入下降。

3. 替代产品的威胁

如果某个细分市场存在着替代产品或者有潜在替代产品，那么该细分市场就会失去吸引力。因为替代产品会限制细分市场内价格和利润的增长，企业应密切注意替代产品的价格趋势。如果在这些替代产品行业中技术有所发展，或者竞争日趋激烈，那么这个细分市场的价格和利润就可能会下降。

4. 购买者讨价还价能力加强的威胁

如果某个细分市场中购买者的讨价还价能力很强或正在加强，则该细分市场就没有吸引力。购买者会设法压低价格，对产品质量和服务提出更高的要求，并且使竞争者明争暗斗，所有这些都会使销售商的利润受到不同程度的损失。如果购买者比较集中或者有组织，或者该产品在购买者的成本中占较大比重、产品无法实行差别化、顾客的转换成本较低，或者由于购买者的利益较低而对价格敏感、顾客能够向后实行联合，那么购买者的讨价还价能力就会加强。此时销售商为了保护自己，可选择议价能力最弱或者转换销售商能力最弱的购买者。较好的防卫方法是提供顾客无法拒绝的优质产品来供应市场。

5. 供应商讨价还价能力加强的威胁

如果企业的供应商——原材料和设备供应商、公用事业、银行等，能够随意提高或降低价格、控制产品和服务的质量和数量，那么该企业所在的细分市场就失去了吸引力。如果供应商集中并且替代产品较少，或者供应的产品是重要的投入要素，转换成本高，或者供应商可以前向联合，那么供应商的讨价还价能力就会比较强。因此，与供应商建立良好关系和开拓多种供应渠道是防御之上策。

（三）企业本身的目标和资源

有些网上细分市场虽然规模适合，也具有吸引力，但还必须考虑两个问题：一是是否符合企业的长远目标，如果不符合，就必须放弃；二是企业是否具备在该网上市场获胜所必要的能力和资源，如果不具备，也只能放弃。

三、网上目标市场覆盖方式

确定可能的网上目标市场后，企业还要选择覆盖网上目标市场的方式，一般有 5 种方式，如图 4－3 所示。

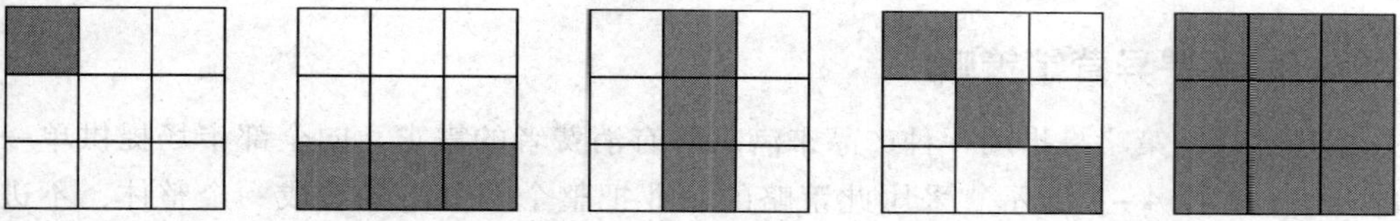

（A）密集单一市场　（B）产品专业化　（C）市场专业化　（D）选择性涵盖　（E）全面涵盖

图 4－3　企业涵盖目标市场的五种方式

（一）密集单一市场

这种方式是指在众多网上子市场中，企业只选择一个细分市场，并且集中力量生产或经营一种产品，供应这一网上细分市场的需求。这种方式比较适合于中小企业，它可以帮助企业实现专业化生产和经营，在取得成功后再逐步向其他网上细分市场扩展。

（二）产品专业化

这种方式是指企业面对所有的网上细分市场只生产或经营一种产品，如供各类顾客使用的书籍。

小提示

企业在进行市场细分后，就要选择目标市场，即选择最有吸引力的细分市场作为服务对象。企业只有按照网络市场细分的原则与方法正确地进行网络市场细分，才能从中选择适合本企业为之服务的网络目标市场。

（三）市场专业化

这种方式是指企业向同一网上细分市场提供各种不同类型的产品。

（四）选择性涵盖

这种方式是指企业有选择地进入多个网上细分市场，并向这些网上细分市场分别提供不同类型的产品。选择这种战略的主要原因是各网上细分市场之间相关性一般较小，每个网上细分市场都有良好的营销机会与发展潜力。此战略的优点是有利于分散企业的经营风险，即使某一细分市场失去吸引力，企业仍可在其他细分市场上赢利。

（五）全面涵盖

这种方式是指企业全方位进入各网上细分市场，为所有网上细分市场提供所需要的不同类型的产品，即企业将上述几种组合都作为自己的网上目标市场营销战略。这通常是大型企业为取得某一市场的领导地位或赢得垄断地位采用的战略。

四、网上目标市场营销策略

（一）无差异营销策略

无差异营销策略是指用一种产品来满足所有消费者的需求，向全部市场提供单一产品的策略，如图 4－4 所示。采用此策略的企业把整个网上市场看成一个整体，不进行细分，或在企业做了细分化的工作之后，决定把整个网上市场作为目标市场。

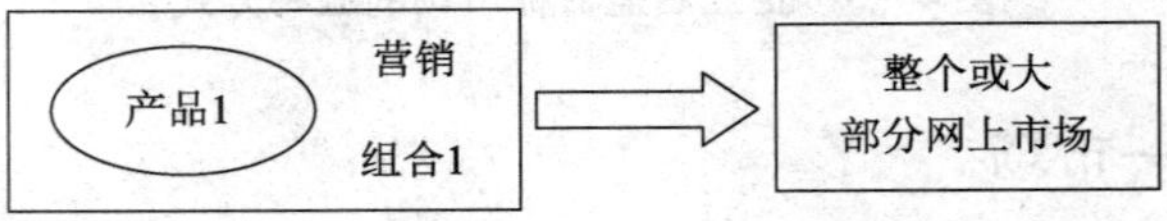

图 4－4　无差异营销策略

采取这种策略的企业一般是出于以下几点考虑：认为企业所经营的产品对所有的消费者来说都是需要的，没有什么特点，是共同需要；认为购买者之间虽然存在差异，但是差异的程度很小；用广阔的销售渠道和推销方式可以节约营销成本。国际上运用无差异市场营销策略最成功的是可口可乐公司。它在世界各地都采用相同的策略。在推行这个策略当中，一般企业只推出单一的品种，发展单一的营销方案，迎合广大消费者的需求。

无差异营销策略的优点是生产经营品种少、批量大，节省营销成本，提高利润率；缺点是忽视了市场需求的差异性，较小市场部分需求得不到满足。

（二）差异性市场策略

差异性市场策略是以不同产品适应不同消费者的需要，如图 4－5 所示。企业根据实际情况，按照网上市场划分的依据，把总体市场分成若干个片，然后针对分片的特点，设计不同的商品和营销方案。采取这种营销策略的，往往是生产品种多、批量小的企业。所以，能显示出一定的优越性，一方面能满足消费者不同需要，另一方面如果一家企业在一个细分市场占有优势，那么它就同时在几个市场都有优势。这样就会提高消费者对企业的信任感。不过，采用这种差异性策略也有缺点，就是要增加成本和销售费用，所以企业在采用这种策略时必须慎重，要算一下所耗的费用是不是小于利润的增加。

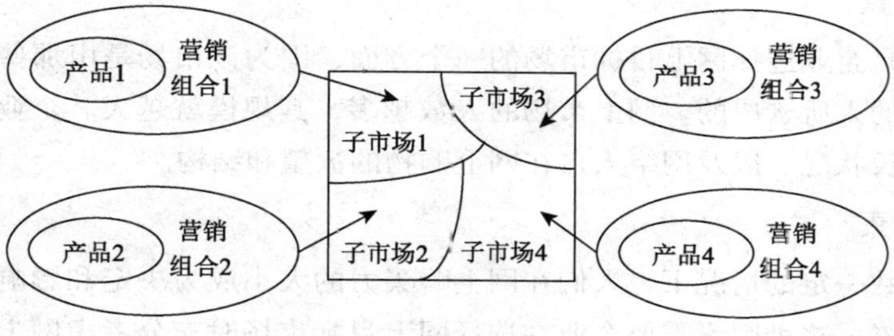

图 4-5　差异性市场策略

（三）集中性市场策略

集中性市场策略是指用特殊的产品和营销方案去满足特殊消费者的需要，是一个比较特殊的策略，如图 4-6 所示。采取此种策略的企业，集中针对一个或两个细分后的网上小市场作为它的目标市场。企业做出这样的决策主要是考虑要避免财力资源的过分分散，也就是说，把企业的实力集中用于一个网上细分市场来求得成功。这时，企业的出发点是争取在一个小的网上市场中，获得比较大的占有率。

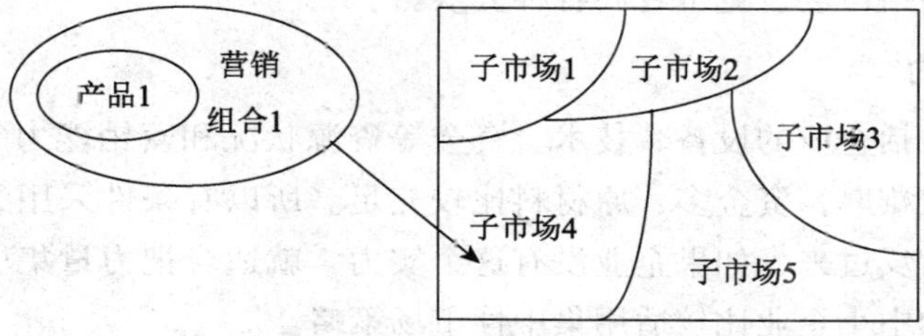

图 4-6　集中性市场策略

这种策略的优点是可以节省费用，可以集中精力创名牌和保名牌；但其缺点是实行这种策略对企业来说要承担一些风险，因为选的网上市场面比较窄，且投入全部精力，一旦网上市场情况发生变化，预测不准或是营销方案制订不当，就可能失败。

五、影响网上目标市场策略选择的因素

以上三种目标市场策略各有利弊，各自适用于不同的情况。企业在选择目标市场策略时，必须全面考虑各种因素，权衡得失，慎重决策。

（一）宏观因素

宏观因素是企业不可控制的因素，也是企业选择网上目标市场所必须考虑的重要因素之一。一般来说，可以从3个方面来分析。

1. 人口因素

人口因素是企业选择网上目标市场的一个方面，因为该市场是由那些想从网上购物且具有购买力的人所构成的。网上市场的人数越多，其规模就越大。企业应当特别重视网络人口的增长状况，以及网络人口在网上购物的欲望和结构。

2. 经济因素

在网络人数一定的情况下，人们在网上购买力的大小成为决定和影响网上市场规模大小的主要因素。这种因素需要企业在选择网上目标市场时充分考虑网上市场上不同层次人们的购买力水平，主要包括网络市场上消费者的收入水平和支出结构以及他们的变化趋势。

3. 网络营销的基本环境及其发展趋势

在选择网上目标市场时，企业还应考虑网络营销的基本环境及其发展趋势，这些主要包括进行网络营销的基础设施、技术水平、支付手段及相关法律法规等。

（二）微观因素

微观因素是指影响网上服务及其顾客的能力过程的各种因素，包括企业本身及网络营销渠道企业、网络市场、竞争者和各种公众。

1. 企业的实力

企业的实力包括企业的设备、技术、资金等资源状况和营销能力等。一般来讲，大型企业的实力比较雄厚，资金多，原材料比较充足。所以有条件采用无差异市场策略和差异性市场策略。反过来，如果企业没有这个实力，就适合把力量集中起来专攻一个或两个市场。我国的中小企业比较适用集中性市场策略。

2. 产品的自然属性

产品的自然属性是指产品在性能、特点等方面差异性的大小，以及产品特性变化的快慢。如汽油、钢铁、原料，长期以来没有太大的变化，这类商品适宜采用无差异营销策略。反之，特性变化快的商品，如服装、家具、家用电器等，则适合采取差异性或集中性市场策略。

3. 市场差异性的大小

市场差异性的大小即市场是否“同质”。如果市场上所有顾客在同一时期偏好相同，对营销刺激的反应也相近，则可视为“同质市场”，适宜采用无差异营销策略；反之，如果市场需求的差异性较大，则为“异质市场”，宜采用差异性或集中性市场策略。

4. 产品所处的经济生命周期的阶段

一般情况下，新产品在试销期和成长期较适合于采用集中性市场策略或者无差异营销策略，到了成熟期，一般适合采用差异性市场策略。

5. 竞争对手状况

一般来说，企业的目标营销策略应该与竞争对手有所区别，反其道而行之。假如竞争对手采用的是无差异营销策略，以一种产品来供应所有的消费者，在这种情况下，要想打进市场，仍采用同一种策略就很难成功，所以应当采用差异性或集中性市场策略。当竞争对手已经采取差异性市场策略时，那么就不宜采用无差异性市场策略。当然，这些只是一般原则，并没有固定模式，营销者在实践中应根据竞争双方的力量对比和市场具体情况灵活抉择。

6. 物流渠道

企业在选择目标市场时，应当考虑传统市场上与自己相关联企业的状况，尽可能与这些企业密切配合，尤其是物流渠道的实力和效率，关系到企业整个营销工作的成败。

第四节　网上市场定位

网络营销目标市场确定后，企业必须进行市场定位，目的是为本企业及产品在网络市场上树立鲜明形象，显示一定特色，并争取在目标市场上给本企业产品做出具体的市场定位决策。

一、网上市场定位的概念

网上市场定位是指针对竞争者现有产品在网络市场上所处的位置，根据消费者或用户对该种产品某一属性或特征的重视程度，为产品设计和塑造一定的个性或形象，并通过一系列营销活动把这种个性或形象强有力地传达给顾客，从而确定该产品在网络市场上的适当位置。

在市场营销过程中，市场定位离不开产品和竞争，因此市场定位、产品定位与竞争性定位三个概念经常交替使用。市场定位强调的是企业在满足市场需要方面，与竞争者比较，应当处于什么位置，使顾客产生何和印象和认识；产品定位是就产品属性而言，企业与竞争对手的现有产品，应在目标市场上各自处于什么位置；竞争性定位则突出表现在目标市场上，和竞争者的产品相比较，企业应当提供何种特色的产品。三个术语在实质上是从不同角度认识同一事物。

网上目标市场决策决定了一家企业的顾客和一批竞争对手，网上市场定位则进一步限定了这家企业的网上顾客和竞争对手。网上市场定位还有利于建立企业及其产品的市场特色。在现代社会，同一市场上有许多同一品种的产品出现的情况大量存在，由此给这些产品的生产厂家和经营者造成严重的威胁。企业为使自己生产或经营的产品获得稳定的销路，防止被竞争者产品所替代，唯有从各方面为其产品培养一定的特色，树立一定的市场形象，以求在顾客心目中形成一种特殊的偏爱，也就是进行市场定位。

商品经济的发展，日趋激烈的竞争，企业想让顾客在浩如烟海的产品中找到自己的产品，购买自己的产品，首先要有一定的特色，要与竞争者的产品有所差别，要培养顾客的忠诚度。可以预测，随着电子商务的发展，网络营销的关键之一也在于市场定位。

在营销策略中，营销组合策略是非常重要的内容。然而，定位是在它的前面的，只有定位的问题解决之后，企业才能决定营销组合是什么。营销组合的各个方面必须与定位策略相互配合。

二、网上市场定位步骤

网络市场定位的关键是企业要设法在自己的产品上找出比竞争者更具有竞争优势的特性。竞争优势一般有两种基本类型：一种是价格竞争优势，就是在同样的条件下比竞争者定出更低的价格。这就要求企业采取一切努力来降低单位成本；另一种是偏好竞争优势，即能提供产品或服务的特色来满足顾客的特定偏好。这就要求企业采取一切努力，突出产品特色。因此，企业市场定位的全过程可以分为以下 3 个步骤。

（一）分析网络目标市场的现状，确认本企业潜在的竞争优势

这一步骤的中心任务是要回答 3 个问题：竞争者的定位状况；目标顾客对产品的评价标准；目标市场潜在的竞争优势。

要回答上述问题，企业市场营销人员必须通过一切调研手段，系统地设计、搜索、分析并报告有关上述问题的资料和研究结果。通过对以上问题的回答，企业就可以从中把握和确定自己的潜在竞争优势在哪里。

（二）准确选择竞争优势，对网络目标市场初步定位

竞争优势是企业能够胜过竞争对手的能力。这种能力既可以是现有的，又可以是潜在的。选择竞争优势实际上就是一家企业与竞争者各方面实力相比较的过程。比较的指标应是一个完整的体系，只有这样，才能准确地选择相对竞争优势。企业通过与竞争者在产品、促销、成本、服务等方面的对比分析，可以了解自己的长处和短处，从而认定自己的竞争优势，进行恰当的网上市场定位。网上市场定位的方法很多，一般包括 7 个方面。

一是特色定位。从企业和产品的特色上加以定位。

二是功效定位。从产品的功效上加以定位。

三是质量定位。从产品的质量上加以定位。

四是利益定位。从顾客获得的主要利益上加以定位。

五是使用者定位。根据使用者的不同加以定位。

六是竞争定位。根据企业所处的竞争位置和竞争态势加以定位。

七是价格定位。从产品的价格上加以定位。

（三）显示独特的竞争优势和重新定位

这一步骤的主要任务是企业通过一系列的宣传促销活动，将其独特的竞争优势准确地传播给潜在顾客，并在顾客心目中留下深刻印象。为此，企业首先应使目标顾客了解、知道、熟悉、认同、喜欢和偏爱本企业的市场定位，在顾客心目中建立与该定位相一致的企业形象。其次，企业通过各种努力强化目标顾客形象，增进对目标顾客的了解，稳定目标顾客的态度和加深目标顾客的感情来巩固与市场相一致的形象。最后，企业应注意目标顾客对其市场定位理解出现的偏差或由于企业市场定位宣传上的失误而造成的目标顾客模糊、混乱和误会，及时纠正与市场定位不一致的形象。

企业的产品在市场上定位即使已经很恰当，但在遇到下列情况时，还应考虑重新定位。

第一，竞争者推出的新产品定位于本企业产品附近。此种情况侵占了本企业产品的部分市场，使本企业产品的市场占有率下降。

第二，消费者的需求或偏好发生了变化，使本企业产品销售量骤减。重新定位是指企业为已在某市场销售的产品重新确定某种形象，以改变消费者原有的认识，争取更为有利的市场地位的活动。例如，某日化厂生产婴儿洗发剂，以强调该洗发剂不刺激眼睛来吸引有婴儿的家庭。但随着出生率的下降，销售量逐渐减少。为了增加销售，该企业不得不将产品重新定位，强调使用该洗发剂能使头发松软有光泽，以吸引更多、更广泛的购买者。重新定位对于企业适应市场环境、调整市场营销战略是必不可少的，通常可以视为企业的战略转移。重新定位可能导致产品的名称、价格、包装和品牌的更改，也可能导致产品用途和功能上的变动，所以企业必须考虑定位转移的成本和新定位的收益问题。

三、网上市场定位策略

（一）“针锋相对式”定位

把企业的产品或服务定位在与竞争者相似或相近的位置上，同竞争者争夺同一细分市场。实行这种定位策略的企业，必须具备以下条件：能比竞争者提供更好的产品和服务；该市场容量足以吸纳两个以上竞争者的产品和服务；比竞争者有更多的资源和更强的实力。不过这种定位，产品和服务的市场进入难度很大，需要一定的时间，因此在定位前一定要经过周密的网络市场分析与预测。

（二）“填空补缺式”定位

企业寻找市场上尚无人重视或未被竞争对手控制的位置，使自己推出的产品能适应这一潜在目标市场的需要的策略。例如，腾讯公司推出的“移动 QQ”服务，开创了移动通信与互联网的合作新领域。

这种策略通常适用于两种情况：一是部分潜在市场，即营销机会没有被发现，在这种情况下企业容易取得成功；二是许多企业虽然发现了这部分潜在市场，但无力去占领，需要有足够的实力才能取得成功。

（三）“另辟蹊径式”定位

当企业意识到自己无力与强大的竞争者相抗衡时，可以根据自己的条件取得相对优势，即突出宣传自己与众不同的特色，在某些有价值的产品和服务上取得领先地位，与竞争者划清界限。例如，七喜汽水之所以能成为美国第三大软性饮料，就是由于采用了这种策略，宣称自己是“非可乐”型饮料，是代替可口可乐和百事可乐的消凉解渴饮料，突出其与两“乐”的区别，因而吸引了相当部分的两“乐”品牌转移者。

（四）比附定位

比附定位就是比拟名牌、攀附名牌以此来给自己的产品定位，以借名牌之光而使自己的品牌生辉。比附定位的主要办法有以下 3 种。

1. 甘居“第二”

就是明确承认本门类中另有最盛名的品牌，自己只不过位居第二而已。这种策略会使人们对企业产生一种谦虚诚恳的印象，相信企业所说是真实可靠的，这样自然而然地使消费者能记住这个通常不易进入人们心中的品牌。

2. 攀龙附凤

首先是承认同一门类中已有卓有成就的名牌，本品牌在某地区或在某一方面可与这些最受顾客欢迎和信赖的品牌并驾齐驱、平分秋色。例如，内蒙古的宁城老窖，以“宁城老窖——塞外茅台”的广告来定位，就是一个较好的例子。

3. 奉行“高级俱乐部策略”

就是企业如果不能取得第一名或攀附第二名，便退而求其次，采用此策略，以借助群体的声望和模糊数学的手法，打出入会限制严格的俱乐部式的高级团体牌子，强调自己是这一高级群体的一员，从而提高自己的地位形象。例如，可宣称自己是某某行业的三大企业之一、50 家大企业之一、10 家驰名商标之一等。

（五）属性定位

根据特定的产品属性来定位。例如，广东客家酿酒总公司生产的客家娘酒，把其定位为“女人自己的酒”，突出这种属性，对女性消费者来说就很具吸引力。因为一般名酒酒精度都较高，女士们多数无福享受。而将客家娘酒定位为女人自己的酒，就塑造了一个相当于“XO 是男士之酒”的强烈形象，不仅可在女士们心目中留下深刻的印象，而且会成为不能饮高度酒的男士指名选用的品牌。

（六）利益定位

根据产品所能满足的需求或所提供的利益、解决问题的程度来定位。例如，中医药健康养生旅游定位为“养生”；韩国美容旅游定位为“美容”。这些定位都能吸引一大批顾客，能够满足他们的特定要求。

这里应当指出的是，企业提出一个好的定位策略远比执行这个策略要容易得多，因为发展一种定位或改变一种定位通常需要旷日持久的努力，而相反，花费多年时间发展起来的定位可能很快毁于一旦。因此，当企业建立一种理想的定位后，必须通过持久的业绩和不断的沟通来维持这一定位，密切监控且随时间的推移而修正这一定位，以适应网上市场需求和竞争者策略的改变。企业必须避免过急的定位转变，以免顾客困惑。产品的定位必须随着经常变化的网上市场营销环境而逐渐加以演变。

学习导航

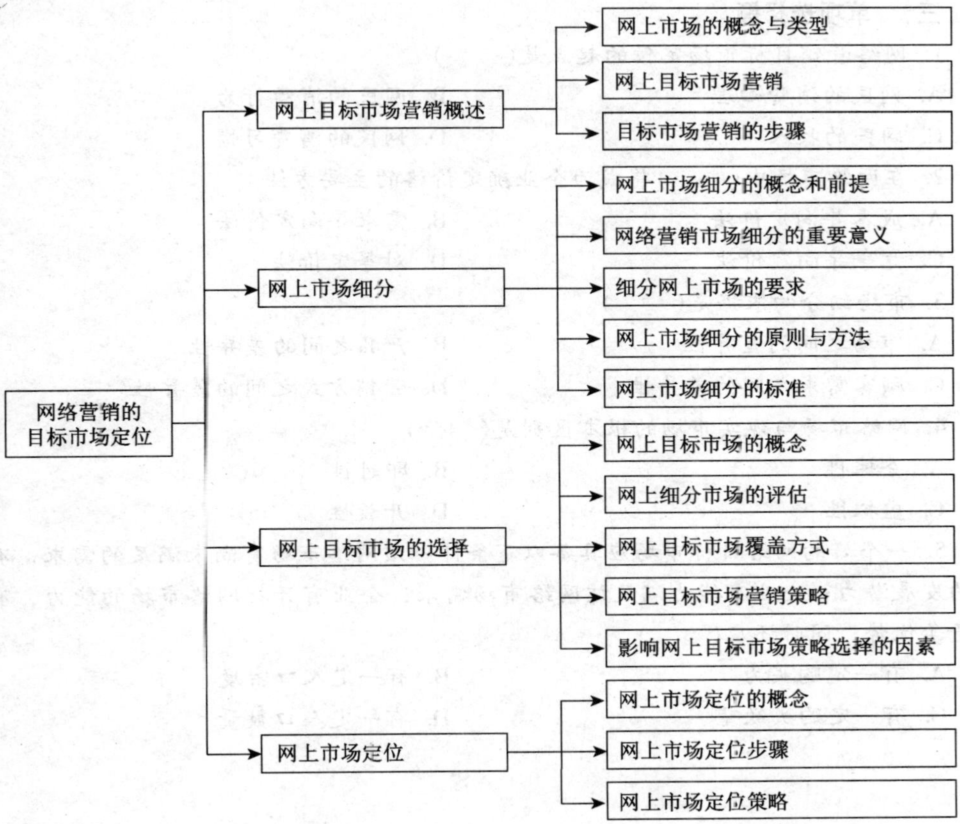

自测题

一、 名词解释

1. 网络营销市场细分
2. 网上市场定位
3. “针锋相对式” 定位
4. “另辟蹊径式” 定位

二、 判断题

1. 市场细分研究的目的就是为客户找到并描述自己的目标市场，确定针对目标市场的最佳营销策略。（　　）
2. 消费者消费主动性的增强来源于现代社会竞争的加剧。（　　）
3. 动机是激励人们行为的原因。（　　）
4. 网络购买过程的起点是满足需求。（　　）
5. 消费者对其购买产品满意与否直接决定着以后的购买行为。（　　）

三、 单项选择题

1. 网络营销目标市场定位的起点是(　　)。

A. 网民的消费心理　　B. 网民的消费行为
C. 网民的收入　　D. 网民的消费习惯

2. 在网络市场中(　　)将成为企业确定价格的主要方法。

A. 成本导向定价法　　B. 需求导向定价法
C. 竞争导向定价法　　D. 对等定价法

3. 市场细分的依据是(　　)。

A. 市场之间的差异性　　B. 产品之间的差异性
C. 顾客需求之间的差异性　　D. 营销方式之间的差异性

4. 网络市场与现实市场的根本区别是(　　)。

A. 全球性　　B. 即时性
C. 虚拟性　　D. 开放性

5. 一个好的网络目标市场应具备以下条件：该网络市场有尚未满足的需求，有一定的发展潜力；企业有能力满足该网络市场需求；企业有开拓网络市场的能力，有一定竞争优势；同时还应(　　)。

A. 有一定购买力　　B. 有一定人口密度
C. 有一定购买欲望　　D. 有一定人口数量

四、 多项选择题

1. 网络营销市场细分的原则包括(　　)。

A. 可衡量性原则　　B. 相对稳定性原则

C. 可占据性原则　　D. 随机性原则

2. 一般而言，网上细分重要变量有(　　)。

A. 地理变量　　B. 人口统计变量

C. 心理变量　　D. 行为变量

3. 市场覆盖策略有(　　)。

A. 单一细分市场覆盖策略　　B. 选择性的专业化覆盖策略

C. 市场专业化覆盖策略　　D. 全面覆盖策略

4. 有效市场细分需具备的特点是(　　)。

A. 可测量性实体　　B. 可赢利性效用

C. 可进入性集合体　　D. 可区分性劳动产物

E. 可行动性

5. 影响每个细分市场的竞争因素有(　　)。

A. 细分市场内竞争者的挑战　　B. 供应商和消费者议价的能力

C. 替代产品　　D. 潜在进入者的威胁

五、 简答题

1. 网络市场与传统市场的差异是什么?
2. 网络营销市场细分的作用有哪些?
3. 网络营销所定位的目标市场，应具备什么条件?
4. 网络营销市场细分的重要意义。

六、 讨论题

1. 目标市场营销包括哪几个相互关联的过程?
2. 讨论网络市场特征及发展前景。
3. 讨论网络市场定位的依据和思路。

实训

1. 登录中国互联网络信息中心，下载相关调查报告，了解网上消费者在各地的分布情况，了解你所在的城市或地区中网民的数量，就你所在的城市或地区进行分析和估计，进而判断电子商务类企业的网上目标市场的规模。

2. 登录戴尔公司的中文网站（http：//www. dell. com. cn），分析戴尔公司网站在中国市场的细分与定位策略。

3. 假设你目前是一家品牌酒店的市场部经理，负责网络市场营销的工作，现公司已经完成网站的建设，请对当前中国网上酒店预订市场进行分析，提出应采取的网上市场策略。

小组任务

1. 学生们每6个人一组，分别登录香格里拉、君澜、开元、汉庭、如家快捷、锦江之星等酒店网站，分析各个网站都使用了哪些目标市场营销战略，最后写出调查报告。

2. 学生们每4个人一组，分别进入综合服务类网站（如搜狐、网易、新浪等）和商务类网站（如义乌购网站等），分析这些网站的目标市场分别是什么，最后写出调查报告。

第五章

网络营销策略

我国与网络营销相关的职业资格目前主要有中国电子商务协会电子商务职业经理认证管理办公室和中国电子商务协会网络营销专业委员会联合推出的网络营销经理资格认证。网络营销经理职业资格认证按等级划分为助理网络营销经理、专业网络营销经理、高级网络营销经理三个层次。学员经中国电子商务协会统一培养、统一考核、统一认证认可，需具备网络营销专业领域市场分析能力、信息处理能力、文字表达能力、客户体验能力、网页设计能力、网站推广能力、搜索引擎营销能力、网络贸易能力、组织协调能力、评估调整能力。

学习目标

1 了解网络营销产品的有关知识。

2 理解并会应用网络营销产品策略和顾客服务策略。

3 了解网络定价的特点、网络营销低价的基础。

4 掌握网络营销定价的基本方法和策略、网络营销的免费策略和动态策略。

5 了解网络营销渠道的特点和功能，掌握建设网络营销渠道的基本知识。

案 例

当当网的营销策略

当当网目前已经成为全球最大的中文网上图书音像商场，面向全世界中文读者提供30多万种中文图书和音像制品，每天为成千上万的消费者提供方便、快捷的服务，并为之带来极大的实惠。当当书店的商业活动主要表现在网络营销活动上。它工作的中心就是利用互联网吸引消费者购买它的商品，同时树立企业良好的形象。

当当书店的产品策略主要包括：对产品进行科学的分类；及时公布新产品；统计各类产品最近（本周或者本月或者近60天）的销售情况。这样不仅可以使消费者根据自己的需要很快地查找产品，而且可以浏览到最新的产品，同时可以知道最近在书店里热卖的是哪些产品。

此外，当当书店还采用了折扣价格策略。所谓折扣价格策略是指企业为了刺激消费者增加购买，在商品原价格上给予一定的折扣，而且在网站上列出商品的市场价格和当当书店的价格，这样使消费者可以感受到折扣的大小。当当书店通过扩大销量来弥补折扣费用和增加利润。当当书店对大多数商品都给予了相当低的折扣，还推出购买产品“最高省50%”等折扣。

案例分析

当当书店主要使用了以下几种促销方案：搜索引擎促销、网上赠品促销、积分促销和网上打折促销。当当网成功的网络营销离不开它建立起来的成熟完善的营销渠道，主要表现在货款支付渠道和物流送货渠道两个方面。

在传统市场营销理论中，企业通常将各种营销手段进行搭配和组合，从而达到良好的营销效果。这种搭配组合的方法被称为营销策略。在营销策略理论中，以美国营销大师杰罗姆·麦卡锡提出的4P理论最为著名，该理论包括产品策略（Product）、价格策略（Price）、渠道策略（Place）和促销策略（Promotion）。4P理论如图5-1所示。

图5-1 4P理论

产品是指企业为顾客提供的产品或服务。产品策略是4P理论的基础，企业的形象、利润、发展等所有的一切都能从产品上得以体现。产品策略具体内容包括新产品的开发、产品品牌的制定等。

价格是指顾客获得产品所必须支付的货币。价格策略就是企业如何为自己的产品制定合适的价格，且该价格必须保证企业的赢利和未来的发展。

渠道是指产品从生产者到最终顾客所经过的环节和通道，这其中包括了大量的批发商、代理商、零售商等。合理的渠道策略不仅可以最有效地把产品及时地提供给顾客，而且能够降低企业的营销费用。

促销是指企业通过各种活动向顾客宣传自己的产品，促使其购买的过程。促销策略的作用是引起顾客对产品的注意和兴趣，激发他们的购买欲望，并最终实现其购买行为。

网络营销是在传统营销的基础上发展起来的，因此，传统营销策略仍然适用于网络营销，4P策略依然是网络营销中的基本策略。但在网络营销中，网络起到了一个很重要的作用，提高了消费者在整个营销过程中的地位。由于网络具有双向互动的特性，因而使得消费者能够真正参与到整个营销过程中来，极大地增强了消费者参与的主动性。此外，网络还加强了消费者进行选择的主动性，因为网络上具有丰富的信息，消费者有了很大的选择空间，对企业来说，就必须以满足消费者需求为出发点，否则消费者就很有可能会选择其他企业的产品。

第一节　网络营销产品策略

由于互联网本身具有的一些属性和网络营销的一些特殊要求，网络营销的产品与传统产品之间存在一定差异。在网络营销环境中，企业与消费者之间的互动性大大增强了，消费者可以通过互联网参与产品的开发设计，把自己关于产品的真实想法告诉企业，企业则按照消费者的独特需要生产产品。例如，携程网，通过互联网销售旅游产品，他们的特点就是允许旅游消费者在公司的主页上选择和组合产品，公司则根据消费者的要求组织服务，并通过后台与酒店、航空售票公司进行确认。这种互动性的产品生产方式是传统营销时代很难想象的。正是由于消费者在产品营销中的作用越来越显著，网络营销产品的概念、形式及营销策略与传统营销相比都发生了变化。

一、网络营销产品概述

（一）网络营销中产品的概念

在网络营销中，产品的整体概念可分为以下5个层次。

1. 核心产品

核心产品主要指产品能提供给顾客最核心的使用价值，消费者的绝大部分需求是由该层满足的，也就是说消费者购买产品最主要是为了满足某种需求。例如，消费者购买空调是为了调节室内气温，购买 MP5 是为了娱乐等。在网络营销中，企业设计和开发产品的核心价值应从消费者的角度出发，利用网络的互动性积极与消费者交流，找到他们最想要的核心价值，从而开发出符合消费者需求的产品。

2. 形式产品

形式产品主要指产品的外观式样、包装、商标、质量等。这些都是消费者购买产品时第一时间接触到的，会影响到消费者对产品的第一印象，从而影响其购买决策。在网络营销中，消费者不能像传统营销那样，亲身接触到产品的外观和实体，而是首先接触到网络信息。但无论网络提供的信息多么翔实，都无法替代消费者亲身接触产品时的真实感受，这会使消费者非常谨慎地做出购买决策。尤为重要的是，当消费者对通过网络购买的产品感到不满意后，就可能放弃这种购买方式。

3. 期望产品

期望产品指顾客在购买一件产品前常会希望该产品的质量、特点等是什么样的。在网络营销中，消费者处于主导地位，不同消费者对产品的要求不同，因此企业必须根据消费者的希望来生产产品。这就要求企业通过网络充分与消费者交流，根据他们的需要调整自己的产品设计、生产等环节。

4. 附加产品

附加产品指顾客购买产品的同时又能免费得到其他的和该产品有关的服务，一般包括产品的安装、送货、售后服务等。

5. 潜在产品

潜在产品指顾客购买产品不只是得到了该产品，而且还会得到一些未来的服务等。例如，现在大多数软件商为消费者提供免费的软件升级服务，或是可以以优惠价格购买同一公司的其他软件或产品。著名的杀毒软件厂商金山公司就是通过在其公司网站上提供免费的升级软件包而吸引了大量消费者的。

（二）网络营销中产品的分类

由于网络营销是在虚拟市场上进行的，消费者往往接触不到实际的产品，因而对网上销售的产品提出了特定的要求，并不是所有的产品都适合在网上销售。适合在网上销售的产品一般在产品的质量、样式、品牌和包装等方面的要求和传统销售的产品有所不同。通常情况下，把网上销售的产品分为有形产品和无形产品两类。

1. 有形产品

有形产品是指有具体物理形状的物质产品，如日用品、家电、图书、鲜花等。消费者购买这些实体产品时通常需登录卖方的主页，通过填写表格表达自己对品种、质量、价格、数量的选择；而卖方则将传统面对面的交货方式改为邮寄产品或送货上门。这里值得注意的是，贵重物品并不适宜在网络上销售，因为许多人对昂贵的产品总是心存顾虑，而不愿仅通过网络就做出购买决定。

2. 无形产品

无形产品是指该产品在现实生活中是看不见、摸不着的，产品本身的性质和性能需要通过其他方式才能表现出来。在网上销售的无形产品一般也可以分为两大类，即软件和服务。对于软件产品来说，企业通常采用两种方式销售：一是直接由消费者从网上下载，如消费者可以从网上直接下载 MP3 歌曲、杀毒软件等；另一种方式是将无形产品有形化，也就是说将这些软件刻录成光盘，再加以包装通过邮寄等方式送达消费者手中。服务产品通常有普通服务和信息咨询服务两类。普通服务通常包括航空、火车订票、远程医疗等；而信息咨询服务包括法律咨询、股市行情咨询、电子报刊等。目前网上开展服务的商家非常多，经营航空、火车订票等服务的携程网就是其中的一个代表，该网站能够为旅客提供最新的旅游酒店预订、车票打折信息服务等。

二、网络营销的产品策略

一个准备通过互联网扩大自己产品市场的生产企业通常最关心的问题是：到底什么样的产品才适合通过网络走向世界？是不是所有的产品都可以利用网络营销这种方式？从理论上来说，所有的产品都能够应用网络营销这种方式，但要结合企业的网络营销目标和产品策略的具体运用。在网络营销的环境下，传统的产品策略开始发生变化，逐渐演变为满足用户需求的营销策略。相对而言，网络上的产品推广比起传统营销，成本更为低廉，效果更好。在销售方面，网络营销也有一些不利之处，产品的质量、包装、直观感等都不易于被察觉到，这就决定了网络营销的产品策略与传统营销的产品策略有所不同。

（一）网络营销产品选择策略

当前，相当多的在线商店以有形产品为主要商品进行销售。鉴于在网络上销售有形产品必须考虑增加配送成本的问题，因此，选择适合的有形产品是非常重要的。按产品信息化的难易程度，利用网络信息优势的不同方式，适合上网销售的商品大体上分为以下 6 种。

1. 信息和媒体商品

这种商品的实质就是信息的传递，采取网络销售可将其内容数字化，直接在网上以电子流通方式传递给顾客，而不再需要某种物质形式和特定的包装，从而大大节约了社会资源。因此，这类商品可以充分利用网络信息传递的低成本和高效率进行销售。例如，电脑游戏、应用软件、电子刊物等。

2. 需求高度个性化的商品

以电脑为例，不同的人由于文化素质、偏好、使用目的的不同而对电脑的配置和服务要求有所不同。在传统的销售方式下，产品和服务一般在消费者提出具体的购买要求之前，就已经设计好并制造出来，消费者无法按照自己的特殊需要对产品和服务提出任何要求；而采取网上销售，则可以使买卖双方通过网络进行双向沟通，真正实现"量身定做"。

3. 独特的商品

网络上的信息传递有一种被称作"涡旋效应"的现象，即如果某种商品被发现有超人之处，购买者常常会蜂拥而至，而这些购买者的到来在短短的时间内又会吸引更多的购买者前来。因此即使是默默无闻的小公司，如果产品够独特，高人一筹，由于网上信息传递的广泛性和迅速性，也会使产品消息在一夜之间被全世界知晓，从而带来巨额销售，如创新产品或地方特产等。

4. 购买目标不明确和搜寻成本较高的商品

由于人们掌握的信息有限，不了解市场上的情况，因而在很多时候不能准确地把握自己的购买目标。例如，想学习证券投资，却不知道应该买哪本书，或者知道了某一本书比较好，却又不知道该到哪里去买，所以只好各家书店跑或者打电话查询。经济学上把这种耗费的时间和金钱称为搜寻成本。在网络销售出现之前，搜寻成本有时甚至远远高于购买商品本身的支出，造成很大的资源浪费。而在网上购买这类商品，由于网络上信息的集成性，使降低搜寻成本成为可能，如购买书籍等。

5. 名牌日用消费品

根据消费心理学家的研究，消费者在进行网上购物的过程中，做购买决策时所考虑的品牌数一般只有 3 ~4 个，这意味着只有少数几个品牌才会真正成为消费者的选择重点。相比一般品牌，知名品牌更能够吸引消费者较多的注意力，进入消费者选择范围的可能性自然较大。例如，名牌家电、名牌化妆品等。

6. 适合竞价的商品

在这类商品的交易过程中，由于购买执行人员（如采购员）缺乏有效监督，或者由于购买者对产品价格和性能缺乏了解，因而没有哪位采购者能够保证能以最合适的价格买到所需要的商品。而在网上，一切都是拍卖对象，客户可以凭借网络和最新的信息技术轻轻松松地货比三家，从中找到最合适的卖主，同时买主还可以叫价，直到达成自己可以接受的价格为止。在网上进行这类商品交易，还可以使生产商成本降低。例如，原材料、汽车等。

（二）网络营销产品组合策略

产品组合是指企业卖给消费者一组产品，包括一大类产品中的各种不同品种、价格的产品。企业通常将各种功能相似、用处相同的、有关联的产品放在一起销售。不过，产品组合也需要一定的策略，传统的产品组合策略也同样适用于网络营销中。具体来说，包括收缩策略、扩张策略、高档化策略、低档化策略等。

1. 产品组合的概念

产品组合是指网络营销企业向网络目标市场所提供的全部产品或业务的组合或搭配。

2. 产品组合策略

产品组合策略通常包括以下几种。

（1）收缩策略。简单来说，收缩策略就是企业减少经营的产品种类，缩小经营范围。该策略通常是在市场环境不好，或企业经营状况不景气等情况下采用，目的是降低经营成本，减少支出。如雅虎中国在新浪和网易、搜狐等门户网站的竞争下决定实行收缩战略，于2021年11月宣告退出中国市场，用户无法从中国大陆使用雅虎的产品与服务。

（2）扩张策略。扩张策略刚好和收缩策略相反，是指企业增加经营的产品种类，扩大经营范围。如亚马逊公司在稳稳占领了图书这个主营商品市场后，开始增加新的经营品种，其业务范围已经从图书成功地拓展到其他利润丰厚的商品中去。1998年11月，亚马逊开通了音像和礼品商店，商品从游戏盘、索尼随身听到手表和芭比娃娃，无所不有。1998年年底，亚马逊以2.8亿美元并购了两家拥有网络新技术的公司，以协助其扩展网络营销业务。

（3）高档化策略。高档化策略是指企业在产品组合中增加一些质量好、价格高的高档产品，这主要是针对有强大消费能力的富裕阶层，以此提高企业整体的形象，给人们一种高贵的感觉。如国际体育用品巨头耐克、阿迪达斯与国内体育用品公司李宁、安踏等相比，采用的就是高档化策略，针对高端客户群，推出一系列价格上千元的运动产品，成功树立了高端企业形象。

（4）低档化策略。低档化策略和高档化策略刚好相反，企业在产品组合中增加一些价格较低的产品，这样可以吸引经济条件一般的消费者，以扩大企业的生产规模。例如，总资产和年销售额都创造过世界第一的美国通用汽车公司，在其网站上不仅销售新车，同时还提供旧车交易。购二手车可进入标有"经GM认可确保质量的二手车"字样的网页进行选择。此举如今已被其他厂商效仿，纷纷利用各自的网站进行旧车交易。

（三）产品品牌经营策略

所谓品牌，是指生产者给自己的产品规定的商业名称，通常由文字、标记、符号、图案和颜色等要素或这些要素的组合构成，用作一个生产者或生产者集团的标识，以便同竞争者产品相区别。

在网络虚拟环境下，品牌十分重要。因为网络上买家与卖家并不见面，顾客对自己所需要的产品，不能摸、不能试，没有直观感受，这样就要求卖家保证自己的声誉，能够让买家放心地购买其产品，而品牌的塑造无疑是让买家放心的最好办法。例如，微软和戴尔等一些公司都是网上营销的著名品牌。一般来说，品牌策略在产品策略中占有极其重要的地位。

1. 网络品牌的建立策略

网络品牌的建立通常有以下几种方式。

（1）向传统媒体投放广告。越来越多的企业开始利用电视、杂志、报纸、户外标牌广告等传统广告形式树立品牌形象，使消费者在上网前就接受其宣传的品牌。如淘宝网，在为其网站进行品牌宣传时，为了达到最佳的宣传效果，在电视、报纸、公交车、户外广告栏等处投入了大量的广告，使得其网站被许多人知晓。

（2）借助原有的品牌优势。在现实中已经建立良好品牌的企业在建立网络品牌时通常会借助原有的品牌优势，这样更容易让消费者接受。如联想集团的品牌“Lenovo”本身在国内外就享有很高的声誉，因此，其网站就有了很好的品牌基础。而通用汽车公司建立自己的网站后，在最初的24小时中访问量就达到30万人次。

（3）以自己经营特色创建品牌。如亚马逊在建立自己的品牌后，不断地扩大其经营范围，销售礼品、CD和音像制品，并在CD的销售方面超过了对手，成为网上最大的CD销售商。

2. 网络品牌的经营管理策略

网络品牌的经营和管理是非常有必要的，网民通常通过品牌去识别网站。如新浪网有好的新闻信息、盛大网有好的游戏、百度网有好的搜索引擎等。而一个好的品牌不是一天造就的。想要成为网上的“迪士尼”，需要长期不断地与网民进行积极沟通、建立互动，用心经营管理品牌，只有这样才能在瞬息万变的网上世界保持经久不衰。一般来说，建立和推广网络品牌的主要途径有以下几种：

（1）企业网站中的网络品牌建设。

（2）电子邮件中的网络品牌建设和传播。

（3）网络广告中的网络品牌推广。

（4）搜索引擎营销中的网络品牌推广。

（5）用病毒式营销方法推广网络品牌。

（6）提供电子刊物和会员通信。

（7）建立网络营销导向的网络社区。

3. 网络品牌的保护策略

随着越来越多的企业在互联网上建立网站，网络品牌的侵权、盗用等情况也开始不断出现。比如，一家公司在一个国家拥有该品牌，另一家公司则可能在另一个国家也拥有同样的品牌；不同行业的企业却使用着相同品牌；更有一些企业或个人抢先将现实中的品牌拿到互联网上注册，同时限制现实中该品牌的持有人在网络上使用该品牌。这对于一些大企业来说，其危害非常大。例如，美国广播公司不能使用“ABC. com”作为它的域名，因为该域名已经被芝加哥 ABC 设计公司注册。这在商标法中不可能产生这样的问题，因为易引起消费者混淆的相似商标不能共存。由于两个 ABC 公司不属于同一个行业，不会引起消费者对商品或服务来源的混淆，所以能使用相同的名称；但在网络上却只能有一家公司使用“ABC. com”这个域名。在当前各种形式的媒体相互融合、有线和无线广播公司迅速涌入互联网的形势下，ABC 这样的广播公司就处于不利的境地。对于被损害企业来说，不但损失商业利润，而且有可能使自己的现实品牌形象受到损害。

因此，面对网络虚拟市场的环境，中国企业更应该珍惜自己历经几年甚至几十年培植起来的名牌产品。虽然这些品牌有的还不能跟国际著名商标相比，但终究是我国商品文化的精粹，是民族工业的瑰宝。企业应从战略的角度来认识和保护它。

（四）新产品开发策略

前面已经多次提及网络营销与传统营销最大的区别就在于网络营销中消费者的参与性更强，因此，网络营销中新产品的开发策略与传统营销环境下是有所不同的。网络营销可让消费者直接参与到新产品的开发过程中，以消费者为中心进行新产品开发。比如，盛大网络游戏公司开发的网络游戏“传奇”，先通过其网站向消费者推出测试版，消费者可以免费游戏，然后通过收集消费者的反馈意见及时改进完善游戏。此外，新产品开发还有以下几个具体的策略。

1. 创业策略

创业策略通常是指企业抓住市场机会开发出市场上原来并没有的产品。该策略是具有高风险性的新产品策略，需要敏锐的市场嗅觉、突出的创新能力，一般企业是很难做到这点的。而在网络时代，市场需求发生根本性变化，消费者的需要和消费心理也随之发生了重大变化。因此，如果有很好的产品构思和服务概念，则很容易获得成功。尤其是近几年来，通过互联网取得成功的网络英雄数不胜数，他们都是通过创业策略成功地做到了别人想不到的事情。例如，我国的专门为商人服务的网站阿里巴巴网，凭借其提出的独到的为商人提供免费中介服务的概念而迅速发展起来。

2. 紧跟策略

简单地说，紧跟策略就是企业紧跟本行业实力强大的竞争者，通过模仿竞争对手已成功上市的新产品、新思路来发展。实施这种策略的关键是紧跟要及时，要快速地获取竞争对手有关新产品开发的信息。而在互联网上，由于信息扩散的速度非常快，所以利用互联网迅速模仿和研制开发出已有产品对于企业来说也是一种风险小、成本低的策略。例如，体育运动品牌安踏在2008 年与阿迪达斯合作，成立了安踏·阿迪达斯体坛风云频道。

3. 防御策略

防御策略是企业为了保持现有的市场地位，不被竞争对手抢走市场而被迫跟进对手或者自己开发新产品等。这种策略在网络时代尤为明显。就拿国内竞争激烈的网上聊天市场为例，网上聊天由最早的纯文本聊天，发展到现在的视频、语音聊天，甚至包括一些游戏等，这与各家企业采取防御策略是不无关系的。因为如 QQ、微信等软件的服务商在看到竞争对手推出一项新业务（如视频）后便不得不迅速跟进，随即也推出这项业务，以避免失去大量的顾客。这就是防御策略。

小提示

网络经济条件下，消费者的需求和心理发生了较大的变化，如果能拿出全新的、可以称得上“全球首创”的产品构思或服务概念，即使没有资本，也可以凭借这一创新或创业计划获得成功。因为知识经济条件下的游戏规则是“知识雇佣资本”，许多风险投资正在寻找投资方向与项目。如阿里巴巴网站凭借其独到的为商人提供免费的中介服务的概念，使公司迅速成长起来。这种策略是网络经济条件下最有效的策略，因为网络市场只有第一，没有第二，是“赢家通吃”的市场。

三、网络营销产品服务策略

现代顾客需要的是个性化的服务，网络为顾客服务提供了全新概念的工具，即全天候、即时、互动。这些性质迎合了现代顾客个性化的需求特征。随着技术的进步，产品同质化现象越来越明显，企业为了取得竞争优势，将服务这一附加产品予以重点考虑。下面将具体介绍网络营销产品的服务策略。

（一）网络营销产品服务的作用

服务是企业围绕消费者需求提供的功效和礼仪，网络营销服务的本质也就是让消费者满意，而要让消费者满意的前提就是要满足消费者的需求。网络营销服务利用互联网的特性可以更好地满足消费者的需求。其作用一般包括以下几点。

1. 产品信息了解

网络时代的消费者需求呈现出个性化和差异化的特征，消费者为满足自己个性化的需求，通常需要全面详细地了解产品和服务信息，以寻求最能满足自己个性化需求的产品和服务。

2. 解决问题

消费者在购买产品或服务后，可能面临许多问题，为此需要企业提供相关的服务解决这些问题。消费者面临的问题主要是产品安装、调试和故障排除以及有关产品的系统知识等。一般情况下，在企业网络营销站点上，可以提供技术支持和产品服务以及常见问题解答（FAQ）。还可以建立虚拟社区，使消费者可以通过互联网向他人寻求帮助。

3. 接触公司人员

对于一些比较难以解决的问题，或者消费者难以通过网络营销站点获得解决方法的问题，消费者常常希望公司能提供直接支援和服务。这时，消费者需要与公司人员直接接触，向公司人员寻求意见和帮助，得到直接答复。

4. 了解全过程

消费者为满足自己的个性化需求，不仅仅是通过掌握信息来选择产品和服务，还要求直接参与整个产品的设计、制造和运送过程。个性化服务可以建立企业与消费者之间双向互动的密切关系。企业可以按照消费者的需求来进行产品的设计、制造、改进、销售、配送和服务。

（二）网络营销产品服务的特点

服务区别于有形产品的主要特点是其具有不可触摸性、不可分离性、可变性和易消失性。网络营销服务也具有上述特点，但其内涵却发生了很大变化，具体体现在以下几个方面。

1. 增强顾客对服务的感性认识

服务的最大局限在于服务的无形和不可触摸性，因此在进行服务营销时，经常需要对服务进行有形化处理，以增强消费者的体验和感受。

2. 突破时空不可分离性

服务的最大特点是生产和消费的同时性，因此服务往往受到时间和空间的限制。消费者为寻求服务，往往需要花费大量时间去等待和奔波。基于互联网的远程服务则可以突破服务的时空限制，如现在的远程医疗、远程教育、远程订票等服务都可以通过互联网来实现。

3. 提供更高层次的服务

传统服务的不可分离性使得消费者寻求服务受到限制，互联网可以突破传统服务的限制。通过互联网，消费者不仅可以了解信息，而且可以直接参与产品设计、制造、改进、销售、配送的整个过程，最大限度地满足消费者的个人需求。

4. 顾客寻求服务主动性增强

消费者通过互联网可以直接向企业提出要求，企业针对消费者的具体要求，借助互联网的低成本来满足消费者一对一服务的需求。

5. 服务成本效益提高

一方面，企业通过互联网实现远程服务，扩大了服务市场范围，创造了新的市场机会；另一方面，企业通过互联网提供服务，可以增强企业与消费者之间的联系，培养消费者的忠诚度，减少企业的营销成本费用。

（三）网络营销产品服务的步骤

在传统营销中需要考虑的仅仅是售后服务，而且服务目标相当有限，这是因为服务的对象只是已经购买产品的消费者，对于还没有购买产品的消费者来说则不能起到提高消费者价值的作用。因此，仅仅通过售后服务来提高营销效果是非常有限的。可见，要增加服务价值不能局限于售后服务，而要把服务扩展到企业营销的全过程中，即不仅要提供售后服务，而且要提供售前服务、售中服务。网络的互动性，使得企业能以前所未有的方式向消费者提供全方位的服务。

1. 售前服务

售前服务的主要功能是向消费者提供产品的详细信息，主要包括企业所经营的产品种类、主要性能、使用说明等。网络强大的互动式信息交流功能使企业可以向消费者充分展示产品的特性。例如，在网上的家具销售商城中，消费者不仅能看到家具的款式、颜色、价格、使用说明、生产厂家等信息，而且还可以进行个人风格的自我设计和定制，根据输入的房间大小、结构、背景色调等房间信息构造一种完全仿真的模拟空间，在此空间中，可以对家具进行任意摆放、配比，通过观看效果、比较在自己真实房间环境中的装饰搭配，从而达到一种整体的家居美化效果。

2. 售中服务

售中服务的主要目标是为消费者提供一个满意的购买经历。例如，为消费者提供产品资讯服务、导购服务，方便消费者快速地寻找自己需要的产品。对于一些可以信息化的产品，如唱片、游戏、图书等，则可以在网上试听、试玩、试看，这种体验式的服务方式比传统服务方式更能吸引顾客。

3. 售后服务

售后服务指企业帮助消费者解决在产品使用过程中出现的问题以及收集消费者反馈意见的一系列服务活动。消费者的不满往往产生于商品的使用过程中，如产品本身的故障、性能的不完备导致的消费者无法使用产品等情况；另外，由于消费者对产品缺少使用知识，不能使产品达到最佳状态时也会产生不满。消费者一旦产生不满，往往会转向购买竞争对手的产品。因此，售后服务就是要起到消除沟通障碍的作用。

第二节　网络营销价格策略

产品的销售价格是企业市场营销过程中一个十分敏感而又最难有效控制的因素，它直接关系着市场对产品的接受程度，影响着市场需求量即产品销售量的大小和企业利润的多少。

定价是最关键的时刻——所有的营销都聚焦于定价决策。由于网上信息的公开性和消费者易于搜索的特点，网上的价格信息对消费者的购买起着非常重要的作用。消费者选择网上购物，一方面是由于网上购物比较方便，另一方面是因为从网上可以免费获取大量的产品信息，从而可以择优选购。企业为了有效地促进产品在网上销售，就必须针对网上市场制定有效的价格策略。

一、影响定价的主要因素

在市场经济条件下，企业作为独立的生产者和经营者，可以自主地制订产品价格，因此，价格是营销组合的可控变量之一。但是，这种定价并不是随心所欲、不受任何限制的。价格的制订通常要受一系列内部因素和外部因素的影响和制约，其中，内部因素包括企业的定价目标、营销组合、生产成本等，外部因素包括市场特性、需求特点、竞争者特点、消费者心理特点和宏观环境特点等。

（一）影响企业定价的内部因素

定价目标是指产品的价格实现后企业应达到的目的。企业的定价目标要符合战略总目标，在企业战略总目标制约下形成，价格策略只是实现企业战略目标的手段之一。如企业的战略目标是“在青年学生市场上取得领导者地位”，为此，制定的具体经营目标是“未来两年中在该细分市场的占有率达到60%，销售额达1亿元，利润额为3000万元”。则该企业定价目标必然是扩大在学生中的销售额，企业的策略可能是在学生中实行价格折扣。

任何企业为实现战略目标，都要制定具体的经营目标，如利润额、销售额、市场占有率等，这些都对企业定价具有极其重要的影响，而商品每一可能的价格对企业利润、收入、市场占有率均有不同的意义。

不同企业的定价目标不同，同一企业在不同的营销阶段定价目标也可能不同。常见的定价目标包括以下几种。

1. 以获取利润为定价目标

利润是企业生存和发展的重要保证，是企业从事经营的直接动力和最终目的，许多企业都以获取利润作为定价目标。但是，由于企业的营销战略有差异，因而在追求利润的具体目标上也存在差异。

（1）以当期利润最大化为定价目标。为实现该目标，企业产品定价相对较高。选择该目标的企业要具备的前提条件有：产品供不应求；生产技术和产品质量在市场上处于领先地位，同行业中竞争对手力量较弱。企业如果不具备以上两个条件，盲目制订高价，不仅不能获得高利润，反而会影响产品销量，可能得不偿失。

（2）以获得合理投资报酬率为定价目标。合理的投资报酬率建立在社会平均成本和平均利润的基础上。一般情况下，企业产品在投产之前就要计算投资报酬率，确定达到某一报酬水平后才能投产。产品的价格就由企业成本加投资报酬率决定，一般价格适中。该目标通常是具有一定优越条件的大型企业追求的定价目标。

2. 以扩大销售量，提高市场占有率为目标

价格往往影响销售量，一般的规律是价格低则销售量高，因此为了追求扩大销售量，提高市场占有率，应该制订较低的价格，通过低价吸引消费者，吓退竞争者。

但是不同商品的价格高低对其销售量的影响是不同的，有的商品人们对其价格较敏感，价格低，人们将会较多地购买，如化妆品、时装、非生活必需品等；而另一些商品如果价格降低，却不会吸引更多的购买者，如大米、食盐、医药等。所以使用低价策略，必须认真研究产品的需求价格弹性和顾客消费心理。

3. 以竞争为定价目标

竞争是企业营销活动中不可避免的要素，但是不同行业的竞争态势不同，因此，企业定价时面临的竞争问题也不一样。

（1）以稳定价格，避免竞争为目标。在某些行业中往往有少数的几家企业垄断市场，为避免竞争，稳固地占领市场，保持长期经营活力，这些大企业常将价格稳定在一定水平上，而小企业为维持自身利益，也愿意追随大企业的价格，一般不轻易变动价格，否则，将极有可能遭到大企业的打击。

（2）以应对竞争为目的。竞争性强的企业常采取这种目标，在定价前先研究竞争对手的同类产品，比较质量和价格，然后从争取有利的竞争地位出发，制订高于或低于对手的价格。

4. 以维护企业形象为定价目标

每个企业都有自己的形象或定位，可能是物美价廉，可能是优质高价，这种形象是企业长期经营积累的结果，是企业的宝贵财富和无形资产，因此定价时必须考虑这种形象和定位，从企业全局的、长远的利益出发，配合营销组合的整体思路，以获取长期的、稳定的利润收入。如劳斯莱斯汽车，可谓名牌中的名牌，许多部件是手工制作的，精益求精，所以价格昂贵，价格高出其他普通汽车几十倍。公司实行订货制，其售卖权在公司。企业接到订单，首先要对顾客资格进行审查，然后决定销售三个系列中的哪一款，颜色越深越高级，代表顾客地位越高。其高昂的定价正是为了维护产品的高贵形象。

5. 以企业生存为定价目标

当企业经营陷入困境，大量商品积压、资金周转不灵，为了保持正常经营避免破产，不得不使用该定价目标，这种目标通常价格较低，甚至低于成本。因为较低的价格可以销售产品，获得资金，为企业争取转机提供保障。但是，这种生存目标只能是过渡性质的，最终会被其他定价目标所取代。

6. 产品成本

任何企业都不能随心所欲地制订价格，某种产品的最高价格取决于市场需求，最低价格取决于这种产品的成本费用。成本是企业定价的最低经济界限。从长期看，价格只有高于成本，才能以销售收入抵偿生产成本和经营费用，否则就无法持续经营。因此，成本因素是价格策略中重要的影响因素，企业只有具备成本优势，才能具有价格优势，从而在市场上获得较大的销售量和较大的利润额。

生产成本包括固定成本和变动成本，其中，固定成本是指总额不随产量变动而变动的成本，如厂房、机器设备、管理人员的工资等。但是，单位产品的固定成本随产量增加而降低。变动成本是指总额随着产量增加而增加的成本，如直接人工费、直接材料费等。只要生产技术条件不变，单位产品的变动成本是不变的。由以上分析可见，单位产品的成本是随生产量或销量变化的函数，即在一定范围内，企业产销量增加，单位产品的成本却呈下降的趋势。此外，成本还是经验的函数，随着工人生产技术的熟练程度的提高，管理人员的管理水平的提高，成本有降低的可能性。

价格、成本和销量三者之间关系密切，制订价格时应注意研究三者的联动性。企业在定价时还要注意单位商品的变动成本，在任何情况下，价格也不应低于产品的变动成本。

（二）影响企业定价的外部因素

1. 市场需求

市场需求对企业定价有着重要影响，反过来，价格变动又影响需求量，一般表现为价格提高，需求量降低，相反，价格降低，则需求量升高，这是供求规律作用的结果。产品的价格变动对需求量的影响程度称为需求价格弹性，其公式如下：

需求价格弹性系数＝需求量变动的百分比÷价格变动的百分比

该公式表示假如产品价格变动1%时将会引起的该产品需求量变动的百分比。不同产品的需求价格弹性不同，因此，制订价格时要考虑具体产品的需求弹性大小。产品的需求弹性通常用弹性系数表示，常见的有以下几种情况。

（1）需求缺乏弹性，即弹性系数＜1。表示价格有较大变动，而需求量变动不大，这样的商品适合制订较高价格。如一些生活必需品，虽然制订相对较高价格，但是需求量并不下降或下降有限，这样定价对企业有利。

（2）弹性系数＞1。表示价格如有较小幅度的变化将会引起需求较大幅度的变化，这样的商品适合制订较低价格，通过低价扩大销量，获得利润。很多非日常用品，价格下降一些，销量将会得到极大提高，我国汽车价格降低引发的需求热潮就是最好的例证。

2. 竞争状况

各行业不同的竞争状况影响到企业的定价能力。具体表现为以下几种。

（1）在完全竞争状态下，价格由供求关系决定，企业没有定价权，只是价格接受者，必须维持流行水准价格。

（2）在完全垄断状态下，一个行业只有一家企业，没有替代品，因而可以在法律允许的范围内制订一个较高的价格。

（3）在垄断竞争状态下，行业特点是既有垄断又有竞争，因为该行业的产品满足人们同一种需求且产品形式相同，因此彼此竞争。但是由于产品之间存在差别，各有特色，从而又导致了部分垄断的可能性，于是企业就可以根据人们对产品差异性的偏好程度制订价格。值得注意的是，所谓的“产品差异”既指实质性的不同，又指顾客心理上感觉之不同。一般来说，人们对产品之间的差别感受越强烈，则价格的变动对购买者的影响就越小，企业控制价格的能力就越强，换言之，顾客越偏爱某种产品特色，愿意支付的价格就越高。因此，在这种竞争环境下，企业短期内可以控制价格，定价的高度以顾客愿意为差异化支付的代价为限。但是从长期发展来看，价格仍然取决于供求关系，因为产品之间有替代关系，而且某种特色很容易模仿，使原有企业失去优势。如旅游厕所，光大集团的生态厕所的好评并不是来自精致装修、豪华设施，而是于细节之处用心。男厕位小便斗下方和男女蹲坐厕位背后的墙板，安装了除臭板材，除臭效果明显；坐便器和男厕小便器均采用挂壁式安装，不采用落地式安装，便于后期清洁；洗手位旁设置物台或者挂钩，置物台高于洗手盆边沿至少 30 厘米，减少沾湿概率。各处细节都从方便游人和市民使用的角度进行了重新设计。

（4）在寡头垄断状态下，几家大企业生产和销售了整个行业的大部分产品。由于竞争只在几家大企业之间进行，因而他们之间是相互依存、相互影响的关系，其中一家企业效益的好坏不仅取决于自己，同时又受制于竞争对手的反应。各寡头为达到利益均沾，防止两败俱伤，常就有关价格、销售数量、销售地区达成默契，形成默契价格。所谓默契价格，是指为避免协议价格受到法律干预和公众指责，每个寡头企业将自己的利益与行业利益结合起来，在相互摩擦中形成一个心照不宣的、公认的市场价格。此外，企业在制订价格时，总是要研究竞争者的相同产品的价格，通过比质比价，来制订本企业产品的价格。

3. 消费者对产品价格和价值的理解

最终评判产品价格是否合理的是消费者，因此，企业在定价时必须考虑消费者对价格的理解以及这种理解对购买决策的影响。换句话说，定价也需要像营销组合决策一样，以消费者为中心。消费者在选购时，总是要将价格同产品价值相比较，因此，了解消费者对产品价值的理解很重要。如果消费者认为产品价格高于其实际价值，就不会购买，所以企业定价时应当做到“物有所值”。

相反，有些产品标价太低却无法引起人们的购买兴趣，如奢侈品和炫耀性商品，人们通常借助这些商品表明自己的身份、地位，因此，过低的标价反而阻止了他们的购买。

4. 法律限制

企业制订价格要受到国家有关法律的限制，各个国家都制定了一些有关物价的政策法规，如我国《价格法》规定，凡属于政府定价的商品都明确规定了具体价格，属于政府指导价的商品，规定了基准价和浮动幅度，属于市场价格范围的商品则由企业自行定价。

二、网络营销定价的特点

由于网络技术在市场营销中的广泛应用，所以网络营销定价具有以下5个特点。

（一）全球性

网络营销面对的是全球市场，消费者可以在世界各地直接通过网站进行购买，而不用考虑网站是属于哪一个国家或地区的。这样就使定价出现问题，因为不同国家的货币、产品成本各不相同，仅仅使用本国的定价方法很难奏效。因此，企业通常在不同国家的市场建立地区性的网站。例如，达美航空公司专门在中国地区建立满足中国市场需要的中文网站（http：//zh. delta. com/），价格设计完全按照中国国情，如用人民币标价等。由于企业面对的是全球市场，因此必须实行符合各国国情的价格策略。

（二）低价性

对于消费者来说，由于网络沟通的费用较低，除了基本的上网费用外，一般不需要支付额外的搜索费用，这就使得消费者普遍认为网络上的产品应该比传统实物产品要便宜。而从企业角度来说，网络营销使企业进行产品开发、宣传的成本都有不同程度的降低，同时还可以通过网络广告收取广告费用等补充利润，这样企业可以进一步降低产品价格。例如，腾讯公司的QQ一开始为消费者提供免费的网上聊天服务，积累了大量的消费者之后其业务逐步拓展到游戏、电子邮箱、网上购物等领域。很显然，腾讯公司成功的主要原因是遵循了互联网免费原则，通过免费提供信息和服务吸引消费者，然后通过知名度吸引大量广告商，靠发布网上广告来赢利。在其发展壮大后，对于游戏等领域则推出收费业务，同样也能吸引大量用户。由此可见，低价甚至免费模式是吸引消费者最好的方法。

（三）顾客主导性

所谓顾客主导定价，是指企业为满足顾客的需求，由顾客通过充分的市场信息来选择购买或者定制生产自己满意的产品或服务，同时以最小代价（产品价格、购买费用等）获得这些产品或服务。简单地说，就是顾客的价值最大化，顾客以最小成本获得最大收益。顾客主导定价的策略主要有顾客定制生产定价和拍卖市场定价两种。例如，戴尔公司就是根据消费者自己选择的电脑配置标准生产出符合消费者独特需求的电脑产品。

（四）价格透明化

互联网提供了丰富的信息资料，消费者可以在网上到世界各地的相关网站上搜索信息。全面掌握同类产品的不同价格信息，这就使消费者有了足够大的选择余地，完全可以找到他们最满意的产品及价格。例如，在淘宝旅行商务网站上，用户只需轻按几下鼠标，几秒钟内就会为特定产品找到许多网络零售商，并列出产品的售价范围，同时，还提供产品的评论、消费者满意度等相关信息。在国内知名旅游专业网站“去哪儿”上，消费者如果购买某一线路的航班，可以在该网站中输入该出发城市、到达城市、出发日期、人数，单击鼠标瞬间就可以得到该线路的各家航空公司、票代公司的价格，从中找出最优的价格。

（五）价格动态化

由于网络营销的互动性，顾客可与企业就产品的价格进行协商，也就是说可以议价。另外，根据每位顾客对产品和服务提出的不同要求，可以制订相应的价格。目前，许多企业网站使用动态定价软件，采用动态价格策略。当然，这种动态过程是透明的。例如，在美国，民航票价随着顾客旅行时间的不同是动态变化的，工作日航班的票价低于周末的价格，晚上和凌晨航班的票价比白天的低，而在飞机登机前“最后 1 分钟”往往可以买到惊人的折扣机票。在美国的航班上发现邻座的机票只花了 250 美元而你却花了 1500 美元的事常常发生。在美国，要乘飞机的顾客只有在买票时才能知道确切的票价是多少。

三、网络营销定价的主要策略

随着网络技术的发展，互联网和信息紧密地联系在了一起，而价格信息又意味着每个企业的定价行为都受到互联网的影响。价格与信息之间的联系以多种方式体现出来。消费者的价格意识对于正确的定价起到非常关键的作用。正确的定价也建立在对于不同来源的不同价格的了解上，并且包括对公平的理解。借助互联网进行销售，比传统销售渠道的费用低廉，因此网上销售价格通常比流行的市场价格要低。

下面重点介绍网络营销中几种主要的价格策略。

（一）免费价格策略

在网络上，大量的点击率、浏览量是企业赢利的保证。因此企业要想吸引消费者，提供免费产品和服务就是最直接和最有效的手段。这种方法能够在短时期内刺激大量消费者的需求。例如，从 1994 年发展至今，已经成为世界著名的信息服务企业的雅虎正是沿着这样一条道路成长的，雅虎通过提供各种免费的信息和免费电子邮件吸引浏览者，以此换取访问人数的增加，扩大自己网站的宣传效果。当它成为互联网上重要的网站时，雅虎便开始积极寻找广告商和资助人，并以此来促进企业的发展壮大，在网络市场中获得了与 IBM、惠普等商业巨头合作的筹码。

软件制造商和网络游戏商也会通过免费下载和试用吸引消费者，等到消费者了解和熟悉了该软件的功能后，进一步的使用就需要支付费用了。如盛大网络先是推出免费游戏试玩吸引消费者参与，而在消费者尝到甜头后再开始收费就是免费策略最典型的例子。

1. 免费价格策略的概念

免费价格策略是指企业为了实现某种特殊的目的，将产品和服务以零价格形式提供给顾客使用，以满足顾客需求的价格手段。

2. 免费价格策略的种类

免费价格策略通常有以下 4 种方式。

（1）产品和服务完全免费。产品从购买、使用和售后服务所有环节都实行免费服务。

（2）产品和服务实行限制免费。产品可以被有限次使用，但超过一定期限或者次数后，就取消这种免费服务。

（3）产品和服务实行部分免费。如一些著名研究公司的网站通常只公布部分研究成果，如果要获取全部成果则必须付款作为公司客户。

（4）产品和服务实行捆绑式免费。购买某产品或者服务时赠送其他产品和服务。

企业作为市场主体，获取利润是其生存和长期发展的基础。采用免费价格策略，企业的产品和服务可以由消费者免费使用，那么企业是如何生存和发展下去的呢？

3. 企业实施免费价格策略的目的

为用户提供各种免费的东西，实质上都是公司的一种市场策略。一般来说，公司提供免费产品的目的有两个。

（1）让用户免费使用形成习惯后再开始收费。如金山公司允许消费者从互联网上下载限次使用的 WPS 软件，其目的是想让消费者使用习惯后，再购买正式软件。

（2）发掘后续的商业价值。它是企业从战略发展需要角度来制定免费价格策略的，主要目的是先占领市场再在市场上获取收益。如雅虎通过建设免费使用的门户站点，经过 4 年的亏损经营后，终于通过广告收入等间接收益扭亏为盈，但在前 4 年的亏损经营中，公司却得到了飞速发展，这主要得力于股票市场对公司的认可和支持。因为股票市场看好其未来增长潜力，而雅虎的免费策略恰好使其占领了未来市场，具有很大的市场竞争优势和巨大的市场赢利潜力。

4. 免费产品的特性

网络营销中产品实行免费策略是要受到一定环境制约的，并不是所有的产品都适合免费策略。互联网作为全球开放网络，它可以快速实现全球信息交换，只有那些适合互联网这一特性的产品才适合采用免费价格策略。一般来说，免费产品具有以下几个特性。

（1）易于数字化。互联网是信息交换的平台，其基础是数字传输。易于数字化的产品都可通过互联网实现零成本的配送，这与传统产品需要通过交通运输网络，花费巨额资金，实行实物配送有着极大的区别。企业只需要将这些免费产品放置到企业的网站上，用户便可以通过互联网自由下载、使用，企业通过较小成本就可以实现产品推广，由此节省大量的产品推广费用。如 Cisco 公司将产品升级的一些软件放到网站，公司客户可以随意下载免费使用，大大减少了原来升级服务的费用。

（2）无形化特点。通常采用免费策略的大多是一些无形产品，它们只有通过一定载体才能表现出一定形态，这些无形产品可以通过数字化技术实现网上传输。

（3）零制造成本。零制造成本主要是指产品开发成功后，只需要通过简单复制就可以实现无限制的产品生产，这与传统的有型产品生产受制于厂房、原材料、设备等因素有着巨大的区别。例如，软件等无形产品都易于数字化，可以通过软件和网络技术实现无限制的自动复制生产。对这些产品实行免费策略，企业只需要投入一定的研制费用即可，至于产品的生产、销售和推广，则完全可以通过互联网实现零成本运作。

（4）成长性。采用免费策略的产品一般都是利用产品成长推动占领市场，为未来市场的发展打下坚实基础。如微软为抢占日益重要的浏览器市场，采用免费策略发放其浏览探险者 IE，用以对抗先行一步的网景公司的航海者 NAVIGATOR，结果在短短的两年时间之内，网景公司的浏览器市场就失去了半壁江山，最后只好被兼并，以求发展。

（5）冲击性。企业采用免费价格策略的主要目的是推动市场成长，开辟新的市场领地，同时对原有市场产生巨大的冲击；否则，产品将很难形成市场规模，更难以在未来获得发展机遇。如 3721 网站为推广其中文网址域名标准，以适应中国人对英文域名的不习惯，采用免费下载和免费在品牌计算机预装的策略，在短短的半年时间内即迅速占领市场而成为市场标准，对过去被国外控制的域名管理产生了巨大的冲击和影响。

（6）间接收益特点。企业在市场运作时，虽然可以利用互联网实现低成本的扩张，但免费的产品还是需要不断开发和研制的，这需要投入大量的资金和人力。因此，采用免费价格的产品或服务一般都具有间接收益的特点，即它可以帮助企业通过其他渠道获取收益。如百度通过免费搜索引擎服务和信息服务吸引大量的用户注意力，这种注意力形成了用户对百度的巨大访问量，于是很多企业和个人纷纷在百度上投放网络广告。雅虎通过发布网络广告获取间接收益，这种收益方式也是目前大多数 ICP 的主要商业运作模式。

5. 免费价格策略实施的步骤

免费价格策略一般与企业的商业计划和战略发展规划紧密关联。企业要降低免费策略带来的风险，提高免费价格策略的成功率，就必须依照下列几个步骤来思考问题。

（1）选择商业运作模式。互联网作为成长性的市场，获取成功的关键是要有一个可能获得成功的商业运作模式。因此，考虑免费价格策略时，必须考虑是否与商业运作模式相吻合。如我国专门为商业机构之间提供中介服务的网站阿里巴巴，提出免费提供信息服务的 B2B 新商业模式，不仅获得了市场认可，而且具有巨大的市场成长潜力。

（2）分析采用免费价格策略的产品或服务能否获得市场认可。简言之，也就是提供的产品或服务是否是市场迫切需求的。已经获得成功的在互联网上通过免费价格策略成长的公司一般都有一个特点，就是提供的产品或服务受到市场极大的欢迎。新浪网站提供了大量实时性的新闻报道，满足了用户对新闻的需求。

（3）分析实施免费价格策略产品的推出时机。互联网上的游戏规则是“赢家通吃”，只承认第一，不承认第二。因此，在互联网上推出免费产品是为了抢占市场。如果市场已经被占领或者已经比较成熟，则要审视所推出产品或服务的竞争能力。

（4）考虑产品或服务是否适合采用免费价格策略。目前，国内外很多提供免费 PC 的 ISP，对用户也不是毫无要求的，有的要求用户接受广告，有的要求用户每月在其站点上购买一定金额的商品。除此之外，在 ISP 为用户提供免费 PC 这一事件中，PC 制造商处于非常尴尬的地位。首先这种 PC 的出货量虽然很大，但是基本上没有利润，食之无味，弃之可惜；其次是角色错位，以前是买 PC 搭上网账号，而现在是上网搭 PC，角色的转变使得 PC 提供商的感觉非常不好。

（5）策划推广免费的产品或服务。互联网是信息的海洋，对于免费的产品或服务，网上用户已经习惯。因此，要吸引用户关注免费产品或服务，应当与推广其他产品一样制订严密的营销策划。在推广免费产品或服务时，主要应考虑通过互联网渠道进行宣传，比如在知名站点进行链接，发布网络广告；另外，还要考虑在传统媒体发布广告，利用传统渠道进行宣传。如 3721 网站为推广其免费中文域名系统软件，首先通过新闻形式介绍中文域名概念，宣传中文域名的作用和便捷性；然后与一些著名的 ISP 和 ICP 合作，建立免费软件下载链接，同时还与 PC 制造商合作，提供捆绑预装中文域名软件。

（二）低价策略

根据有关统计调查，消费者选择网上购物，一方面是因为网上购物比较方便，另一方面则是因为从网上可以获取更多的产品信息，从而能够以最优惠的价格购买商品。因此，低价策略是网络营销定价中除了免费定价外，对消费者最具吸引力的企业定价方式。

1. 低价策略种类

通过互联网，企业可以节省大量的成本费用，这为企业在网络营销中实施低价策略提供了成本依据。从目前来看，常见的低价策略主要有以下 3 种。

（1）直接低价价格策略。由于企业在定价时大多采用成本加利润（有时甚至是零利润）方法，因此，这种定价在公开价格时就比同类产品要低。此策略一般是制造业企业在网上进行直销时采用的定价方式。如戴尔公司的电脑定价比同性能的其他公司产品低 10%～15%。企业采用低价策略的前提是实施电子商务，开展网络营销。

（2）折扣策略。折扣策略是在原价基础上通过折扣来定价的。这种定价方式可以让顾客直接了解产品的降价幅度以促进顾客的购买。这类价格策略主要用在一些网上商店，一般按照市面上的流行价格进行折扣定价。由于网络产品价格具有低价化和透明性的特点，因此采用折扣策略可以扩大产品的销售量，提高企业的市场份额。折扣价格策略是指将产品价格调低，给消费者一定比例的优惠。具体方法有数量折扣、现金折扣和时段性折扣等。数量折扣是指企业根据顾客购买的数量给予不同的折扣，一般来说，购买量越大，折扣也越大。而现金折扣是指为了鼓励消费者在网上用现金付款或提前付款，常在定价时给予一定的折扣，例如，携程网（http：//www. ctrip. com）提供各种航班的价格以及折扣信息，主要采用现金折扣，某个航班的市场价格为3500元，打折后价格为1699元，节省了1801元，这是典型的现金折扣价格策略。还有一种现金折扣具有付款的时效性，如某团购网站上的某种旅游度假产品标价为1800元，如果在成交后2天内付款可以享受40%的折扣，但不能迟于2天交款。时段性折扣通常是指在不同时段购买产品其打折的幅度大不一样，例如，订购打折机票，晚上和早晨的航班票价打折幅度要比其他时段航班票价打折幅度高。

（3）网上促销价格策略。由于网上的消费者分布很广而且具有很大的购买能力，许多企业为打开网上销售局面和推广新产品，采用临时促销价格策略。促销价格策略除了前面提到的折扣策略外，比较常用的还有有奖销售和附带赠品销售。这种策略常常在企业为拓展网上市场，但产品价格又不具有竞争优势时采用。

2. 实施低价策略时企业应注意的问题

首先，由于互联网是从免费共享资源发展而来的，用户一般认为网上商品比从其他渠道购买的商品要便宜，因此，在网上不宜销售那些顾客对价格敏感而企业又难以降价的产品。其次，在网上公布价格时要注意区分消费对象，通常要区分一般消费者、零售商、批发商、合作伙伴，分别提供不同的价格信息发布渠道，否则可能因低价策略混乱而导致营销渠道混乱。最后，由于消费者可以通过搜索功能很容易在网上找到更便宜的商品，因此网上发布价格时还要注意比较同类站点公布的价格，否则，价格信息公布将起到反作用。

（三）拍卖竞价策略

所谓拍卖就是企业将产品标明一个底价放在网站上，然后由网民相互竞争去选择价格。目前我国已有多家网上拍卖站点如易趣网和拍拍网（http：//www. paipai. com）等。在易趣网，网民根据网站给出的产品底价选择自己的出价，在给定的限期内出价最高的网民即可得到该产品。例如，易趣网站提供了各种笔记本电脑的价格、出价次数、地区和剩余时间信息，价格就是笔记本电脑的初始定价，出价次数是想购买这台笔记本电脑的购买者们出价的次数，地区是出售笔记本电脑的企业或人的所在地，剩余时间就是指超过这段时间笔记本电脑的出价将截止。如果某消费者在剩余时间里在所有出价人中出价最高，那么他就可以用该价格购买到这台笔记本电脑，这就是典型的网上拍卖竞价策略。

网上拍卖在目前发展比较快。经济学家认为，市场要想形成最合理价格，拍卖竞价是最合理的方式。网上拍卖由消费者通过互联网轮流公开竞价，在规定时间内由价高者赢得。

网上拍卖定价的方式主要有以下几种。

1. 竞价拍卖

竞价拍卖是由卖方引导买方进行竞价购买的过程。网上拍卖最大量的是 C2C 的交易，包括二手货、收藏品；也可以是普通商品以拍卖方式进行出售，例如，惠普公司将一些库存积压产品放到网上拍卖。

2. 竞价拍买

竞价拍买是竞价拍卖的反向过程。消费者提出一个价格范围，求购某一商品，由商家出价。出价可以是公开的或隐蔽的，消费者将与出价最低或最接近的商家成交。

3. 集体议价

在互联网出现以前，这一种方式在国外主要是多个零售商结合起来，向批发商（或生产商）以数量换价格的方式。互联网出现后，普通的消费者也能使用这种方式购买商品。这种由消费者集体议价的交易方式，是美国著名的 Priceline 公司（http://www.priceline.com）最先提出来的。Priceline.com 是一个由顾客自主定价的网站，这是一个全新的商务网站，主要业务是收集人们愿意承担的飞机票、旅馆房间、汽车和房产抵押的价格，在互联网上公布之后等待最合适的卖主。Priceline.com 于 1999 年 4 月初在华尔街上市，一周之内股价从每股 16 美元上升到 80 美元，市值达到 110 亿美元。这种定价创新在经济学意义上有着很强的优越性，它能够聚合顾客的真实需求，与厂商能提供的供给相对应，达到一种没有浪费的均衡。

（四）个性化价格策略

个性化价格策略是利用网络互动性和消费者需求特征来确定产品价格的一种策略。企业可以根据消费者的具体要求，为消费者定制产品，制订个性化的价格。个性化价格策略是在企业实行定制生产的基础上，利用网络技术和辅助设计软件，帮助消费者选择配置或者自行设计能满足自己需求的个性化产品，同时承担自己愿意付出的价格成本。例如，戴尔公司对中国市场设计的可进行定制化的页面。消费者可以从中了解本型号产品的基本配置和基本功能，如果对配置还不满意，想增加功能，如扩充硬盘的容量，那么订货时就可以选择各种适合于自己的配置。通过这些选择，消费者可以用满意的价格配置出合适的产品。

目前这种允许消费者定制个性化价格策略的尝试还只是初级阶段，消费者只能在有限的范围内进行挑选，还不能完全要求企业满足所有消费者的个性化需求。至于企业能否采用这样的价格策略还要视企业的信息化水平而定。另外，企业还应考虑如何为定制化的产品和服务定价。

（五）使用价格策略

随着我国经济的发展，人民生活水平的不断提高，人们对产品的需求越来越多，许多产品购买后使用几次就不再使用，造成很大的浪费，因此可以在网上采取类似出租的方法按使用次数定价。所谓使用价格策略，就是顾客通过互联网注册后可以直接使用某公司的产品，顾客只需要根据使用次数进行付费，而不需要购买。采用按使用次数定价，一般要考虑产品是否适宜于通过互联网传输，是否可以实现远程调用。目前，比较适合的产品有软件、音乐、电影等。如音乐产品，可以通过网上下载使用专门软件进行点播；对于电影产品，则可以通过视频广播系统进行点播收看，这些通常是通过收看次数收费的。另外，采用按次数定价对互联网的带宽提出了很高的要求，因为许多信息都要通过互联网进行传输，如互联网带宽不够，则将影响数据传输，势必会影响顾客的租赁使用和观看效果。

小提示

在工业经济时代，需求方特别是消费者，由于信息不对称，并受市场空间和时间的隔离，不得不处于一种被动地位，从属于供应方来满足需求。买方由于对价格信息所知甚少，所以在讨价还价中总是处于不利地位。而如今，互联网的出现不但使得收集信息的成本大大降低，而且还能得到很多的免费信息，这种信息的不对称会越来越不明显，企业和消费者之间的“信息”之河会越来越窄。

第三节　网络营销渠道策略

营销渠道通常指的是商品流通渠道。即商品和服务从生产者那里转移到消费者手里所经的通道，包括产品的销售途径与产品的运输和储存。对于传统的营销渠道而言，除了生产者和消费者外，在很多情况下还有许多独立的中间商和代理中间商存在，如图5－2所示。

例如，购买教材一般有两种方法：一是直接从书店购买，二是从网上书店订购（如当当网）等。这两种方法都达到了一个效果，即教材从出版社（生产者）转移到了消费者手中，但是它们所经过的通道或路径不同，从图5－2可看出两种购书方法在渠道上的差异。

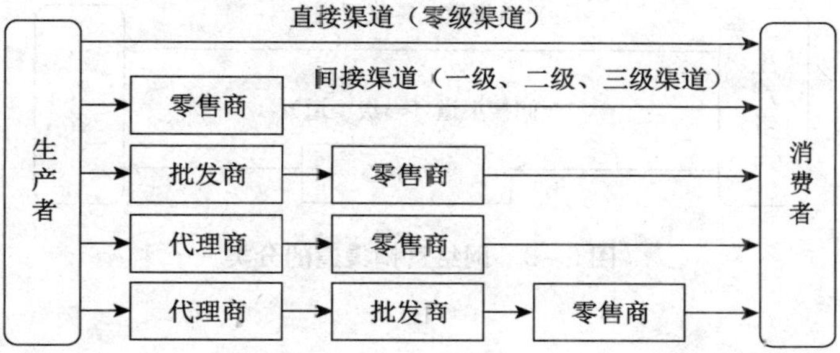

图 5-2　传统营销渠道的分类

第一种销售渠道，是由出版社生产出图书，然后通过图书批发商批发给零售书店，再由这些零售书店直接出售给消费者。而网上书店的营销渠道是出版社生产出图书后首先批发给图书批发商，网上书店再从这些批发商手中购买图书而不是直接从出版社进货。由此可以看出，网上书店的销售渠道和传统的销售渠道比较虽然环节没有变化，但是增加了网络的参与。

根据网络营销的概念，第一种书店售书方式不属于网络营销的范围，而第二种网上书店售书方式由于是通过互联网实现了教材的销售，所以属于网络营销的范围，本节将对类似于后者的营销渠道进行策略分析。

一、网络营销渠道概述

传统营销体系的成功在很大程度上依赖于营销渠道的建设，再投入大量人力和广告来占领市场。在互联网上这一切都发生了巨大的变化。功能强大的互联网不仅是一种拥有巨大优势的传播媒体，也是一种产品或服务的通道。它改变了产品和服务的营销渠道。

（一）网络营销渠道的概念

网络营销渠道是借助互联网将产品从生产者转移到消费者的中间环节，它一方面要为消费者提供产品信息，方便消费者做出选择；另一方面，在消费者选择产品后要能完成一手交钱一手交货的交易手续，当然，交钱和交货不一定要同时进行。

网络营销渠道也可分为直接分销渠道和间接分销渠道两种。但与传统的营销渠道相比较，网络营销渠道的结构要简单得多，如图 5-3 所示。网络直接分销渠道和传统的直接分销渠道都是零级分销渠道，这方面没有大的区别。但对于间接分销渠道而言，网络营销中只有一级分销渠道，即只有一个电子中间商（网络商品交易中介机构）沟通买卖双方的信息，不存在多个批发商和零售商的情况，所以也就不存在多级分销渠道。

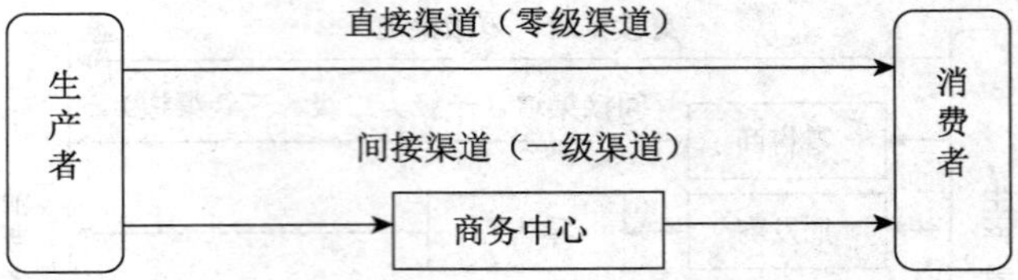

图 5-3　网络营销渠道的分类

（二）网络营销渠道的功能

由于网络营销渠道是借助互联网络将产品从生产者转移到消费者的所有中间环节，其中包括各类电子中间商以及其他可以协助产品到达消费者的个人和企业，如运输公司、网上银行，因而这就涉及信息沟通、资金转移和产品转移等。为此，一个完善的网上销售渠道应有三大功能：订货功能、结算功能和配送功能，与之对应的是订货系统、结算系统和物流配送系统。

1. 订货功能

此功能可为消费者提供产品信息，同时方便厂家获取消费者的需求信息以求达到供求平衡。一个完善的订货系统，可以最大限度地降低企业的存货，减少销售费用。比如，全球最大的超市沃尔玛将自己商品销售数据库的计算机与其供应商之一宝洁公司的计算机连接在一起，使得宝洁公司可以随时查看沃尔玛超市内宝洁产品的销售情况，从而随时补充产品。这样使宝洁公司和沃尔玛都可以最大限度地降低库存、减少成本。

2. 结算功能

消费者在购买产品之后，希望可以采用多种方式方便地付款，因此厂家或商家应提供多种结算方式。目前国外流行的几种结算方式有信用卡、电子货币、网上划款等。而国内付款结算方式一般有邮局汇款、货到付款、信用卡等。国内各大银行也相继开通了网上支付手段，各大电商也都提供了多种支付方式，包括货到付款、网上支付、邮局汇款、银行电汇、储蓄卡汇款等，极大方便了顾客进行网上购物货款的支付。

3. 配送功能

产品分为有形产品和无形产品，一般来说，对于无形产品如服务、软件、音乐等可以直接通过网上进行配送，而对于有形产品的配送，则就要涉及运输和仓储问题。国内外已经形成了专业的配送公司，如著名的联邦快递公司，它的业务覆盖全球，每天向全世界 200 多个国家递送包裹，其中 99% 属于限时递送，实现全球快递的专递服务。专业配送公司的存在是网上商店发展较为迅速的原因之一。

（三）传统营销渠道和网络营销渠道的区别

1. 功能方面

传统营销渠道的功能是单一的，它仅作为商品从生产者向消费者转移的一个通道。

消费者从广告或其他媒体获得商品信息，并通过直接或间接的营销渠道购买自己所需的商品，除此之外，他们没有从渠道中获得任何其他的东西。而网络营销渠道的功能则是多方面的，首先，网络营销渠道是信息发布的渠道，企业的概况和产品的质量、种类、价格等信息，都可以通过网络告知用户；其次，网络营销渠道是销售产品、提供服务的便捷途径，消费者可以从网上直接选购自己所需的商品，并通过网络支付款项；最后，网络营销渠道是企业间洽谈业务、开展商务活动的场所，也是进行客户技术培训和售后服务的途径，并且还是与消费者进行交流的通道。

2. 费用方面

网络营销渠道较之传统营销渠道有效地降低了成本。企业通过传统的直接营销渠道销售产品，通常采用两种具体的实施方法：一种方法是在外地不设仓库，例如，企业在外地派驻推销人员，推销人员在当地卖出产品后，将订单发回企业，由企业直接把货物发送给购物者，用此方法，企业需支付推销员的工资和日常推销开支；另一种方法是设立仓库，企业一方面要支付推销员的工资与相关费用，另一方面还需要支付仓库的租赁费。而通过网络直接营销渠道销售产品，企业可从网上直接受理来自全球各地的订货单，然后直接将货物寄给购买者。这种方法所需的费用仅仅是网络管理人员的工资和低廉的网络费用等，大大降低了营销的成本。

二、网络直接销售渠道

网络直接销售是指生产者通过互联网直接把产品销售给顾客的分销渠道，一般适用于大宗商品交易和产业市场的 B2B 交易模式。

目前通常有两种做法：一种是企业在互联网上建立自己的站点，申请域名，制作主页和销售网页，由网络管理员专门处理有关产品的销售事务；另一种是委托信息服务商在其网点发布信息，企业利用有关信息与客户联系，直接销售产品。

在网络直销渠道中，生产企业可以通过建立企业电子商务网站，让顾客直接从网站订货。再通过与一些电子商务服务机构如网上银行合作，直接在网上实现支付结算，从而简化了过去资金流转的问题。在配送方面，网络直销渠道可以根据产品的特性选择利用互联网技术来构造物流系统，或是通过与一些专业物流公司合作建立有效的物流系统。

（一）网络直销的优点

第一，生产者能够直接接触消费者，企业可以直接从网上搜集获得真实的第一手市场需求信息，合理地、有针对性地开展有效的营销活动。

第二，给买卖双方都带来了直接的经济利益。由于网络直接营销降低了企业的营销成本，因而企业能够以较低的价格销售自己的产品，消费者也能够买到低于传统市场价格的产品。

第三，网络直销使企业能够利用网络工具如电子邮件、公告牌等直接联系消费者，及时了解用户对产品的愿望和需要，并据此开展各种形式的促销活动，迅速扩大产品的市场占有率。

第四，企业一方面能通过网络及时了解消费者对产品的意见和建议，并针对这些意见和建议，向顾客提供技术服务，解决疑难问题，提高产品的质量，改善企业的经营管理；另一方面通过这种一对一的销售模式，企业可以与消费者建立良好的关系。

（二）网络直销的缺点

互联网确实使企业有可能直接面对所有顾客，但这又仅仅只是一种可能，因为面对数以亿计的网站，消费者往往处于一种无所适从的境地。消费者根本不可能一个个去访问所有企业的主页，特别是对于一些不知名的中小企业的网站，大部分网上消费者不愿意在此浪费时间，只有那些真正有特色的网站才会有大量的访问者，直接销售才可以多一些，但也绝不是全部。互联网给企业带来的更为现实的问题是“赢者通吃”。

要解决这个问题，一是要尽快建立高水准的专门服务于商务活动的网络信息服务中心。但这对于一般的企业来说难度较大，在国外，绝大多数的企业是委托专门的网络信息服务机构，如美国的邓白氏、日本的帝国数据库等发布信息，企业利用有关信息与客户取得联系，直接销售产品。二是下面要谈的借助网络的间接销售渠道。

三、网络间接销售渠道

网络间接销售是指生产者通过融入了互联网技术后的中间商机构把产品销售给最终用户，一般适用于小批量商品和生活资料的销售。网络间接销售比网络直接营销多了一个网络商品交易中介机构，这类机构成为连接买卖双方的枢纽。中国商品交易中心、中国国际电子商务中心以及阿里巴巴网站等都属于此类中介机构。此类机构在发展过程中仍然有很多问题需要解决，但其在虚拟网络市场的作用是其他机构所不能替代的。

网络间接销售克服了网络直销的缺点，使网络商品交易中介机构成为网络时代连接买卖双方的枢纽。

（一）通过网络商品中介进行交易具有的优点

第一，可以解决“拿钱不给货”或者“拿货不给钱”的问题，从而大大降低了买卖双方的风险，确保双方的利益。一般来说，这些专业的网络中介机构知名度高、信誉好。

第二，由于网络中介机构汇集了大量的产品信息，消费者进入一个网站（中介机构）就可以获得不同厂家的同类产品的信息，生产者也只要通过同一个中间环节就可以和消费者发生交易关系，从而大大简化了交易过程，加快了交易速度，使生产者和消费者都感到方便快捷。

第三，在结算方式上，网络商品交易中心一般采用统一集中的结算模式，即在指定的商业银行开设统一的结算账户，对结算资金实行统一管理，从而有效地避免多形式、多层次的资金截留、占用和挪用，极大地提高了资金的风险防范能力。这种指定委托代理清算业务的承办银行大都以招标形式选择，有信誉的大商业银行常常成为中标者。

（二）网络间接销售的缺点

当然，网络商品交易中心仍然存在一些问题需要解决。比如，信息资料的充实有待更多的企业、商家和消费者参与，整个交易系统的技术水平如何与飞速发展的计算机网络技术保持同步等，都是在网络商品交易中心起步时就必须考虑的问题。

四、企业网络营销渠道的最佳策略——双道法

在西方众多企业的网络营销活动中，双道法是最常见的方法，是企业网络营销渠道的最佳策略。所谓双道法，是指企业同时使用网络直接销售渠道和网络间接销售渠道，以达到销售量最大的目的。在买方市场条件下，通过两条渠道销售产品比通过一条渠道更容易实现"市场渗透"。

目前，大多数企业的网站访问者并不多，有些企业的网络营销收效也不大，但是却不能据此断言企业在网上建站的时机尚不成熟。企业在互联网上建站，一方面为自己打开对外开放的窗口，另一方面也建立自己的网络直销渠道。国外的亚马逊公司，国内的青岛海尔集团等的实践都充分说明企业上网建站大有可为，建站越早，受益越早。不仅如此，一旦企业的网页和信息服务商链接，其宣传作用更不可估量，不仅可以覆盖全国，而且可以传播到全世界。这种优势是任何传统的广告宣传都无法比拟的。对于中小企业而言，网上建站更具有优势，因为在网络上所有企业都是平等的，只要网页制作精美，信息及时更新，一定会有越来越多的顾客光顾。

小提示

在生产者和消费者可以借助互联网进行直接交易的情况下，中间商是否还有存在的理由和需要？如果中间商不存在，可以据此得出这样一个结论：通过互联网的直接交易成本费用小于依赖于中间商的间接交易成本费用。如果结论成立，市场竞争中的优胜劣汰必然导致中间商消亡；如果结论不成立或者部分不成立，那么中间商就有其存在的必要和依据，而且可以发挥其传统功能，或在利用信息技术改进后提高其功能和效率，从而起到降低市场交易费用，提高市场效率的作用。

第四节　网络营销促销策略

促销是指企业为了激发顾客的购买欲望，影响他们的消费行为，扩大产品销售而进

行的一系列宣传报道、说服、激励、联络等促进性工作。作为企业与市场联系的手段，促销通常包括多种活动，企业的促销策略实际上是对各种不同促销活动的有机组合。

网络促销是在互联网这个虚拟市场环境下进行的。互联网虚拟市场的出现，几乎将所有的企业，无论其规模大小，都推向了一个统一的全球大市场，传统的区域性市场的小圈子正在被逐步打破，企业不得不直接面对激烈的国际竞争。网络促销是通过网络传递商品和服务的存在、性能、功效及特征等信息。其双向的、快捷的信息传播模式，将互不见面的交易双方的意愿表达得淋漓尽致，也留给对方充分思考的时间。

一、网络促销的概念、分类与作用

（一）网络促销的概念和特点

网络促销是指利用计算机及网络技术向虚拟市场传递有关商品和服务的信息，以引发消费者需求，唤起购买欲望和促成购买行为的各种活动。

网上促销的核心问题是如何吸引消费者，为其提供具有价值诱因的商品信息。但网络手段的运用，使网络促销活动有了新的含义和形式，表现出以下几个明显的特点。

1. 网络促销活动是通过网络传递有关信息的

例如，产品和服务的存在，产品的功效等信息，是建立在现代计算机和通信技术相结合的基础上的，因此从事网络促销的营销者不仅要熟悉传统营销的知识和技巧，而且需要相应的计算机网络技术知识。

2. 网络促销活动是在虚拟市场上进行的

这个虚拟市场就是互联网。由于互联网聚集了广泛的人口，融合了多种文化成分，所以，从事网上促销的人员必须分清虚拟市场和实体市场的区别，跳出实体市场的局限性。

3. 网络促销活动是在一个世界统一的市场上进行的

互联网虚拟市场的出现，使传统的区域性市场的小圈子正在一步步被打破，全球性的竞争迫使每个企业必须学会在全球统一的大市场上做生意，否则，这个企业将会被淘汰。

（二）网络促销的分类

1. 网络广告促销

网络广告促销是指企业通过一些比较出名的门户网站（如新浪、搜狐等）进行广告宣传，开展促销活动。

2. 网络站点促销

网络站点促销是指利用企业自己的网络站点树立企业形象、宣传产品、开展促销活动。

上述两种不同的促销方法，各有其特点和优势。网络广告促销的特点是宣传面广、影响力大，但其费用相对偏高。而网络站点促销具有方便快捷、费用较低的特点，供求双方可直接在网上洽谈，一般成交的概率较高，但由于互联网上的网站日益增多，检索起来比较困难。因此合理地应用两种促销方法，是提高网络促销成功率的关键。

（三）网络促销的作用

1. 信息发布

企业通过网络进行促销活动，把企业的产品、服务、价格等信息传递给目标公众，以引起他们的注意。

2. 说服作用

网络促销的目的是为了解除目标市场对产品或服务的疑虑。例如，在同类产品中，不同品牌的产品往往只有细微的差别，用户难以察觉。企业通过进行网络促销活动，宣传本企业产品区别于同类产品的特点，便可以使消费者充分了解本企业产品的独特优势，认识到本企业的产品可能给他们带来的特殊效用和利益，进而乐于购买本企业的产品。

3. 反馈作用

网络促销能够通过电子邮件、网站意见箱、BBS 等及时地收集消费者的需求和意见。所获得的信息基本上都是文字资料，具有信息准确、及时、可靠性强等特点，对企业经营决策具有较大的参考价值。

4. 引发需求

网络促销活动不仅可以诱导需求，而且可以引发创造需求，发掘潜在的消费群体，扩大销售量。

5. 稳定销售

通常情况下，市场环境变化的不确定性，使得产品的市场地位也极不稳定。那么一个企业的产品销售量就会时高时低，波动很大。企业通过适当的网络促销活动，树立良好的产品形象和企业形象，有可能改变用户对该企业产品的认识，增强用户对该企业产品的深刻印象，使更多的用户形成对该企业产品的偏爱，从而达到稳定销售的目的。

时空观念的变化、信息沟通方式的变化、消费群体和消费行为的变化，使得网络促销的手段和方法也发生了相应的变化。促销人员应当充分意识到时代所赋予的新使命，认识这三种变化所带来的机遇与挑战，但也不能忽视传统的促销策略。由于网络的促销作用仅是对新出现的大众，所以还是要借鉴传统营销的方法，结合互联网的特点，及时调整本企业的营销战略和营销策略，使本企业在激烈的市场竞争中立于不败之地。

二、网络促销的主要策略

（一）网络广告促销

网络广告的类型很多，根据形式不同可分为横幅广告（旗帜广告）、图标广告、电子邮件广告、新闻组广告、电子杂志广告、公告栏广告等。众所周知，新浪网是我国最大的门户网站之一，消费者经常通过浏览它来获得大量信息，在这样浏览量大的网站上做广告可以达到很好的促销效果。

（二）利用搜索引擎促销

在著名搜索引擎上用关键词注册，可以极大地方便消费者利用搜索引擎查询网址。我国权威的互联网统计机构 CNNIC 每年对搜索引擎进行评价，我国比较著名的搜索引擎是百度，利用百度这类搜索引擎进行促销是一种很好的促销手段。例如，当我们想在网上了解杭州酒店的促销情况时，只需在百度网站上输入“杭州酒店”进行搜索，便可搜索到大约一千万个相关网页，杭州洲际酒店处在搜索列表的第 7 位，在如此多的搜索结果中它非常靠前，这样消费者就很容易注意到这家酒店。又如我们在百度网站上输入“网上书店”进行搜索，共搜索到的相关书店大约有 381 万个，位于列表中比较靠前的是当当书店，这充分体现了当当书店在搜索引擎促销方面的优秀表现。

（三）提供免费资源与服务促销

免费资源与服务促销是互联网上最有效的法宝，通过这种促销方式取得成功的站点很多，有的提供免费信息服务，有的提供免费贺卡、音乐、软件下载，其目的是扩大站点的吸引力。例如，腾讯公司在网站上提供免费的点歌频道，用户可以下载歌曲或点播歌曲，这种促销方式吸引了无数用户，达到了良好的促销效果。

（四）有奖促销

大多数消费者喜欢得奖带来的喜悦，如果在网上进行抽奖活动可以产生比较大的访问量。例如，浙江移动通信有限责任公司（http：//www. zj. 10086. cn/）举办了“有奖自助缴费”活动，并且将名单公布于网上，这是典型的有奖促销活动的例子。

（五）网上赠品促销

赠品促销目前在网上的应用不算太多，一般而言，在新产品推出试用、产品更新、对抗竞争品牌、开辟新市场等情况下利用赠品促销可以达到比较好的促销效果。赠品促销有 3 个方面的优点：可以提升品牌和网站的知名度；鼓励人们经常访问网站以获得更多的优惠信息；能根据消费者索取赠品的热情程度总结分析营销效果和产品本身的反应情况等。例如，同程网举办各种网上促销活动，赠品包括礼品券、门票等；淘宝网站上推出的诸如“芭芭农场浇水种树赠水果”等各项活动。

（六）积分促销

积分促销在网络上应用起来比在传统营销方式中要简单且容易操作，网上积分活动很容易通过数据库技术来实现。积分促销一般会设置一些奖品，消费者可以通过多次购买或多次参加活动来增加积分以获得奖品。积分促销不仅可以增加上网者访问网站和参加某项活动的次数，而且可以提高上网者对网站的忠诚度与活动的知名度。例如，厦门航空公司在网站（http：//www. xiamenair. com）上进行积分促销活动，具体促销细则为：在促销期间，旅客通过携程网输入厦航专属优惠码预订酒店并成交，获赠双倍积分，即10元送8个积分。当月累计成交8间（夜）酒店，额外获赠500积分。

（七）网上打折促销

折价也称打折、折扣，是目前网上最常用的一种促销方式。网上商品的价格一般都比较低，以此来吸引人们购买，同时，由于网上销售商品不能给人全面、直观的印象，也不可试用、触摸等原因，再加上配送成本和付款方式的复杂性，会导致网上购物和订货的积极性下降。而幅度比较大的折扣可以促使消费者进行网上购物的尝试并做出购买决定。目前大部分网上销售商品有不同程度的价格折扣，如淘宝旗下的飞猪、去哪儿网等。

另外，折扣券是价格直接打折的一种变化形式，有些商品因在网上直接销售有一定的困难，于是便结合传统营销方式，可从网上下载、打印折价券或直接填写优惠表单，到指定地点购买商品时可享受一定优惠。

（八）网上联合促销

由不同商家联合进行的促销活动称为联合促销。联合促销的产品或服务可以起到一定的优势互补，互相提升自身价值等效果。如果应用得当，联合促销可取得相当好的促销效果。网络公司还可以和传统商家联合以提供在网络上无法实现的服务，如浙江省旅游局、支付宝、浙江省邮政多方联合启动“支付一分钱，浙江美景任你邮”活动，参与活动的网友及游客进入景区后可任意选择最佳景点留念，然后打开“支付宝钱包”手机客户端的“浙江旅游”服务窗，点击“明信片”按钮，上传留念照片，输入寄送信息，预览确认，支付一分钱，完成明信片定制。邮政将负责线下打印并寄送到游客指定地址。明信片正面是游客上传的景区留念照和相应景区的印章，背面是标准化的邮寄信息和活动标识。活动期间，来浙江旅游的游客，每人也可以每张一分钱的价格定制两张个性化明信片。

（九）网络文化促销

网络文化促销是将网络文化与产品广告相融合，借助网络文化的特点来吸引众多消费者。例如，将产品广告融于网络游戏中，使网络使用者在潜移默化中接受了促销活动。另外，还可通过组建用户俱乐部吸引大批的网友来交流意见，也可以实现网络文化传播的作用。企业可以将其产品和自身形象精确地传递给每一个对产品真正有兴趣的用户，同时企业可以通过网络交流来影响网络文化，从而制定有效的营销策略。网络俱乐部是以专业嗜好为主题的网络用户中心，对某一问题感兴趣的网络用户都可以“聚集在一起”交流信息。网络用户俱乐部的每一个分类项目都设有讨论区，可以吸引大批网民来此交流。此时不同讨论区之间的区域间隔十分明显，但同一个讨论区内的网民的志趣则十分相同，这对于实现企业一对一的销售是一种建立沟通的捷径。除此之外，各分类项目的信息快报，也可为企业提供相关的销售信息。马蜂窝（http：//mafengwo. cn）中就有针对酒店、景区等旅游产品的讨论区。

（十）网络聊天营销

利用网络聊天的功能可开展消费者联谊活动，通过沟通交流增强感情，或开展在线产品展销推广活动。这是一种调动消费者情感因素、促进情感消费的方式，对消费者吸引力较大。在这方面成功的典型是亚马逊公司，该公司在网站下开设聊天区以吸引读者，使其年销售额显著增长，充分显示了网络聊天营销的作用。

此外，在实践过程中，网络营销者还探索出其他一些颇有成效的促销策略，例如，建立会员制、一对一行销、网上竞赛、问题征答、畅销产品排行榜、提供免费送货、无条件更换保证等。而建立会员制的促销措施更是从多方面入手以留住消费者，通过向会员提供一些电子问卷，一方面可以增加商店的价值感，另一方面是依靠客户填写会员资料还能够建立起一个完整的消费者资料库。依据会员的资料，可随时发送电子邮件，提供最新产品信息和优惠、折扣等促进消费，或促使其再次光临。

以上网上促销策略是比较常见且重要的方式，其他如网上竞赛、问题征答、畅销产品排行榜等都可和以上几种促销方式综合使用。但要想使促销活动达到良好的效果，必须先进行市场分析、竞争对手分析以及网络上活动实施的可行性分析与整体营销计划结合，组织实施促销活动，使促销活动新奇、富有销售潜力和影响力。另外，由于企业的产品种类不同、销售对象不同，促销方法与产品种类和销售对象之间将会产生多种网络促销的组合方式。企业应当根据网络广告促销和网络站点促销两种方法各自的特点和优势，根据自己产品的市场情况、顾客情况，扬长避短，合理组合，以达到最佳促销效果。

三、网络促销的实施步骤

对于任何企业来说，如何实施网络促销都是一个新问题，每一个营销人员都必须摆正自己的位置，深入了解产品信息在网络上传播的特点，分析网络信息的接收对象，设定合理的网络促销目标，通过科学的程序实施，打开网络促销的新局面。根据国内外网络促销的大量实践，网络促销的实施可分为以下几个步骤。

（一）确定网络促销对象

网络促销对象是针对现实和可能在网络虚拟市场上产生购买行为的消费群体提出的。随着网络的迅速普及，这一群体也在不断膨胀。这一群体主要包括产品使用者、产品购买决策者、产品购买影响者三部分人员。

1. 产品使用者

产品使用者是指实际使用或消费产品的人。实际的需求是这些人消费的直接动因。抓住了这部分客户，网上销售就有了稳定的市场。

2. 产品购买决策者

产品购买决策者是指实际决定购买产品的人。多数情况下产品使用者和产品购买决策者是一致的，尤其在虚拟市场上更是如此。因为大部分的网上客户有独立的决策能力，也有一定的经济收入。但是也有许多产品购买决策者与使用者相分离的情况，例如某位中学生在网上某个光盘销售站点发现了自己非常想要的游戏光盘，但做出购买决策的往往是他的父母。因此，网络促销也应当把购买决策者放在重要的位置上。

3. 产品购买影响者

产品购买影响者是指看法或建议上可以对最终购买决策产生一定影响的人。通常在低值、易耗的日用品购买决策中，这部分人的影响力较小，而在高档耐用消费品的购买决策上，这部分人的影响力可能会起决定性的作用。这是因为对高价耐用品的购买，大多数购买者往往比较谨慎，一般会在广泛征求意见的基础上再做决定。

（二）设计网络促销内容

网络促销的最终目标是希望引起消费者的购买行为，这是要通过设计具体的信息内容来实现的。客户实施购买是一个复杂的、多阶段的过程，促销内容应当根据客户目前所处的购买决策过程的不同阶段和产品所处生命周期的不同阶段来决定。

在新产品刚刚投入市场的阶段，由于客户对该产品还非常生疏，所以促销活动的内容应侧重于宣传产品的特点，以引起客户的注意。

当产品在市场上已有了一定的影响力，即进入成长期阶段，促销活动的内容则应偏重于唤起客户的购买欲望；同时，还需要创造品牌的知名度。

当产品进入成熟阶段后，市场竞争变得十分激烈，促销的内容除了针对产品本身的宣传外，还需要对企业形象做大量的宣传工作，从而树立客户对企业产品的信心。

当产品进入饱和期及衰退期时，促销活动的重点在于密切与客户之间的感情沟通，通过各种让利促销，尽可能地延长产品的生命周期。

（三）决定网络促销组合方式

网络促销活动主要通过网络广告促销和网络站点促销两种方式展开。网络广告促销主要实施“推”战略，其主要功能是将企业的产品推向市场，获得广大客户的认可。网络站点促销主要实施“拉”战略，其主要功能是将客户牢牢地吸引过来，保持稳定的市场份额。

通常情况下，日用消费品如食品饮料、化妆品、医药制品、家用电器等，采用网络广告促销的效果比较好，而计算机、专用及大型机电产品等采用站点促销的方法则比较有效。在产品的成长期，应侧重于网络广告促销，宣传产品的新性能、新特点。在产品的成熟期和饱和期，则应加强自身站点的建设，树立良好的企业形象，巩固已有市场。企业完全可以根据自身网络促销的能力确定这两种网络促销方法组合使用的比例。

（四）制订网络促销预算方案

在网络促销实施过程中，使企业感到最困难的是预算方案的制订。在互联网上促销，对于任何人来说都是一个新问题，各种促销做法都需要在实践中不断学习、比较和体会，不断地总结经验。只有这样，才能用有限的精力和有限的资金收到尽可能好的效果。一般来说，制订网络预算方案的总体构思有以下几点。

1. 确定开展网络促销活动的方式

网络促销活动的开展可以是在企业自己的网站上进行，这样费用最低，但因知名度等的原因，其覆盖范围可能有限。因此可以借助一些信息服务商进行，但不同信息服务商的价格悬殊。所以，企业应当认真比较投放站点的服务质量和价格，从中筛选适合本企业开展促销活动、价格匹配的服务站点。

2. 确定网络促销的目标

首先要明确网络促销的目标到底是树立企业形象、宣传产品，还是宣传服务，然后围绕这些目标来策划投放内容的多少，包括文案数量、图形多少、色彩的复杂程度、投放时间的长短、频率和密度以及广告宣传的位置、内容更换的周期、效果检测的方法等。确定了这些具体细节，就能掌握整体的投资数额，就有了预算的基础依据，与信息服务商谈判时，也就有了一定的底数和把握。

3. 确定希望影响的对象

不同网站的服务对象有较大的差别，有的网站侧重于一般客户，有的侧重于学术界，有的侧重于青少年，因此要明确希望影响的对象是哪个群体或哪个阶层，是国内还是国外。一般来说，侧重于学术交流的网站服务费用较低，专门的商务网站的服务费用较高，而那些搜索引擎之类的综合性网站费用最高。在使用语言上，纯中文方式的费用一般较低，而同时使用中英两种语言的费用则较高。

（五）网络促销效果评价

网络促销实施到一定阶段，应对已执行的促销内容进行评价，看实际效果是否达到了预期的促销目标。对促销效果的评价主要从两个方面进行。

1. 根据网站访问变化情况进行评价

要充分利用互联网上的统计软件，对开展促销活动以来，站点或网页的访问人数、点击次数、千人印象成本等数字进行统计。通过这些数据，促销者可以看出自己的优势与不足，以及与其他促销者的差距，从而及时对促销活动的效果做出基本的判断。

2. 根据现实的销售情况进行评价

通过调查市场占有率的变化情况、销售员的变化情况、利润的增减情况、促销成本的升降情况，判断促销决策是否正确。同时还应注意对促销对象、促销内容、促销组合等方面与促销目标的因果关系的分析，从中对整个促销工作做出正确的判断。

（六）网络促销实施中的综合管理

网络促销是一项崭新的事业，要在这个领域中取得成功，离不开科学的管理。在对网络促销效果正确评价的基础上，对偏离预期促销目标的活动进行调整是保证促销取得最佳效果的必不可少的手段。同时，在网络促销实施过程中，加强各方面的信息沟通、协调与综合管理，也是提高企业促销效果所必需的。

网络促销虽然与传统促销在观念和手段上存在较大差别，但由于它们推销商品的目的是一致的，因此整个促销过程的策划具有很多相似之处。网络促销人员一方面应当站在全新的角度去认识和理解这一新型的促销方式，另一方面应当通过与传统促销方式的比较去体会两者之间的差别，吸收传统促销方式的整体设计思想和行之有效的促销技巧，打开网络促销的新局面。

案 例

飞猪双11卖出新高度

“消费”已连续六年成为经济增长的第一动力。2020年双11，国内游、周边游大爆发，飞猪酒店套餐预订量同比涨超100%，高星酒店成交量近300万间夜，航司“随心飞”机票售出超10万件，全国主题乐园及相关商品售出超100万件。海南航空、雅高、万豪、凯悦、开元、山东航空、希尔顿、洲际、长隆九大品牌迈入双11成交“亿元俱乐部”。

在飞猪，国内游不再千篇一律。买便宜、买新品、买独家成为今年旅游购物车的最大亮点。全球旅行商家带来超过400多款专为飞猪双11用户量身定制的独家新品。11家航空公司在飞猪独家首发升级版“随心飞”，北京环球度假区优先购票权益包，9秒售出1万件。

酒店和景区是疫后旅游本地化周边化的最重要环节。2021年双11，全国酒店套餐预订量同比大涨超100%。不出城市也度假，周末与假日经济升温，亲子游持续走热。旅行，越来越趋向于“生活快消品”。

飞猪还带火了国内游目的地新IP，吉林、宁夏脱颖而出成为天猫双11旅游黑马目的地。在飞猪，吉林目的地成交同比涨100%，宁夏目的地成交同比涨117%。不管是去东北滑雪冰嬉，还是去宁夏感受茫茫大漠，全国人民畅游大好河山都有了新去处。

年轻新人群正在重新定义旅游品质。飞猪平台上，“95后”首次成为双11旅游新消费主力军，“00后”旅游预订量增速最快，同比涨超180%。同时，三线及以下城市出游人次占比达55%。

新人群出游讲究住得好、吃得爽、玩得精。双11期间飞猪高星酒店成交近300万间夜，高星级酒店自助餐预订超18万份，房车游成交额比去年涨超1800%。主题乐园是Z时代和亲子客群的心头好，全国主题乐园及相关商品预订量超100万件。

四、网络公关

公共关系是一种重要的促销工具，是社会组织为塑造组织形象，通过某种手段与企业利益相关者包括供应商、顾客、雇员、股东、社会团体等建立良好的合作关系，为企业的经营管理营造良好的环境。

（一）网络营销公共关系的特点

虽然网络营销公共关系和传统营销公共关系在很多方面有共同点，但是网络营销毕竟是在网上开展的，因此，网络营销公共关系具有自身的特点，具体表现在以下几个方面。

1. 公关要素不同

公共关系由公关主体、公关客体、公关中介三个要素组成。

（1）公关主体。公关主体是指公共关系活动的发动者，也就是谁在进行公共关系活动。网上公共关系的主体主要指网上的各种组织、团体、企业和个人。与此相关，网络营销公共关系活动的主体是利用网络开展商务活动的各种网上企业。因为网络具有互动的特性，所以这些网上企业在网络营销公共关系活动的几乎所有环节中都能发挥主动作用。这是网络公共关系主体区别于传统公共关系主体的重要特征之一。这一特征使得网络营销中的公共关系与传统营销中的公共关系相比具有更大的促销优势。

（2）公关客体。公关客体也称公关公众，是指公共关系所要影响的对象。网络营销的公关客体是指与网上企业有实际或潜在利害关系或相互影响的个人或群体。网络社区就是最典型的网络营销公关客体。网络社区有两种类型，一种是围绕网上企业由利益驱动形成的垂直型网络社区，包括投资者、供应商、分销商、顾客、雇员和目标市场中的其他成员等。另一种是围绕某个主题形成的横向网络社区，包括生产类似产品和提供相应服务的其他企业以及同网上企业一样面临类似问题与分享相同价值观的个人、社会团体、行业协会及联合会等其他组织。他们活动的主要场所是网络论坛、邮件清单等。这两类网络社区成员都和相关网上企业存在着实际的或者潜在的利害关系，所以他们都是网上企业的公关客体。

（3）公关中介。公关中介是指开展公关活动的媒介。网络公共关系的活动场所是虚拟的网络世界，因此，网络公关的中介应当是特意为这个虚拟世界设计的互联网邮件列表、新闻组和网络论坛等。

2. 主动权不同

网络营销公关能使企业掌握更多的主动权。网络可使企业直接面对社会公众，企业在网络上可以避开传统营销中必须面对的对企业新闻发布操作有重大影响的编辑、记者、导演等充当裁判角色的人员，企业可以直接通过网上论坛、新闻组、电子邮件等发布企业新闻。企业新闻发布的主动性完全操控在企业自己手中。更重要的是，企业利用网络发布新闻，在影响社会公众的同时，还会影响传统媒体中的编辑、记者、导演，一旦把他们的注意力吸引到本企业在网上发布的新闻上来，激发起他们对这些新闻的浓厚兴趣时，他们会主动在传统媒体上对企业的这些新闻进行宣传. 这实际上是一项无代价的企业公关活动。

3. 期限不同

事实上，网络营销公关中的新闻传播使得期限已经变得毫无意义。网上新闻发布可以全天 24 小时滚动进行，企业也可以随时将有关新闻上网发布。这一事实将对企业的公关活动产生深远的影响，以前那种慢节奏的公关工作方式已不复存在，正因为如此，网上企业的信誉建立难度高，但是已经建立起来的信誉却很容易丢失。

4. 对象范围不同

传统的公关活动都是针对某个特定群体的，内容也是针对某个特定群体的现状和特点进行设计的。而网络营销中的公关活动改变了这种状况，网络营销公共关系的对象可以做到一对一。电子邮件是网络公关常用的中介之一，因为电子邮件具有即时互动的特征，所以企业在利用电子邮件组织公关活动时完全可与社会公众建立一对一的信息交流与沟通。

(二) 网络公共关系的形式

1. 站点宣传

站点宣传又称网站推广。其目的是通过对企业网络营销站点的宣传，吸引用户访问，起到宣传推广企业以及企业产品的效果。所以网络营销站点是企业在网上市场进行营销活动的阵地，网站的访问量是实现网络促销目标的关键。

2. 网上新闻发布

在网上发布新闻可以通过以下几种方式实现。

(1) 通过网络新闻服务线发布新闻。许多记者和公众习惯于通过在线网络新闻服务获取信息。企业利用网络新闻服务线发布新闻，可以确保企业新闻及时传播出去。虽然提供网络新闻服务线的服务商要收取一定的费用，但与召开新闻发布会相比，还是可为企业节约许多费用，如招待费、场地费、印刷费以及其他的管理费用。

(2) 通过企业自己的网站发布新闻。大多数企业的网站会设立单独的网页发布新闻，企业可以在该页面直接面向公众动态地发布新闻。如果是重大新闻则可以放在主页上发布。在网站上应该有联系信息，使记者和公众能够与企业快速地取得联系，以增加新闻稿件的互动性。

(3) 通过相应的新闻组或邮件列表发布新闻。一些简短新闻如出版社的新书预告，计算机公司的软件升级及新产品的信息等，可以在符合主题的新闻组上发布，或者通过企业掌握的邮件列表资源发布。

3. 栏目赞助

通常情况下，由企业对网站的某些栏目提供赞助，访问者可以通过赞助页面直接链接到企业的页面，从而扩大企业页面的知名度。企业赞助对象一般是一些会议、公共信息、政府或非营利性的活动，如赞助一个电视剧的展出页面，以吸引观众对自己的企业、产品或服务的关注。

4. 参加或主持网上会议

在网络服务商的网络论坛经常举办一些专题讨论会，有的网络会议吸引了众多消费者参与，网络会议的参加者可以看到其他人提交会议的发言，同时自己的发言也处于许多人的关注之下。参加与企业有关的专题论坛，并积极发表意见，可以提高本企业的形象和知名度。企业可利用网络服务商提供的网络会议服务，自己组织网上会议，有可能的话，邀请一些著名的专家作为客串主持，利用专家的名气吸引公众，帮助企业在公众心目中树立良好的形象。

5. 发送电子推销信

网络公共关系的一种常见形式就是给新闻记者或编辑发送电子推销信，在信中简述企业的新闻内容及对他们的请求。也可以是给某些老顾客发送一些企业的新闻，如新产品的信息等。这就要求企业从事公共关系的人员与新闻记者或编辑以及某些老顾客建立起稳定的关系，通过多种途径收集电子邮件地址。值得注意的是，电子推销信必须做到主题明确、标题鲜明。

案 例

云南白药牙膏“益起来，让世界听见”，怒刷公益2.0时代

公益是企业履行社会责任、推动社会良性发展的重要途径。同时，公益也是企业文化的一部分，通过公益活动以有温度的方式拉近和公众之间的距离，对于品牌形象的树立有着不可替代的作用。云南白药一直践行“悬壶济世，普济众生”的理念，热心投身于公益事业。近年来，云南白药牙膏通过与明星、公益组织以及志愿者们合作为山区儿童送温暖、送健康等方式，身体力行地为国人的健康事业贡献一份力量。同时在“互联网+”时代，作为传统行业的云南白药牙膏携手腾讯，结合腾讯全平台资源实现公益互动和品牌传递，在互联网基因的赋能之下共同向社会传递正能量。

2017年，云南白药牙膏以“音乐”为纽带，发起“益起来，让世界听见!”公益募捐，为山区孩子打造音乐教室，同时向乡村教师提供专业的音乐课程培训，丰富乡村教育资源，让大山里的孩子也能有音乐的陪伴。

1. 传播策略

整个传播活动围绕本次公益活动预告、号召捐款、线上推广及线下活动，配合微博、微信、KOL视频、地铁站海报投放等制造多种创新形式内容，通过加深用户记忆度和好感度，继续完善云南白药牙膏持久做公益的品牌形象。

2. 公益活动执行

（1）奔赴云南山区和孩子们互动，对山区孩子的日常生活、音乐梦想进行拍摄。

（2）在线下地铁站、音乐会现场、线上微博微信中展露公益海报，加深消费者对品牌的记忆点。

（3）拍摄公益视频，并在多渠道进行展现。

（4）联合 KOL 大号发声，投放人群以彩虹合唱团及符合此次公益客群特征的账号为主，个人自媒体账号进行活动预告及捐款号召，新闻媒体对事件进行总结及定性。

3. 效果

总体覆盖人群达到 2558 万，整体曝光量为 150 万；2 个微信 KOL 总阅读数为 20W +，2 个微博 KOL 转发数 7614，微博累计评论 3024 条。大量用户被本次音乐公益活动的系列内容吸引，自主转发内容，参与到公益活动中，完善了云南白药品牌形象，进而提高了产品购买率。

学习导航

- 网络营销策略
  - 网络营销产品策略
    - 网络营销产品概述
    - 网络营销的产品策略
    - 网络营销产品服务策略
  - 网络营销价格策略
    - 影响定价的主要因素
    - 网络营销定价的特点
    - 网络营销定价的主要策略
  - 网络营销渠道策略
    - 网络营销渠道概述
    - 网络直接销售渠道
    - 网络间接销售渠道
    - 企业网络营销渠道的最佳策略——双道法
  - 网络营销促销策略
    - 网络促销的概念、分类与作用
    - 网络促销的主要策略
    - 网络促销的实施步骤
    - 网络公关

? 自测题

一、 名词解释

1. 网络促销
2. 网络广告定位
3. 双道法

二、 判断题

1. 促销的基础是买卖双方信息的沟通。在网络上，信息的沟通渠道是单一的，所有的信息都必须经过线路的传递。（　　）

2. 网络促销虽然与传统促销的最终目的有较大差别，但它们在促销观念和手段上是相同的。（　　）

3. 定价是营销活动中最活跃的因素。（　　）

4. 一般来说，所有的产品都适宜采用低位价格策略。（　　）

5. 网上拍卖是目前发展较快的领域，是一种最市场化、最合理的方法。（　　）

三、 单项选择题

1. 目前网络上应用最广泛的一种广告形式是(　　)。

A. 在互联网上建立介绍公司及产品的 FTP 来发布广告

B. 向广告服务商租用空间，建立自己的站点，自己进行广告运作

C. 在热门站点上做网络广告

D. 在互联网上建立介绍公司及产品的 WWW 广告服务器来发布广告

2. 在选择网络广告站点时，一般首先考虑网站的(　　)。

A. 受众群体　　B. 网页设计

C. 经营策略　　D. 网页浏览次数

3. 最经典、最常用的网站推广手段方式是(　　)。

A. 在搜索引擎上注册　　B. 建立关键词列表

C. 充分利用友情链接　　D. 在媒体上做广告

4. 下列选项中属于“软体产品”的是(　　)。

A. 股市行情分析　　B. 农产品

C. 电子图书　　D. 远程医疗

5. 在传统市场营销与网络营销中产品的最主要的不同是以(　　)。

A. 满足顾客实质性的要求　　B. 满足顾客质量的要求

C. 满足顾客个性化的要求　　D. 满足顾客使用的要求

四、 多项选择题

1. 关于网络品牌说法正确的有(　　)。

A. 网络品牌的开发不能无的放矢

B. 一个品牌可以有多个品牌形象

C. 可以借鉴传统手段宣传网络品牌

D. 网站的交互能力是维系品牌忠诚度的基础

2. 网络产品定价的目标包括(　　)。

A. 生存　　B. 当期利润最大化

C. 市场占有率最大化　　D. 产品质量最优化

3. 网络直销的优点(　　)。

A. 网络直销促成产需直接见面

B. 对买卖双方都有直接的经济利益

C. 及时了解用户对产品的意见和建议

D. 简化了市场交易过程

4. 网络营销的定价方法有(　　)。

A. 成本导向定价法　　B. 需求导向定价法

C. 竞争导向定价法　　D. 对等定价法

5. 网络营销价格策略有(　　)。

A. 低位定价　　B. 个性化定制生产定价

C. 使用定价　　D. 折扣定价

E. 拍卖定价

五、 简答题

1. 网络促销有什么特点?

2. 什么是网络广告?

3. 网络广告的优点是什么?

4. 网络公关如何实现其基本目标?

六、 讨论题

1. 网络促销与传统促销的区别是什么?

2. 根据所学的知识谈谈网络促销的重要性。

3. 试述网络营销中的价格策略及适用范围。

4. 试述传统营销渠道与网络营销渠道的区别。

实训

1. 登录拍拍网，了解产品的拍卖过程，理解不同产品拍卖价格的指定程序。

2. 浏览亚马逊中国网（http：//www. amazon. cn），查看其定价方法和对不同地区的物资配送情况。

3. 浏览慧聪网（http：//www. hc360. com），分析研究其网络营销产品策略。

4. 进入京东商城网（http：//www. jd. com/），查看其物流配送体系的运作情况。

小组任务

设计题目： 网络营销促销策略

学生们每5个人一组，分别登录中青旅浙江网站（http：//www. zjcyts. com/），订阅该企业的产品信息，了解企业电子邮件促销的步骤，最终写出分析报告。要求分述如下。

1. 训练针对网络促销具体方案的认知并掌握网络促销方案的具体规划。

2. 掌握电子邮件促销的做法。

3. 分析网络促销的不同手段（至少三种）。

第六章

网络营销的方法

一个合格的网络营销从业人员需要拥有丰富的网络推广经验，熟悉网站推广的各种方法，尤其需要精通无成本或低成本网络营销推广方式，了解微博、微信、抖音等新媒体营销功能。能够配合公司营销战略，熟练利用电子邮件营销、博客营销、广告、交换链接等网络推广手段开展网站推广工作。此外，还需要从业人员善于沟通，具备很强的执行能力，具备良好的团队协作精神，有较强的写作能力、口头表达能力及交际能力。需要学生在校期间就参与企业网络推广活动，熟悉各种网络推广方式，熟练掌握常用的网络推广工具，在实践中培养这些方面的能力。

学习目标

1 了解企业网站推广的方法。

2 掌握常用网络营销方法的特点与功能。

3 能够运用三要网络营销方法开展网络营销活动。

案例

世上最好的工作

大堡礁是世界上最大、最长的珊瑚礁区，是世界七大自然景观之一，也是澳大利亚人最引以为豪的天然景观，又称为“透明清澈的海中野生王国”。为向全球宣传澳大利亚大堡礁，推动当地旅游业的发展，澳大利亚昆士兰旅游局通过什么方式既能节约成本而且宣传效果又最好呢？最终，澳大利亚昆士兰旅游局“策划”了通过互联网向全球招聘大堡礁岛屿看护员。

澳大利亚昆士兰旅游局将在全球范围内招募一名大堡礁看护员，工作时间自2009年7月1日开始，为期半年，薪水15万澳元（约合人民币70万元）。申请人只要制作一个长度不超过60秒钟的应聘视频，并于2月22日之前上传即可。评选小组将结合网络投票的结果，挑选11名候选人前往澳大利亚参加面试，最终决出一名优胜者。他的职责包括探访大堡礁附近的诸多岛屿，亲身体验各种探险活动（包括扬帆出海、划独木舟、潜水、海岛徒步探险等）以及担任兼职信差（借机从空中俯瞰整个大堡礁），并把自己的亲身经历以文字和视频的方式记录下来，上传至博客。在当前国际金融危机的情况下，这样的工作具有相当大的诱惑力。

2009年1月9日澳大利亚昆士兰旅游局网站发布招聘通告，并为此专门搭建了一个名为“世上最好的工作”的招聘网站（http：//www. islandreefjob. com），网站提供了多个国家语言版本，只短短几天时间便吸引了30多万人访问，导致网站瘫痪，官方不得不临时增加数十台服务器。

昆士兰旅游局提供的数据显示，截至当地时间1月23日上午9时59分，“世上最好的工作”共吸引来自全球200个国家和地区的近3.5万人竞聘，这样一次招聘活动吸引了全球的目光，据昆士兰旅游局称，目前，公关价值已经超过7000万美元。

案例分析

这是一起典型的病毒性营销，它具有以下几个特点。

（1）正确的时间做正确的事。2008年美国金融风暴快速席卷全球，大量工厂裁员，工人失业，此时谁能够拥有一份稳定、高薪的工作，真的是很惬意的事情，澳大利亚昆士兰旅游局此时推出以惬意的工作环境和工作内容，以每小时1400美金的超高待遇全球招聘，仅仅“岛屿看护员”“半年10万美金工资”就够吸引眼球了！

（2）向目标客户通过合适的传播渠道进行传播。当澳大利亚昆士兰旅游局将这份面向全世界招聘的工作发布时，在全球范围内迅速掀起了应聘热潮，美国《纽约时报》、英国《独立报》等都对这份令人难以置信的工作进行了报道。中国电视媒体、网络媒体、报纸媒体也进行了大量报道。中国是旅游大国，更是出国游的大国，对于澳大利亚的大堡礁，昆士兰旅游局一定会非常重视在中国的宣传和营销，中国在这次经济危机中受到的影响可能是最小的，广大人民的钱袋还是鼓鼓的，内需一直刺激拉动中，澳大利亚昆士兰旅游局怎能不重视这样一个具有庞大消费能力的客户群。

（3）网络营销也好传统营销也罢，要的不只是一时吸引眼球。“世上最好的工作”招聘活动还在继续，3月3日面向全球公布了入围50强的名单，这些佼佼者还将接受一系列在线心理测试，最终选出11人前往大堡礁哈密尔顿岛进行最后的PK。值得关注的是11人中有一人将是“外卡”

候选人，所谓“外卡”，简单地说就是在网站上获得投票数最高的一名。直接获得最终面试机会。病毒性营销存在一个时间的问题，一般都是不长时间就快速淡出人们的视线，而昆士兰旅游局在策划本次营销事件的时候在候选人本职工作中尤其突出了一条：“他需通过每周的博客、相簿日记、上传视频及接受媒体的跟踪访问等方式宣传大堡礁”，这可能也是所有工作职责内最重要的一条，喂鱼、清洁那都是次要的了，这个持续的对大堡礁的宣传，并且每次都能够吸引全世界网民的眼球与关注才是最重要的工作内容。2009 年 7 月 1 日，获得“世上最好的工作”的幸运儿上岗后，估计新一轮的营销更加壮观，人们可能经常去看看他的博客、视频，随时随地感受大堡礁，还可以与“岛主”进行互动，即便到不了大堡礁，还是依然可以享受来自大堡礁的美景。

（4）营销的价值是一种精神与价值的传递。通过“世上最好的工作”病毒性营销，让我们了解了大堡礁，了解了澳大利亚风景之外的体验——精神与价值！旅游不是看热闹，也不是仅仅去欣赏风景，更需要的是一种完全融入其中的和谐共处。

资料来源：博研科技（http：//www. boyan. cn）

第一节 电子邮件营销

电子邮件并非为营销而产生，但是当它成为大众信息传播工具的时候，它的营销价值也就逐渐显示出来。电子邮件是网络营销信息传递的有效方式，也是主要的顾客服务手段之一，电子邮件营销与网络营销的其他方法既相辅相成，又自成体系。

一、电子邮件营销的定义和特点

（一）电子邮件营销的定义

电子邮件营销是在用户事先许可的前提下，通过电子邮件的方式向目标用户传递有价值信息的一种网络营销手段。从定义中可以看出，电子邮件营销必须具备基于用户许可、通过电子邮件传递信息、信息对用户有价值三个基本因素。

小知识

什么是垃圾邮件

中国互联网协会在《中国互联网协会反垃圾邮件规范》中所称的垃圾邮件，包括具有下述属性的电子邮件。

（1）收件人事先没有提出要求或者同意接收的广告、电子刊物、各种形式的宣传品等宣传性的电子邮件。

（2）收件人无法拒收的电子邮件。

（3）隐藏发件人身份、地址、标题等信息的电子邮件。

（4）含有虚假的信息源、发件人、路由等信息的电子邮件。

（二）电子邮件营销的特点

1. 传播范围广

随着互联网突飞猛进的发展，2021 年 6 月我国互联网网民总数达到 10.11 亿人，面对如此巨大的用户群，作为现代广告宣传手段的电子邮件营销正日益受到人们的重视。只要拥有足够多的电子邮件地址，进行电子邮件群发，企业的营销范围便可以是中国全境乃至全球。

2. 操作简单效率高

使用电子邮件群发软件，可实现每天数百万封的发信效率。其操作不需要工作人员懂得高深的计算机知识，不需要烦琐的制作及发送过程，发送上亿封的广告邮件一般只需几个工作日便可完成。

3. 成本低廉

电子邮件营销是一种低成本的营销方式，费用支出主要是上网费，有的企业还有购买邮件列表的费用，但总成本比传统广告形式的成本要低得多。

4. 应用范围广

广告的内容不受限制，适合各行各业。因为广告的载体就是电子邮件，所以具有信息量大、保存期长的特点，并且具有长期的宣传效果，收藏和传阅也非常简单方便。

5. 针对性强且反馈率高

电子邮件本身具有定向性的特点，可以针对某一特定的人群发送特定的广告邮件，也可以根据需要按行业或地域等进行分类，然后针对目标客户进行广告邮件群发，使宣传一步到位，这样做可使行销目标明确，而且效果非常好。

（三）电子邮件营销存在的问题

1. 垃圾邮件

从其历史来源来看，早期的电子邮件营销来源于垃圾邮件，人们对其没有好感，存在排斥心理。垃圾邮件是电子邮件营销最大的敌人，这也就是规范的电子邮件营销为什么要反对垃圾邮件的根本原因，而对这个问题目前似乎并没有什么有效的办法，无论是从法律角度还是从技术角度都无法阻止垃圾邮件泛滥对网络信息空间所产生的恶劣影响。

2. 服务商屏蔽邮件

为了保护自己的服务器不至于受到垃圾邮件的威胁，许多服务商都采取了屏蔽措施，许多合法的许可邮件往往也成为被屏蔽的对象，而一些真正的垃圾邮件则往往通过一些巧妙的发送手段避开这种屏障长驱直入用户的电子邮箱。

3. 垃圾邮件黑名单

许多独立的反垃圾邮件机构采用“黑名单”的方式试图减少垃圾邮件，这些机构根据自己设定的垃圾邮件判断规则，将被怀疑发送垃圾邮件的服务器IP地址列入黑名单，一些ISP和企业则根据这些黑名单所列出的IP地址屏蔽可能产生垃圾邮件的邮件服务器，黑名单中自然有一些真正的垃圾邮件发送者，但许多正规的邮件列表发送者也难免被收录到黑名单中，从而造成这些邮件列表无法正常发送。

4. 滥用许可的权利

即使是用户自行加入的邮件列表，如果随意扩大用户许可的范围，例如，过多发送邮件或者利用用户邮件地址发送第三方的信息等，同样会招致用户的极大反感，并将接收到的邮件作为垃圾邮件举报，那么很可能就会被列入黑名单。

5. 电子邮件退信率

这是一个相对具体的问题。邮件列表用户地址数量是许可电子邮件营销的基础，信息的有效传送才是广告效果得以保证的根本。但是，由于种种原因，造成邮件列表退信率不断增高，这在很大程度上降低了电子邮件营销的效果，制约了邮件广告的进一步发展。

6. 电子邮件效果测量有难度

虽然从理论上说可以对电子邮件的送达率、开信率、阅读率、转发率等给予详细的跟踪记录，但实际上往往做不到，因为这种测量的基本原理是在HTML代码中加入一段跟踪代码，但这些代码经常被屏蔽，而对于纯文本格式的电子邮件，则根本无法进行跟踪。因此，实际上很难知道究竟有多少邮件被送达和阅读，也就很难准确地测量电子邮件营销的效果到底如何。

7. 邮件传递延迟

电子邮件传递信息快的优点现在越来越不明显，甚至已经成为劣势，尤其是在采用第三方邮件列表专业发行平台的情况下，由于有大量邮件等待发送，邮件内容设计好提交给服务器之后，往往需要等待几个小时甚至更长的时间才能开始发送。这些邮件到达接受方服务器之后再由于种种原因产生延迟，最终到达用户电子邮箱可能要大半天甚至更长的时间，这对于传递及时性要求较高的信息而言是非常致命的影响。

8. 反垃圾邮件法律的影响

规范的电子邮件营销要反对垃圾邮件，但政府和机构所采取的反垃圾邮件法律和措施反而让电子邮件营销受到打击。因此电子邮件营销在极力反对垃圾邮件的同时，还要与反垃圾邮件中的官僚行为做斗争，以改善这种两面夹击的困境。

9. 营销的专业化程度

目前对电子邮件营销的研究，大都着眼于具体的操作技巧和一般方法，而能够站在企业营销战略的高度进行研究的很少，也许是因为电子邮件营销还没有受到大多数企业的重视，或者是对电子邮件营销策略的实施缺乏全局的考虑。但现在有一些企业已经认识到商业网站设计专业化的重要性，电子邮件营销专业化的问题也必将在网络营销实践中充分地表现出来。一方面，由于缺乏专业营销人员，许多网站不了解如何正确利用用户资料进行营销，即使拥有几万甚至上百万用户的注册信息，却不知道如何有效地发挥其作用。有时每天将大量的商业信息强行发送给用户，有时在很长时间之内又似乎完全没有考虑到用户的存在，这样的电子邮件营销当然不可能取得好的效果。企业花费很大代价获取用户资料，但由于缺乏专业的网络营销人员开展专业的营销工作，用户资料很难转化为收益，从而造成信息资源的重大浪费。另一方面，营销服务要专业化，不论是企业自行开展专业化的电子邮件营销，还是利用专业服务商的服务，网站都是最重要的营销工具，网络营销的成效在一定程度上取决于网站建设的专业化水平。同样，电子邮件营销的效果也与专业化水平有直接关系。

10. 营销定制化程度

由于资料数多繁杂，分析员很难精确地对资料进行分类。在这种情况下，许多企业通常以批量发送的方式向用户散发营销邮件，这样做实际上根本无法达到定制化的目标。

11. 市场供求信息不畅通

同许多行业一样，市场形成初期买卖双方的信息不畅通，为沟通带来一定的困难，一些广告主面临着到哪里寻找电子邮件广告服务商的问题。这样的问题对一些网络业内的资深人士来说，也许不算问题，但是并不是每个希望投放邮件广告的企业都能够找到自己理想的媒体，有时甚至可以说是很难或无法找到。一般的广告代理商没有这样的业务，提供这种服务的有限的几家公司又缺乏有效的市场推广手段和力度。

二、电子邮件营销历史

电子邮件诞生于1971年，据电子邮件的发明人雷·汤姆林森回忆，当时已经有一种可传输文件的电脑程序以及一种原始的信息程序。但两个程序都存在极大的使用局限性。当时汤姆林森是马萨诸塞州剑桥的博尔特·贝拉尼克·纽曼研究公司的重要工程师，这家企业受聘于美国军方，参与Arpanet网络的建设和维护工作。汤姆林森对已有的传输文件程序以及信息程序进行了深入研究，最后研制出一套新程序，它可通过电脑网络发送和接收信息，再也不受以前的种种限制。为了让人们都拥有易识别的电子邮箱地址，汤姆林森决定采用@符号，符号前面加用户名，后面加用户邮箱所在的地址。电子邮件由此诞生。

电子邮件虽然是在20世纪70年代发明的，却是在80年代才得以兴起的。70年代的沉寂主要是因为当时使用Arpanet网络的人太少，加之受网络速度的限制，那时的用户只能发送些简短的信息，根本无法像现在这样发送大量的图片；到80年代中期，个人电脑兴起，电子邮件开始在电脑迷及大学生中广泛传播开来；到90年代中期，互联网浏览器诞生，全球网民人数激增，电子邮件也开始被广泛使用。

最早的电子邮件营销来源于垃圾邮件，著名事件是“律师事件”，因为这次事件，使人们逐渐对电子邮件营销有了系统的了解，所以普遍观点认为电子邮件营销诞生于1994年。将电子邮件营销概念进一步推向成熟的是“许可营销”理论的诞生。中国的电子邮件营销处于初级阶段，企业已经对电子邮件营销有了初步的认识，日常商务中逐渐开始应用电子邮件营销，不过由于对电子邮件营销缺乏充分的认识，所以普遍具有盲目性，缺乏系统性和科学性。

三、电子邮件营销的原则与策略

电子邮件营销与滥发垃圾邮件不同，电子邮件营销比传统的推广方式或未经许可的电子邮件营销具有明显的优势，比如，可以减少广告对用户的滋扰、增加潜在客户定位的准确度、拉近与客户的关系、提高品牌忠诚度等。根据电子邮件营销所应用的用户电子邮件地址资源的所有形式，可以分为内部列表电子邮件营销和外部列表电子邮件营销，简称内部列表和外部列表。内部列表即通常所说的邮件列表，是利用网站的注册用户资料开展电子邮件营销的方式，常见的形式如新闻邮件、会员通信、电子刊物等。外部列表电子邮件营销则是利用专业服务商的用户电子邮件地址来开展电子邮件营销，也就是以电子邮件广告的形式向服务商的用户发送信息。许可电子邮件营销是网络营销方法体系中相对独立的一种，既可以与其他网络营销方法相结合，也可以独立应用。

（一）电子邮件的撰写

电子邮件的撰写包括文本和签名两个方面。

1. 文本的写作

电子邮件文本应该简练，没有拼写错误。其他人使用的电子邮件程序与你的可能不一样，如果你使用的电子邮件程序是基于浏览器的，千万不要以HTML格式发送电子邮件，这种格式在其他的电子邮件程序里看起来很难看，而且不能以正确的方式显示，所以要以纯文本格式发送。

（1）保持行长度。不要让人们从左到右翻页来阅读你的文章，6070个字符是每行的最大长度。

（2）多用礼貌用语。比如，“您”“请”“谢谢”“顺致问候”等字样，给生硬的电脑语言赋予人情味，往往会达到很好的沟通效果。

（3）群发邮件时，一定要注意邮件主题和邮件内容的字词书写。很多网站的邮件服务器为过滤垃圾邮件设置了常用垃圾字词过滤，如果邮件主题和邮件内容中包含有如

“大量”“宣传”“钱”“第一”等字词，则服务器将会过滤掉该邮件，因此在书写邮件主题和内容时应尽量避开你心目中认为有垃圾字词嫌疑的文字和词语，这样才能顺利群发出邮件。

（4）正确使用电子邮件签名，签名文件的意义就像常规信笺的信头一样，可以明确发函人的身份、联系方法。它也是一种重要的品牌营销资源，设计精巧的签名文件，会给收函人留下良好的印象。

2. 设置签名

签名时应注意以下几点。

（1）签名要简单、整齐，不要用特别的字符，内容最好保持在6行以内，一般包括联系人、部门、公司名称、联系方式、一句话广告语等，如果内容太多太长，容易影响邮件正文的表达。放过多的公司广告信息也会适得其反。

（2）不同的邮件发送对象可以使用不同的签名，可以依据具体客户和产品、服务制定不同版本的签名，灵活使用。

（3）让你的签名邮件居左而不是居中或者居右。其原因在于字符大小在不同机器上的显示不一样，如果居中或者居右，整齐的排版就会变得凌乱。

（4）签名文件与邮件正文之间的距离不要太长，只需将二者的信息区分开来即可，一般情况下为三行。签名和正文之间要有一条分界线，这样的一条分界线是必不可少的。没有它，人家会误以为你的签名是邮件正文的一部分。

（5）不要使用类似 < > 或 $ 之类的醒目符号。那样会被联想为打着“快速致富”的招牌行骗的“营销”者，这类符号几乎是他们的身份标志。

（6）无论你是创建还是更改签名文件，首先必须进行测试。方法是给你自己发一封邮件，在不同的显示器、不同的分辨率下看看签名文件的效果。

（二）电子邮件营销的原则

1. 及时回复

在收到电子邮件的时候，要养成及时回复的习惯，即使是“谢谢，来信已经收到”也会起到良好的沟通效果，通常电子邮件应该在一个工作日之内回复客户，如果碰到比较复杂的问题，要一段时间才能准确答复客户，也要先简单回复一下，说明情况。实在没有时间回复，则可以采用自动回复电子邮件的方式。

2. 避免无目标投递

采用群发的形式向大量陌生电子邮件地址投递广告，不但收效甚微，而且会变成垃圾邮件，损害了公司形象。

3. 尊重客户

不要向同一个电子邮件地址发送多封同样内容的信件，当对方直接或者间接拒绝接收电子邮件的时候，绝对不可以再向对方发送广告信件，要尊重对方，否则更易引起反感。

4. 内容要言简意赅

客户时间宝贵，在看电子邮件的时候多是走马观花，所以信件要言简意赅，充分吸引客户的兴趣，长篇累牍会使客户放弃阅读你的电子邮件。在发送前一定要仔细检查电子邮件内容，语句要通顺，没有错别字。

5. 附上联系方式

信件一定要有签名并附上电话号码，以免消费者需要找人协助时无法联络。邮件内容如果能在正文里面显示，就不采用附件形式。

6. 尊重隐私权

征得客户首肯前，不得转发或出售发信人名单与客户背景。

7. 避免撞车

在促销活动中，宣传渠道包括媒体、电子邮件、电话等，务必要事先协调以免同一个客户重复收到相同的促销信。

8. 坦承错误

若未能立即回复客户的询问或寄错信件，要主动坦承错误，并致歉。不能以没有收到电子邮件作为借口，弄巧成拙，不但无法吸引客户上门，反而把客户拒之门外。

（三）内部列表电子邮件营销策略

内部列表的用户主要为现有客户、注册会员和邮件列表注册用户，其主要职能在于增进客户关系、提供客户服务、提升企业品牌形象等。内部列表营销的任务重在邮件列表系统、邮件内容建设和用户资源积累等方面。目前应用内部列表最成功的企业主要是大型网络公司和其他互联网应用水平高的企业，如大型电子商务型网站、中国网通等，因为这些企业通常比其他传统企业网站拥有更多的注册用户，网站的功能也较为完善，用户利用互联网获取信息和服务更为普遍，因此电子邮件营销的效果也更加显著。无论采用哪种形式的内部列表，都要经过邮件内容设计、测试、发送、效果跟踪等环节，一般包括下列 5 个步骤。

1. 确立指导思想

当用户注册为会员之后，将长期成为网站的宝贵资源，有效地利用这些会员资料是一项关系到公司竞争优势的战略任务。在制定了内部邮件列表营销策略的情况下，企业应尽可能确立明确的指导思想，将会员通信邮件作为一项长期的、连续的营销策略。

2. 确定营销目的

营销目的决定了会员通信内容的方向，例如，对于客户数量较少但比较专业的企业，会员通信的主要作用在于为客户服务，这样的邮件内容就不适合发送大量的产品信息。

3. 制定内容策略

当总体经营思路确定之后，还需要对邮件内容进行认真的规划。尽管每一期邮件的内容都不同，但还是需要在统一的指导思想下进行规划，做到内容连贯、针对性强，而不是每期邮件的内容完全相互独立，甚至没有任何相关性。更重要的是，邮件内容应与企业总体营销策略密切结合，让会员通信发挥其应有的作用。

4. 邮件发送

为发送邮件设置一个固定时间，比如，星期一中午，按时发送邮件。一方面可以反映出公司的专业化，增加用户的信心，另一方面也有助于规范营销人员的工作，为有效评价邮件列表效果打下基础。

5. 跟踪营销效果

作为一种内部的营销资源，会员通信一般不需要第三方提供的跟踪报告，内部邮件列表营销的效果评价相对比较困难，需要营销人员根据各种信息加以判断，并且记录、积累有关数据，然后根据一定的指标来进行分析。

（四）外部列表电子邮件营销策略

尽管很多网站都希望建立自己的邮件列表，但由于用户资源、管理等方面的限制，内部列表并不一定完全能够满足开展电子邮件营销的需要。特别是对于我国众多的中小网站来说，企业用户资源积累时间比较长，潜在用户数量一般比较少，不利于迅速扩大宣传。同时由于缺乏专业人员以及投入的资源限制，即使建立了邮件列表，使用的效率也会比较低，因此，为了某些特定的营销目的，通常还需要专业服务商的服务。而对于没有建立自己内部列表的企业，与专业服务商合作开展电子邮件营销不失为最好的选择。这样可以对内部营销资源与外部营销资源进行综合利用。

专业的电子邮件营销服务商拥有大量的用户资源，一般可以根据要求选择定位程度比较高的用户群体，有专业的发送和跟踪技术，有丰富的操作经验和较高的可信度，因而营销效果也有其独到之处。目前，可供选择的外部列表电子邮件营销资源主要有：免费电子邮箱提供商、专业邮件列表服务商、专业电子邮件营销服务商、电子刊物和新闻邮件服务商、专业网站的注册会员资料等。这些服务商及其电子邮件营销形式各有特点，可根据具体需要进行选择。

外部列表电子邮件营销资源大都掌握在各网站或者专业服务商的手中，要利用外部列表资源开展电子邮件营销，必须选择合适的服务商，这时除了比较其价格水平之外，还应该对服务商的资信和专业水准进行认真考察，以确保自己的投入可以换取满意的回报。选择电子邮件营销服务商应重点考察下列几个方面。

1. 电子邮件服务商的可信赖程度

判断一个服务商是否值得信赖，可以通过了解其品牌形象和用户口碑等外在标准来评价，同时至少还需要确认两项基本要素：① 用户电子邮件地址的来源必须是合法的，即经过用户许可；② 服务商自己不发送垃圾邮件。

2. 服务商提供的用户数量和质量是否可靠

有些服务商为了吸引广告用户的关注可能会夸大邮件列表资源的用户数量和质量，这种状况制约了电子邮件营销行业的正常发展，导致一些企业宁可利用公司内部的邮件列表也不愿意采用专业服务商的服务。即使服务商所提供的邮件列表用户数量是真实的，但仍然可能存在质量不高的情况，这主要是因为一些邮件列表的用户比较分散，同时，由于部分邮件服务商终止服务、用户电子邮箱废弃、用户更换邮件地址而没有退出列表等原因，从而造成列表中的部分用户实际上已经没有任何意义，而广告客户却要为这些无效的用户地址付费，这显然对企业是不公平的。

3. 准确的用户定位

外部邮件列表的人数固然重要，但外部列表的质量更加重要。定位准确是电子邮件营销成功的基础，因为没有人愿意阅读和自己毫无关系的电子邮件，尤其是大量的商业广告内容。用户定位可能有多种指标，如年龄、职业、收入、学历、地理位置等。准确的定位应建立在用户提供的信息真实的基础之上，但有些邮件列表，用户只是为了获得某种信息或服务，所填写的信息不一定完全是真实的。以这些信息作为用户定位的依据，显然没有足够的说服力。如用户在申请免费邮箱时，所提交的信息并不一定完全真实，而在一个电子商务网站注册时，由于需要真实姓名、邮政地址、电话等多种信息才能最终得到自己需要的商品和服务，因此，这些用户资料的真实性相对来说更高一些。这也是非专业性的新闻邮件和电子刊物的广告销售相对更加困难的主要原因。一个服务商可能拥有多种列表资源，应从其中挑选最适合的列表作为电子邮件广告的载体。

4. 专业化的电子邮件营销服务

专业化包含多方面的内容，如提供专业的电子邮件营销建议、专业的广告效果监测手段、专业的邮件发行和管理系统等。一个合格的服务商，往往有大量的成功案例，并且有相关的统计分析资料，如用户的组成成分、用户接收和阅读行为、不同行业电子邮件广告的反应率、用户所使用的邮件接收程序等。根据这些资料，企业可以更好地制定自己的电子邮件营销策略。

5. 合理的费用和收费模式

与其他网络广告形式的收费不同，由于电子邮件广告可以准确地统计出发送邮件的数量，因此，可采用按照邮件发送数量来计费的模式。因此，在选择邮件列表的同时，知道了列表中用户的数量，也就知道了电子邮件营销的费用。这样的定价模式简单易行，为许多服务商所采用。不过，有调查表明，将近一半的用户希望采用按点击量付费的定价模式（CPC）。至于某个服务商收费水平的高低，通过对比同行的状况，可以方便地做出评价。一般来说，服务商的知名度越高、用户定位程度和许可程度就越高，电子邮件营销的效果就越好，费用也会相应更高。

相关链接 搜索

外部列表电子邮件营销内容

在选择了合适的电子邮件服务商之后，首要任务就是设计电子邮件内容。由于利用外部列表开展电子邮件营销活动通常是临时性或者一次性的，因此，一般只需要针对活动当时的营销目的进行内容设计。专业服务商投放的电子邮件广告也需要具备电子邮件的基本要素，即发件人、邮件主题、邮件正文、附加信息等。其中，邮件主题和正文内容是电子邮件营销的核心，但发件人和附加信息对用户是否信任广告内容发挥了重要的辅助作用。正是因为通过这些信息，收件人才知道该广告邮件来自何处，是垃圾邮件还是正规的电子邮件营销。一般而言，电子邮件广告并没有固定的形式，可以是电子刊物中的赞助商、专家或者其他用户的推荐信，也可以是专门的广告内容。在表现形式上，通常也有多种可选择的方式，只要邮件内容设计合理，用户可以正常接收，都可以作为电子邮件广告。

（五）电子邮件营销的效果评价

内部列表和外部列表电子邮件营销的效果评价通常有不同的方式，企业的期望目标也有一定的差异。当采用专业服务商的电子邮件营销服务时，通常希望获得定量的直接反应率指标和直接销售收益。对于内部列表，由于是长期的、连续的活动，所以电子邮件营销的有效性并不是通过一两次活动就可以准确评估的，因此通常采取定性的分析方法。

1. 外部列表电子邮件营销的有效性

外部列表电子邮件营销多表现为临时性，每次活动发送邮件的次数有限，有些可能只发送一次，因此一般比较注重短期效果，以邮件送达总数、开信率和点击率等为主要监测指标。当获得了这些基本指标之后，可以通过定性对比和定量分析的方式来判断电子邮件营销活动是否有效。有效的电子邮件营销主要表现在邮件可以送达尽可能多的目标用户电子邮箱、反应率指标不低于行业平均水平、达到期望的目标三个方面。另外，采用外部列表电子邮件营销也可能获得其他效果，如网站访问量增加、对相关产品和服务的附带宣传效果等。如果服务商和潜在用户列表选择合理，邮件内容、格式、主题等基本信息设计合理，综合考虑电子邮件营销产生的各种效果，仍然无法达到预期的营销目标，则可以认为本次电子邮件营销活动是无效的。

2. 内部列表电子邮件营销的有效性

内部列表电子邮件营销的有效性主要表现在以下几个方面。

（1）稳定的后台技术保证。

（2）尽可能多的用户加入列表。

（3）电子邮件营销资源稳步增加。

（4）信息送达率高。

（5）邮件内容获得用户认可，并且有较高的阅读率。

（6）邮件格式获得用户认可。

（7）获得用户信任并产生较高的回应率。

（8）用户资源对企业有长期营销价值。

（9）在企业品牌、客户关系管理、产品推广、市场调研等多方面发挥作用，综合应用效果好。

3. 电子邮件营销的评价指标

通过对一些指标的监测和分析，不仅可以评价电子邮件营销活动的效果，而且可以通过这些信息及早发现电子邮件营销过程中的问题，并对电子邮件营销活动进行控制。

电子邮件营销效果评价是对营销活动的总结，也是电子邮件营销活动的组成部分。无论是采用内部列表开展电子邮件营销，还是选择专业电子邮件营销服务商的服务，都需要通过一些指标来评价其营销效果，因为每个企业都希望投入的营销资源可以获得“看得见”的效果。与电子邮件营销相关的评价指标很多，如送达率、开信率、回应率、转化率等，按照电子邮件营销的过程可以将这些指标分为下述四类。

（1）获取和保持用户资源阶段的评价指标。如有效用户总数、用户增长率、用户退出率等。获得这些指标需要在每次发送邮件列表前后，对现有用户数量进行统计。

（2）邮件信息传递评价指标。在电子邮件营销中，用来描述信息实际传递的指标有“送达率”和“退信率”。在每次邮件发送之后，对退信情况进行跟踪分析，不仅可以及时了解邮件的实际发送情况，而且有可能发现退信的原因，并采取一定的措施给予补救，从而降低邮件列表的退信率。

（3）用户对信息接收过程的指标。在信息送达用户邮箱之后，并不意味着就可以被用户阅读并做出反应，用户对信息的接受过程，可以用开信率、阅读率、删除率等指标加以描述。

（4）用户回应评价指标。电子邮件营销最终的结果将通过用户的反应表现出来，用户回应指标主要有直接带来的收益、点击率、转化率、转信率等指标。

四、邮件列表的获取

获取用户资源是电子邮件营销中最为基础的工作内容，也是一项长期的工作，但在实际工作中却往往被忽视，以至于一些邮件列表虽然建立很久，但加入的用户数量却并不多，电子邮件营销的优势也难以发挥出来，一些网站的电子邮件营销甚至会因此半途而废。可见，在获取邮件列表用户资源的过程中应利用各种有效的方法和技巧，这样才能真正做到专业的电子邮件营销。下面是建立邮件列表的几个基本资源。

（一）已有客户

这是最好的资源，只要产品或服务令客户感到满意，客户就会继续信任企业并且购买，忠诚的客户是企业最好的朋友。

（二）其他业务的顾客

通过其他相关的、非竞争性的业务发送个人化的电子邮件也是一种很好办法，通过互惠交换，在其他公司向其顾客发送的邮件中加入介绍你的产品或服务的信息。

（三）网站的访问者

通过网站上的表单建立潜在客户列表是最有力的手段，可采取三种主要策略鼓励访问者自愿加入企业的邮件列表：邀请客户订阅新闻邮件；提供免费的、无版权问题的咨询；请求访问者把网站推荐给朋友和同事。

（四）广告

无论利用在线广告还是非在线广告，都要留下企业的电子邮件地址，以鼓励客户通过电子邮件联系，因为目标是把客户和潜在客户的电子邮件地址收集到企业的邮件列表中，这样，便可以建立一个可通过电子邮件联系的可靠的潜在顾客列表。

小提示

把企业电子邮件地址印在名片、文具、发票、传真、印刷品上，即使在广播电视广告上也留下电子邮件地址，这样，便于消费者通过电子邮件与企业取得联系。

（五）租用电子邮件地址列表

这可能要花费较大的代价，但如果邮件列表非常适合你的目标受众，付出也是值得的。根据你要求的邮件数量、目标定位方式以及收集名字的方式不同，每个电子邮件地址的价格相应的地会有所不同，通常情况下，可以先用一个小的列表测试回应状况，或者利用后面所附电子邮件直邮服务商提供的服务。

（六）会员组织

为了共同目的在一起工作的人们就是最好的潜在消费者的电子邮件列表，如果潜在客户属于一个协会、网络、校友会、一个俱乐部、一个学校或者其他组织，总之是因为具有某种共同兴趣或原因而形成的一个群体，向他们提供产品或服务的折扣优惠——只允许通过电子邮件与你联系；通过会员组织的新闻或公告宣传对会员的特别优惠，为会员提供服务，这样都可以获得相应的邮箱地址。

第二节 微信、微博、短视频、直播营销

一、微信营销

（一）微信

微信（WeChat），是腾讯公司于2011年1月21日推出的一个为智能终端提供即时通信服务的免费应用程序。微信支持跨通信运营商、跨操作系统平台通过网络快速发送免费语音短信、视频、图片和文字，同时，也可以使用通过共享流媒体内容的资料和基于位置的社交插件“摇一摇”“朋友圈”“公众平台”“微信小程序”等服务插件。

（二）微信常用功能

1. 聊天

支持发送语音短信、视频、图片（包括表情）和文字，是一种聊天软件，支持多人群聊。

2. 朋友圈

用户可以通过朋友圈发表文字和图片，同时可通过其他软件将文章或者音乐分享到朋友圈。用户可以对好友新发的照片进行“评论”或“赞”，用户只能看相同好友的评论或点赞。

3. 微信支付

微信支付是集成在微信客户端的支付功能，用户可以通过手机完成快速的支付流程。

4. 微信摇一摇

是微信推出的一个随机交友应用，通过摇手机或点击按钮模拟摇一摇，可以匹配到同一时段触发该功能的微信用户，从而增加用户间的互动和微信黏度。

5. 游戏中心

可以进入微信玩游戏（还可以和好友比高分），如“飞机大战”。

6. 公众平台

微信公众平台主要有实时交流、消息发送和素材管理。用户可以对公众账户的粉丝分组管理、实时交流，同时也可以使用高级功能——编辑模式和开发模式对用户信息进行自动回复。

7. 微信小程序

是一种不需要下载安装即可使用的应用，它实现了应用“触手可及”的梦想，用户

扫一扫或搜一下即可打开应用。

（三）微信营销的含义与特点

微信营销是借助微信平台开展的营销方式，是一种基于用户群体与微信平台的全新的网络营销方式。通过微信软件与微信用户搭建社交关系，借助移动互联网特有的功能而形成全新的营销方式，比如公众号营销、朋友圈营销等，来达到传播产品信息、传达品牌理念，从而实现促进产品销售、强化企业品牌的营销目的。微信营销的主要特点如下。

1. 送达率高

微信的每一条信息都是以推送通知的形式发送，信息很快就可以送达到用户微信移动客户端，并以铃声、角标等方式提醒用户阅读，到达率可以达到100%。

2. 精准度高

微信公众号可以通过后台的用户分组和地域控制，实现精准的消息推送，可以"一对一"更具针对性地向用户推送广告消息和提供服务，也可以针对某一地域或者某一地区进行消息的推送。

3. 互动性强

用户在微信上的互动是"一对一"的互动，因此微信具有很强的互动及时性，无论在哪里，只要带着手机，就方便自如地同潜在用户进行互动沟通，同时，微信可以24小时在线沟通，更加方便用户随时随地进行互动。

4. 营销成本低

微信软件本身的使用是免费的，使各种功能都不会收取费用。每一个人都可以申请自己的一个微信号，并与他人进行全方位的沟通和互动，成本几乎为零，极大地降低了企业的宣传推广费用。

案 例

"春节摇红包"引发全民互动狂欢

2015年，央视春晚与微信团队以摇一摇这种老少咸宜的零操作门槛，实现了全民齐参与。当晚，春晚主持人口播详细的互动引导后，用户点击微信"发现—摇一摇"进入即可参与"摇红包"。同时，每个抢到红包的用户，还可额外领取多个"红包"分享给好友领取，让大家共同讨个好彩头。当天共发放由众多品牌企业赞助的5亿元现金微信红包。除了春节红包，在春晚微信摇一摇的互动活动中，微信用户还可随机摇出好友，编辑制作发送给好友的春晚主题贺卡或者送出红包祝福。数据显示，从除夕20：00至初一0：48，微信摇一摇互动祝福在185个国家传递了3万亿公里。数据显示，央视春晚这一创新选择卓有成效。从除夕20：00至初一0：48，春晚微信摇一摇互动总量达110亿次。

> 此次央视选择微信等移动互联网社交平台，就是希望通过互动和社交分享效应，抓住参与感和娱乐化的互动精髓，改变过去单向接受的观看习惯。而微信选择春晚，目标并不仅在于赢得与支付宝的红包大战，更在于连接。连接电视行业，连接更多以往没有用微信的用户，连接用户支付的场景。

二、微博营销

（一）微博的含义

微博，即微型博客（Micro Blog），是一种通过关注机制分享简短实时信息的广播式的社交网络平台，是一个基于用户关系信息分享、传播的社交平台。2009 年，新浪率先推出微博，之后网易、搜狐、腾讯也相继推出了自己的微博服务。随着移动互联网时代的来临，越来越多的用户用微博这种交流工具，微博已渐渐融入人们的生活，成为主流媒介。当前，在经过激烈竞争后，新浪微博逐渐发展成为微博市场业务最大的社交平台。

（二）微博的特点

1. 传播主体平民化

微博极大降低了普通人发布信息的门槛，每个人都可以生产、传播、接受信息。微博使用者们可以自由构建个人的社交网络和社区，获取信息，选择关注对象，自由表达观点，形成了“人人即媒体”的传播格局。

2. 传播内容碎片化

早期微博的内容和信息量受到了限定，呈现出“碎片化”的特点，契合了现代社会信息化，快节奏的生活方式，显示了微博的独特性和分众传播的优势。

3. 传播方式交互化

在微博上分享信息、表达个人感受，往往都能够得到其他微博网友迅速、及时的反馈。任何一个微博用户在转发关注者发布信息的同时，也可以变成微博信息的二次加工者，关注者既是信息的接收者，又可以把接收到的信息通过转发传播给自己的粉丝。

（三）微博营销的含义与特点

微博营销，是指通过微博平台为商家、个人等创造价值而执行的一种营销方式。企业以微博作为营销平台，以粉丝作为潜在的营销对象，通过和粉丝进行互动交流，向网民传播企业信息、产品信息，可以树立良好的企业形象和品牌形象，最终实现产品或服务的转化和购买。微博营销的主要特点如下。

1. 传播快

微博最显著特征之一就是其传播迅速。一条微博在触发引爆点后短时间内互动性转发就可以抵达微博世界的每一个角落。

2. 广泛性

微博受众庞大、覆盖面广，而且可以通过粉丝关注的形式进行病毒式的传播，影响面非常广泛。

3. 多样化

微博营销可以借助先进多媒体技术手段，具备文字、图片、视频等多种展现形式，从而使潜在消费者更形象直接地接收信息。

4. 成本低

与传统的大众媒体（报纸、流媒体、电视等）相比，成本比较低，前期一次投入，后期几乎不需要维护。

5. 互动性强

微博能实现与粉丝的即时沟通，及时获得用户反馈。

（四）微博营销策略

企业官方微博不具备个人微博的网络社交优势，在创建之初主要需要利用内部人员、已有用户等资源形成第一批粉丝，再通过累积起来的影响力吸引新粉丝。后期通过开展微博活动，吸引用户参与是常用的微博维护策略。常见的微博活动形式如下。

1. 有奖转发

有奖转发，是企业通过设置诱人的奖品刺激和吸引粉丝转发该微博所推出的活动。常用于企业新开官方微博期和新品发布期，起到告知和吸引更多用户的关注的效果；已经拥有大量粉丝的企业微博也可以定期举办有奖转发活动，通过与粉丝互动提高粉丝黏性。

2. 有奖征集

有奖征集，是通过微博就某一问题向广大网民征集解决方案或征集创意为主要活动的形式，调动用户兴趣，吸引用户参与活动。常见的有奖征集活动有征集广告语、段子、祝福语以及创意想法等，并通过奖品来诱导用户参与活动。

3. 免费试用

免费试用，是指企业通过微博发布产品免费试用活动，以免费的形式吸引目标用户积极参与，常用于当企业发布新品时，为了获取市场反馈，实现口碑营销。

4. 限时抢

限时抢，是指企业在指定的活动时间内发起幸运转盘和一键参与等游戏活动，以随机的方式抽选出获奖者，一般来说，奖品设置也比较丰富，会有不同等级的奖励，用户参与即可抽奖，吸引用户参与活动。适用于电商行业以及 O2O 企业的营销活动。

5. 预约抢购

预约抢购，在企业新品发布时期，通过各大网络平台对新品进行高度的曝光宣传，然后在微博上以预约抢购的限量销售模式出售产品，所以该活动非常适合企业上新品或者开设新业务时采用，尤其是多见于 3C 数码产品的预售。

6. 预约报名

预约报名，与预约抢购相似，也是提前邀请粉丝参与企业开设的最新服务或者业务，常见的预约报名活动有试驾、试吃活动等，更适合于服务性行业或者开展 O2O 业务的企业。

案　例

小米的微博矩阵

小米开设了企业官微“小米公司”，拥有粉丝 1374 万，主要任务是分享企业文化、价值观，实现品牌推广，打造品牌 IP；小米同时开设多款产品微博，如小米手机、小米 MIX、小米电器等，主要任务是活动执行、销售转化和客户服务；小米还有员工的微博，如雷军、卢伟冰、小米洪峰的微博都有百万以上的粉丝，主要任务为跨界引流、用户调研；此外，还有粉丝运营的微博——小米之家，主要任务为引导米粉参与线上、线下的活动。小米通过微信矩阵，可以更好地实现品牌推广、活动转化、客户服务这些具体的功能。

三、短视频营销

（一）认识短视频

短视频即短片视频，是一种互联网内容传播方式，一般是在互联网新媒体上传播的时长在 5 分钟以内的视频。内容融合了技能分享、幽默搞怪、时尚潮流、社会热点、街头采访、公益教育、广告创意、商业定制等主题。由于内容较短，可以单独成片，也可以成为系列栏目。随着移动终端普及和网络的提速，中国短视频用户规模迅速扩大，截至 2020 年 6 月，已达 8.18 亿，日均使用时长 110 分钟。微博、秒拍、快手、今日头条等各大平台入局短视频行业，专业生产机构也纷纷进入，商业化的成熟带来了资本积累，短视频正成为移动互联网时代的重要入口。

（二）短视频营销及其特点

短视频营销，可以理解为企业和品牌主借助于短视频这种媒介形式用以开展营销活动的一种方式。短视频营销特点如下。

1. 精准营销

短视频平台通常都会对搜索引擎进行优化，目标客户会在网站上对关键词进行搜索，从而使得短视频营销具有较强的指向性，帮助企业准确找到目标受众，达到精准营销的目的。

2. 较低成本

与传统的广告营销少则几百万元、多则几千万元的资金投入相比，短视频营销的制作成本、传播成本及维护的成本算是比较低的，这也是短视频营销的优势之一。

3. 较好效果

短视频是一种时长较短的图文影音结合体，能够带给消费者图文、音频所不能提供的感官上的冲击，这是一种更为立体、直观的感受，适合现在快节奏的生活，因此更能赢得广大受众的青睐和欢迎。

4. 互动性强

几乎所有的短视频都可以进行单向、双向甚至多向的互动交流，对于企业而言，短视频的这种优势能够帮助企业获得用户的反馈信息，从而更有针对性地对自身进行改进；对于用户而言，他们可以通过与企业发布的短视频进行互动，从而对企业的品牌进行传播，或者表达自己的意见和建议。

（三）短视频营销方式

1. 贴片广告

贴片广告指在视频片头片尾或插片播放的广告等，时长10～60秒不等。作为最早的网络视频营销方式，贴片广告可以算是电视广告的延伸，也是成本较低、成效较高的一种方式。不过由于贴片广告的强制性显示和广泛性存在，给用户观赏视频内容造成干扰，所以用户体验较差，不受用户喜欢。

2. 内容营销

内容营销是把商品包装成内容，内容即广告。相对于传统的广告，原生内容让广告与网站融为一体，与用户之间的接触更为精准，传播效果更具冲击力。

3. 用户自创内容

用户将自制的视频内容上传至互联网平台进行展示和传播，已成为短视频营销新的增长点，备受关注。

4. 解答客户疑问

通过拍摄商品短视频为客户解答疑问，是短视频营销最基本的应用，是很多品牌用于快速并有效地解答客户疑问的常用方式。

5. 商品制作过程视频

将商品的制作过程拍摄成一支短视频展现给潜在消费者，是一种利用短视频功能的营销方式。咖啡馆可以展示他们的咖啡制作工艺，蛋糕房可以展示蛋糕的制作过程等。

6. 展示品牌特色

拍摄制作公司活动视频、节日员工采访视频等，充分展示企业品牌文化和特点的机会，向粉丝传递品牌文化。

案 例

艾美特和辣目洋子合作短视频

艾美特移动地暖新品上市，为了更好地打开市场，提升新品知名度和销量，艾美特选择在双11大促期间发起了社媒营销活动。艾美特联合网红辣目洋子原创短视频《防寒取暖宝典》，其中，辣目洋子一人分饰6角，风格幽默诙谐，花样展示了4种不同的取暖场景，将艾美特地暖的产品特点和优势以对比的形式巧妙植入。如空调取暖场景，虽然温度舒适，但热空气让人极度干燥，容易上火，空调又非常耗电，并非理想选择，艾美特移动地暖则完全能满足这方面的不足。随后，该视频在微博、秒拍、抖音、快手等全网渠道分发，多场景创意种草，曝光产品，激活用户痛点。该视频总播放量超过了1843万次。

四、直播营销

（一）认识直播

传统中的直播，指的是“广播电视节目的后期合成、播出同时进行的播出方式”。按播出场合可分为现场直播和播音室或演播室直播等形式。自2000年后，随着网络时代到来，网络直播成为“直播”的代名词。网络直播，可以认为是在现场随着事件的发生、发展进程同步制作和发布信息，具有双向流通过程的信息网络发布方式。

网络直播吸取和延续了互联网的优势，利用视讯方式进行网上现场直播，可以将产品展示、相关会议、背景介绍、方案测评、网上调查、对话访谈、在线培训等内容现场发布到互联网上，利用互联网的直观和快速、表现形式好、内容丰富、交互性强、地域不受限制、受众可划分等特点，加强活动现场的推广效果。现场直播完成后，还可以随时为读者继续提供重播、点播，有效延长了直播的时间和空间，发挥直播内容的最大价值。

（二）直播营销及其特点

直播营销是以视频、音频直播为手段，以广播、电视、互联网为媒介，在现场随着事件的发生与发展进程同时制作和播出节目，最终达到企业获得品牌提升或是产品销售的目的。目前的直播营销默认为基于互联网的直播，可以将直播营销看作以直播平台为载体进行营销活动。直播营销的特点如下。

1. 营销成本低

传统广告营销方式，如楼宇广告、车体广告、电视广告的费用从几十万元到上百万元不等。常规的网络营销方式，如无论是搜索引擎广告、电商首页广告还是软文广告的成本也开始变高。而直播营销对场地、物料等需求较少，是目前成本较低的营销形式之一。

2. 更快捷的营销覆盖

用户在网站浏览产品图文或在网店翻看产品参数时，需要在大脑中自行构建场景。而直播营销完全可以将主播试吃、试玩、试用等过程直观地展示在观众面前，更快捷地将用户带入营销所需场景。

3. 更直接的营销效果

消费者在购买商品时往往会受环境影响，由于“看到很多人都下单了”“感觉主播使用这款产品效果不错”等原因而直接下单。因此在设计直播营销时，企业可以重点策划主播台词、优惠政策、促销活动，同时反复测试与优化在线下单页面，以收获更好的营销效果。

4. 更有效的营销反馈

由于直播互动是双向的，主播将直播内容呈现给观众的同时，观众也可以通过弹幕的形式，分享体验。因此企业可以借助直播，一方面，收到已经用过产品的消费者的使用反馈；另一方面，收获现场观众的观看反馈，便于下一次直播营销时修正。

（三）直播营销模式

当前，直播营销的模式日益多元化，主要的模式包括以下几类。

1. “直播＋电商”模式

“直播＋电商”模式已成为近年来直播营销中最常见的一种营销模式，为传统电商提供了一个全新的商品“社交”营销模式。主播将有相同爱好的观众聚集在直播间中，观众在电商直播平台上观看主播播出的内容时，就可以通过点击直播间上显示的链接直接购买产品。也能够在直播间中发表自己对商品的意见和看法，或者根据自己的需求让主播推荐适合自己的商品。

2. “直播＋发布会”模式

通过直播平台进行新产品发布，成为品牌推广新品的一个重要形式。在直播发布会的同时，结合电商平台，将直播引来的流量转化为现实的客户。例如，美宝莲等国际大牌是较早采用“直播＋发布会”形式进行品牌宣传推广活动的企业，2016 年美宝莲纽约邀请明星 Angelababy 举办的新品发布会直播活动，共有超过 500 万人次的观看量，销售额超过了 140 万元。

3. “直播＋互动”模式

将“直播”与社交平台互动相结合，线上线下相配合，吸引粉丝参与直播节目，通过互动获取更好的直播效果。

4. "直播 + 内容"模式

选择合适的目标人群，针对目标人群的基本属性、特征偏好策划直播内容，通过新颖新奇的内容，满足大众猎奇心理，获取直播营销效果。比如，斗鱼直播其主播参与的徒步50公里的公益活动，筹集不少善款。

5. "直播 + 明星/网络红人"模式

由于网红和明星背后的海量粉丝群体相对清晰，互动直接，通过联合明星或网络红人进行直播，不仅引流效果显著，而且品牌宣传也更为精准和聚焦。例如，2016年3月25日，唯品会正式宣布由周杰伦出任品牌CJO（首席惊喜官），并首次联合美拍视频平台进行了发布会现场直播，活动当天唯品会美拍账号吸引流量超百万、点赞人数近千万。

案　例

直播销售员成正式工种

2020年6月，人社部等部门发布了互联网营销师等9个新职业信息，其中，在"互联网营销师"职业下增设"直播销售员"工种。这意味着带货主播成为正式工种，李佳琦们正式转正了。互联网营销师的定义是，在数字化信息平台上，运用网络的交互性与传播公信力，对企业产品进行营销推广的人员。他们的主要工作任务包括研究数字化信息平台的用户定位和运营方式；接受企业委托，对企业资质和产品质量等信息进行审核；选定相关产品，设计策划营销方案，制定佣金结算方式；搭建数字化营销场景，通过直播或短视频等形式对产品进行多平台营销推广；提升自身传播影响力，加强用户群体活跃度，促进产品从关注到购买的转化率；签订销售订单，结算销售货款；协调销售产品的售后服务；采集分析销售数据，对企业或产品提出优化性建议。

第三节　病毒性营销

病毒性营销是一种常用的网络营销方法，常用于进行网站推广、品牌推广等。病毒性营销利用的是用户口碑传播的原理，在互联网上，这种"口碑传播"更为方便快捷，可以像病毒一样迅速蔓延，因此病毒性营销成为一种高效的信息传播方式。而且，由于这种传播是用户之间自发进行的，因此几乎是一种不需要费用的网络营销手段。

一、病毒性营销的内容

（一）病毒性营销的含义

病毒性营销方法并非传播病毒，而是通过用户之间的主动传播，让信息像病毒那样迅速扩散，从而达到推广的目的。病毒性营销方法实质上是在为用户提供有价值的免费服务的同时，附加上一定的推广信息，常用的工具包括免费电子书、免费软件、免费Flash作品、免费贺卡、免费邮箱、免费即时聊天工具等。总之，是一些能够为用户获取信息、使用网络服务、娱乐等带来方便的工具和内容。如果应用得当，这种病毒性营销手段往往可以以极低的代价取得非常显著的效果。

案 例

瑞星公司的病毒性营销

瑞星公司为了推广基于瑞星“云安全”计划和“智能主动防御”技术开发的瑞星杀毒软件，采取了病毒式营销：首先，提供瑞星杀毒软件下载服务；其次，试用版定期通知用户升级版本或购买正式版；再次，试用用户进行人际传播，转载的网站进行网络传播，使更多的人知道瑞星杀毒软件；最后，瑞星的品牌信息在更大的范围内进行扩散。

这一程序经过反复运作之后，瑞星公司收到了两个明显的效果：一是品牌知名度有了极大提高，二是大量的消费者开始习惯使用它的产品。这就是病毒式营销的魅力：设计好的场景，设计好的情节，设计好的结果。当广大试用消费群已经形成并且习惯使用瑞星杀毒软件（试用版）时，瑞星杀毒软件低价风暴来临，于是消费者纷纷为之折腰，至此，瑞星的成功也就顺理成章了。

（二）病毒性营销的特点

病毒性营销是利用公众的积极性和人际网络，让营销信息像病毒一样传播和扩散，营销信息被快速复制传向受众。所以病毒性营销存在一些不同于其他营销方式的特点。

1. 有吸引力的“病原体”

病毒性营销主要是利用网络消费者的参与热情，但是网络消费者不能从病毒性营销中获利，那么为什么要进行传播呢？原因就是网络消费者互相传递的不是直白的广告信息，而是非常有吸引力的“病原体”，是经过加工的、具有吸引力的产品和品牌信息，所以容易突破网络消费者的戒备心理，使其完成从单一受众到积极传播者的转变。

2. 几何倍数的传播速度

大众媒体发布广告的营销方式是“一点对多点”的辐射状传播，实际上根本无法确定广告信息是否真正到达了目标受众那里。与之不同的是病毒营销是自发的、扩张性的信息推广，它不是均衡地、同时地、无分别地传给社会上每一个人，而是通过类似于人际传播和群体传播的渠道，产品和品牌信息被网络消费者传递给那些与他们有着某种联系的个体。例如，目标受众看到一则有趣的Flash，第一反应或许就是将这则Flash转发给好友、同事，这样无数个参与的“转发大军”就构成了成几何倍数传播的主力。

3. 高效率的接收

大众媒体投放广告有一些难以克服的缺陷，如信息干扰强烈、接收环境复杂、受众戒备抵触心理严重。以媒体广告为例，同一时段的媒体有各种各样的广告同时投放，必然容易造成同类产品“撞车”现象，从而大大减少了受众的接受效率。而对于那些特殊的“病毒”，是受众从熟悉的人那里获得或是主动搜索而来的，在接受过程中自然会有积极的心态；接收渠道也比较私人化，如手机短信、电子邮件、封闭论坛等（存在几个人同时阅读的情况，这样反而扩大了传播效果）。以上方面的优势，使得病毒营销尽可能地克服了信息传播中的噪声影响，大大增强了传播的效果。

4. 更新速度快

正如病毒通常以某种方式秘密地存活着，直到有一天因为数量巨大而为人所知，它们寄生在别的群体上，利用别人的资源壮大自己，在合适的环境中，它们将以几何级数增加的能力，不断加倍地复制，以指数速度发展。网络产品有自己独特的生命周期，一般都是来去匆匆，针对病毒营销传播力的衰减，一定要在受众对信息产生免疫力之前，将传播力转化为购买力，方可达到最佳的销售效果。

（三）病毒性营销的规律

病毒性营销是一种网络营销方法，也是一种网络营销思想，其背后的含义是如何充分利用外部网络资源扩大网络营销信息传递渠道。病毒性营销规律主要体现在以下 3 个方面。

第一，病毒性营销的“病毒”有一定的界限，超出这个界限的病毒性营销方案就成为真正的病毒。没有人喜欢自己的电脑出现病毒，病毒性营销中的核心词是“营销”，“病毒性”只是描述营销信息的传播方式，其实和病毒没有任何关系。

但在病毒性营销的实际操作中，如果没有认识到病毒性营销的本质是为用户提供免费的信息和服务这一基本问题，有时就可能真正传播病毒了。尤其是那些利用一些技术手段来实现的病毒性营销模式，如自动为用户电脑安装插件、强制性修改用户浏览器默认首页、在线 QQ 等聊天工具中自动插入推广信息等，这些其实已经不能称为病毒性营销，而是确实在传播病毒了。

小提示

病毒性营销的基本思想只是借鉴病毒传播的方式，本身并不是病毒，不仅不具有任何破坏性，相反还能为传播者以及病毒性营销的实施者带来一定的好处，因此病毒性营销和病毒之间并没有任何直接的联系。

第二，病毒性营销的实施过程通常无须费用，但病毒性营销方案设计却需要成本。虽然病毒性营销通常不需要为信息传递投入直接费用，但是病毒性营销方案不会从天而降，而是需要根据病毒性营销的基本思想进行认真设计。在这个过程中必定要投入一定的资源，因此不能把病毒性营销理解为完全不需要费用的网络营销。尤其在制订网站推广计划时，应充分考虑到这一点。此外，并不是所有的病毒性营销方案都可以获得理想的效果，这也构成病毒性营销的隐性成本。

第三，网络营销信息不会自动传播，需要一定的推广。病毒性营销信息不会实现自动传播，通常需要借助一定的外部资源和现有的通信环境，这种推广也许不需要直接费用，但是需要合理选择和利用有效的网络营销资源，因此需要相关人员拥有网络营销专业知识。

相关链接 搜索

有效的病毒性营销战略的基本要素

美国电子商务顾问 Ralph F. Wilson 博士将一个有效的病毒性营销战略的基本要素归纳为 6 个方面：提供有价值的产品或服务、提供无须努力地向他人传递信息的方式、信息传递范围很容易从小向很大规模扩散、利用公共的积极性和行为、利用现有的通信网络、利用别人的资源进行信息传播。因此，在制订和实施病毒性营销计划时，应该进行必要的前期调研和针对性的检验，以确认病毒性营销方案是否满足这六个基本要素。

二、病毒性营销的方法

（一）病毒性营销的常见形式

病毒性营销一般并没有固定的模式，其基础是提供有价值的免费服务、有吸引力的免费信息等，并且这些信息或服务很容易通过互联网用户自动传播。为了对病毒性营销有更多的了解，现从病毒性营销信息载体的性质进行划分，常见的病毒性营销形式主要包括下面四类。

1. 通信服务类

提供免费通信工具，形成用户圈，这个圈子自动扩大形成规模，如 QQ、微信、阿里旺旺、网易免费邮箱等。

2. 优惠服务类

转发在线优惠券、转发商品信息短信等。

3. 实用功能类

免费试用软件、免费在线查询（如域名查询、邮政编码查询、手机号码属地查询、IP 属地查询等）、在线评价等。

4. 免费信息类

适合转发和下载的情感故事、幽默故事、贺卡、Flash、视频、电子书、MP3 等。

这四类常见病毒性营销形式并没有包含全部的病毒性营销，此外还有很多营销策略也都融合了病毒营销的思想，比如，网络会员制营销、网上拍卖、网上店铺等常见电子商务营销模式。

（二）病毒性营销的步骤

尽管每个网站具体的病毒性营销方案千差万别，但一般都需要经过方案的规划和设计、信息源和传递渠道的设计、原始信息发布和推广、效果跟踪管理等几个基本步骤，只有认真对待每个步骤，病毒性营销才能最终取得成功。

1. 方案的规划和设计

进行病毒性营销方案的整体规划，确认病毒性营销方案符合病毒性营销的基本思想，即传播的信息和服务对用户是有价值的，并且这种信息易于被用户自行传播。病毒性营销需要独特的创意，并且需要精心设计的方案（无论是提供某项服务，还是提供某种信息）。最有效的病毒性营销往往是独创的。独创性的计划最有价值，跟风型的计划有些也可以获得一定效果，但要做相应的创新才更吸引人。在设计方案时，需要特别注意的一个问题是，如何将信息传播与营销目的结合起来？如果仅仅是为用户带来了娱乐价值（如一些个人兴趣类的创意）优惠服务，或者实用功能等而没有达到营销的目的，这样的病毒性营销计划对企业的价值就不大了，反之，如果广告气息太重，可能又会引起用户反感而影响信息的传播。

2. 信息源和传递渠道的设计

虽然说病毒性营销信息是用户自行传播的，但是这些信息源和信息传递渠道却需要进行精心的设计，例如，要发布一个节日祝福的 Flash，首先要对这个 Flash 进行精心策划和设计，使其看起来更加吸引人，并且让人们更愿意自愿传播。仅仅做到这一步还是不够的，还需要考虑这种信息的传递渠道，是在某个网站下载（相应地在信息传播方式上主要是让更多的用户传递网址信息）还是用户之间直接传递文件（通过电子邮件、QQ、微信等），或者是这两种形式的结合。这就需要对信息源进行相应的配置。

小提示

在进行信息传播渠道设计时，要考虑信息传递范围很容易向大规模扩散，同时要充分利用网络消费者的积极性和行为。

3. 原始信息发布和推广

大范围信息传播是从比较小的范围内开始的，如果希望病毒性营销方法能够很快传播，那么对于原始信息的发布也需要经过认真筹划。原始信息应该发布在网络消费者容易发现并且乐于传递的地方（如活跃的论坛），如果必要，还可以在较大的范围内去主动传播这些信息，等到自愿参与传播的网络消费者数量比较大之后，才让其自然传播。

4. 效果跟踪管理

对病毒性营销的效果也需要进行跟踪和管理。当病毒性营销方案设计完成并开始实施之后，对于病毒性营销的最终效果实际上是无法由自己控制的，但并不是说就不需要进行这种营销效果的跟踪和管理。实际上，对于病毒性营销的效果分析是非常重要的，不仅可以及时掌握营销信息传播所带来的反应（如对于网站访问量的增加），也可以从中发现这项病毒性营销计划中可能存在的问题，以及可能的改进思路，将这些经验积累起来为下一次病毒性营销计划提供参考。

总之，病毒性营销具有自身的基本规律，成功的病毒性营销策略必须遵循病毒性营销的基本思想，充分认识其一般规律并加以利用，这样才能取得成功。

第四节　其他网络营销方法

一、RSS 营销

（一）RSS 营销的概念

RSS（Really Simple Syndication）是一种描述和同步网站内容的格式，是目前使用最广泛的 XML 应用。RSS 搭建了信息迅速传播的一个技术平台，使得每个人都成为潜在的信息提供者。当发布一个 RSS 文件后，这个 RSS Feed 中包含的信息就能被其他站点直接调用，而且由于这些数据都是标准的 XML 格式，所以也能在其他的终端和服务中使用。

（二）RSS 营销的方法

1. 制定 RSS 营销战略

RSS 营销战略的制定决定后面的一切。这个战略包括为每一个营销职能定义 RSS 的用途，然后整合其他行销组合，接着为营销智能设置目标。

2. 使用 RSS 收集商业情报咨询

全面提升营销功能的第一步是用 RSS 管理商业情报。选择合适的 RSS Reader，确定所需的情报，甄选相关的信息源，这就是 RSS 商业情报系统。

3. 计划 RSS 全文输出内容

RSS 互动输出可以说是 RSS 营销最复杂的一部分，到这一步，需要定义互动群体以及他们的目的、RSS Feed 出版模式、RSS Feed 内容以及 RSS Feed 内容源。

4. 确定 RSS 营销要求，选择 RSS 营销代理

界定 RSS 营销技术要求并选择合适的供应商，必须支持战略的所有特征。

5. 修饰 RSS 输出内容

当准备好 RSS 全文输出后，需要仔细策划 RSS 内容条目，这就意味着放置符合目标

群的内容。这些涉及文风、大纲以及随叫随到功能。

6. 站内优化 RSS Feed

仅仅在网站上发布 RSS 还不足以吸引订阅者。这一章节里，需要确定如何进行 RSS 发布，布置 Feed 的最佳位置，开发利用其他能提升订阅者的小工具。

7. 优化 RSS Feed 推广

在正确设置后，便可以向网络推广发布 RSS Feed 了。这个章节，需要掌握如何针对搜索引擎优化 RSS Feed，如何定期 Ping。

8. 分析优化 RSS Feed

分析和优化对 RSS 战略成功有深刻的影响。这包括定义合适的标准，建立分析和优化内容的技术团队，靠他们分析优化你的订阅继承策略。

9. 用 RSS 供稿传播内容

使用 RSS 发布到相近的媒体。RSS 联合供稿需要确定目标媒体、RSS 内容、供稿工具以及优化自身供稿能力。

10. 使用 RSS 推广网站和品牌

推广网站需要增加用户的内容体验，品牌的提升就是 RSS 读者的聚集。

二、Web 2. 0 营销

简单来说，Web2. 0 的意思就是新一代互联网提供的在线服务。由 Web1. 0 单纯通过网络浏览器浏览 HTML 网页模式，向内容更丰富、关联性更强、工具性更强的 Web2. 0 互联网模式的发展，已经成为目前互联网发展的必然趋势。Web2. 0 营销是指对博客营销、RSS 营销等 Web2. 0 应用、技术、理论的一个综合的表现。其核心是注重用户的交互作用，让用户既是网站的浏览者，又是网站内容的建设者。由于用户能够方便畅达地为自己所消费的产品表达意见，因此这些内容先天具备再次推广产品的价值。

案 例

RealTravel

RealTravel 是一个提供旅游信息服务的网站，该网站均衡地使用博客和社交网络，以向旅游人士提供更加个性化和更加丰富的用户体验，并向旅游产业营销人员提供一个比当今开展的在线服务更加有效的平台。目前旅游消费者市场的情况如下。

（1）互联网成为人们获得旅游信息最重要的渠道之一。

（2）人们在寻求他们认为可靠的旅游信息。

（3）日常旅游活动中人们更加关注价格。

（4）人们喜欢分享他们的旅游体验。

针对这种情况，RealTravel网站实现使用者之间的相互沟通，这种沟通比以往任何时候都更加便捷，而且可以自由地交流。Web2.0营销的模式使得用户的数量迅猛增长。

网站提供大量丰富、详细的旅游信息，并允许用户建立自己的旅游博客，可以对自己感兴趣的某个话题发表评论、上传图片、介绍某条旅游线路的信息，甚至展示个人的某些旅游经历。

来自志同道合人士的相关信息，可以确保信息的可信性，社会网络的建立则可以确保用户之间的联系是长期而不是暂时的，而共同的个人喜好和用户体验导向又可以确保用户群内的凝聚力。

通过使用Web2.0营销模式，RealTravel为它的用户群提供一个发现和比较旅游信息的平台，并为旅游人士们准备好经过加工整理的详细信息，这些信息资料一直存储在服务器上，通过强大的网络检索能力，实现用户的实时查询和调用。

三、数据库营销

（一）数据库营销的概念

数据库营销就是企业通过收集和积累消费者的大量信息，经过分析处理后预测消费者有多大可能去购买某种产品，以及利用这些信息给产品以精确定位，有针对性地制作营销信息，以达到说服消费者购买产品的目的。

（二）数据库营销的优势

数据库营销在欧美已经得到了广泛的应用，在中国目前也已经开始呈现“星星之火，可以燎原”的势头。包括定向直邮（Direct Mail，DM）、电子邮件营销（电子邮件DM，EDM）、E－Fax（网络传真营销）和短消息服务（Short Message Server，SMS）等在内的多种形式的数据库营销手段，受到越来越多的中国企业的青睐。

越来越多的企业之所以开始选择数据库营销，与它相对传统营销所具有的独特优势是密不可分的。

1. 可测度

数据库营销是唯一一种可测度的广告形式。通过它能够准确地知道如何获得客户的反应以及这些反应来自何处。这些信息将被用于继续执行、扩展或重新制订、调整你的营销计划。而传统的广告形式（报纸、杂志、网络、电视等）只能面对一个模糊的大致的群体，究竟目标人群占多少根本无法统计，所以效果和反馈率总是让人失望。正如零售商巨头Wanamaker所说：“我知道花在广告上的钱，有一半被浪费掉了，但我不知道是哪一半。”

2. 可测试性

数据库营销就像科学实验，每推进一步，都可以进行精心的测试，其结果还可以进行分析。假设你有一间酒吧，可以发出一封邮件，宣布所有光临的女士都可以免费获得一杯鸡尾酒，而在另一封邮件中，你可以宣布除周六、周日外所有顾客都能够获得 8 折优惠。在进行一段时间的小规模测试后，计算哪一封邮件产生的回报最高，之后就采取获得最佳反应的方案进行更大规模的邮寄。不管企业的大小如何，只要运用适当的形式，都可以进行小规模的测试，以便了解哪种策略取得成功的可能性更大。

3. 降低成本，提高营销效率

数据库营销可以使企业集中精力于更少的人身上，最终目标集中在最小消费单位个人身上，实现准确定位。目前美国已有 56% 的企业正在建立数据库，85% 的企业认为它们需要数据库营销来加强竞争力。由于运用消费者数据库能够准确找出某种产品的目标消费者，因而企业就可以避免使用昂贵的大众传播媒体，可以运用更经济的促销方式，从而降低成本，增强企业的竞争力。据有关资料统计，运用数据库技术进行筛选消费者，其邮寄宣传品的反馈率，是没有运用数据库技术进行筛选而发送邮寄宣传品的反馈率的 10 倍以上。

4. 获得更多的长期忠实客户

权威专家分析，维持一个老顾客所需的成本是寻求一个新顾客成本的 0.5 倍，而要找回一个失去的老顾客所花费的成本则是寻求一个新客户成本的 10 倍。如果比竞争对手更了解顾客的需求和欲望，留住的最佳顾客就更多，就能创造出更大的竞争优势。用数据库营销经常与消费者保持沟通和联系，可以维持和增强企业与消费者之间的感情。另外，运用储存的消费记录来推测其未来消费者行为也具有相当精确性，从而使企业能更好地满足消费者的需求，建立起长期稳定的客户关系。

5. 企业制胜的秘密武器

传统营销中，运用大众传媒（报纸、杂志、网络、电视等）大规模地宣传新品上市，或实施新的促销方案，一般容易引起竞争对手的注意，使他们紧跟其后推出对抗方案，势必影响预期的效果。而运用数据库营销，可与消费者建立紧密关系，一般不会引起竞争对手的注意，避免公开对抗。如今，很多知名企业都运用这种现代化的营销手段，将其作为一种秘密武器运用于激烈的市场竞争中去，从而在市场上站稳了脚跟。

案　例

全媒体"智慧营销"——温州国旅

温州国旅通过多年的努力，形成了以官方网站为基础，结合微博、微信、QQ 等 SNS 平台以及天猫等第三方商城、携程等在线旅游服务商、论坛社区和团购等商务平台，在温州本地报刊、电视台、广播电台、户外广告以及异业资源开展全面的合作。尤其在官网 B2C、C2B 以及同业平台"同行网"（B2B）、微博、微信、微网站等，近几年拓宽了更多营销渠道，并取得了显著的效果。

公司注册了近 10 多个中英文域名，并不断予以利用，开发不同的服务网站，为游客、同业提供更便捷的服务。

自主研发旅游网站提供完善的在线咨询、在线预订、集成第三方支付和银行支付系统、在线旅游合同签订等电子商务服务流程的必要功能。网站提供了精美的产品浏览、查询、展示页面，结构清晰，以人为本，是国内主流的旅行社网站。网站提供了在线客服和电子咨询单，游客预订过程细节丰富，包括金额计算、游客信息登记和各种预订选项。预订过程，系统自动生成订单并发送手机短信和电子邮件，实时通知游客。通过旅游合同的展示和确认，实现在线电子合同的签订，保障旅游者和旅行社的权益。近期将实现基于短信或邮件的签约方式，将电子合同的可靠性进一步提高。网站支持支付宝、财付通、网银在线、易宝支付、环迅支付等，实现基于互联网的跨地域无障碍在线收银管理。网站支持支付宝、微博、QQ 账号、手机号码无障碍一键登录，并有积分累计和积分换礼、短信通知等会员管理功能。网站对游客的旅游经验，提供分享交流平台，游客可通过游记、攻略的形式再现分享旅游收获。网站设置各种单项服务模块，如门票销售、签证、汽车租赁、预订导游等和个性旅游定制。网站提供了团购、价格对比、意见反馈、评论点评等电子商务互动功能以及企业形象展示、品牌宣传等。

温州国旅的官方网站获得了 2013 年“浙江省旅游品牌网络关注度 TOP10”旅行社，也是温州地区唯一进入该排行榜的旅行社。2014 年，公司对官方网站进行了新的升级，启用了已注册商标“我行由我”作为网站的新名称，提出了基于传统旅行社优势，利用互联网及新媒体传播，以游客的需求为导向，探索网络营销新思路，打造 OTO（线上线下）旅行社。

同业分销平台加强旅行社业内合作，建立同业散客批发网络平台——“同行网”散客旅游同业分销管理系统。旅游同行可以在同业平台完成旅游产品查询、咨询、预订以及产品的接入、财务控制等商务活动，基本实现在线完成旅行社间的互送客源交易。

这几年微博、微信开始流行，尤其是最近几年的微信为代表的手机互联网平台成为温州国旅新的营销平台。公司在公众号推出之初，率先设立微信客服，“微信让旅游更智慧”，微服务、微社区、微网站成为公司新的服务热点。2014 年，公司购置了整套微网站系统并进行二次开发，为公司的微信多号运营提供整合服务。

（三）数据库营销的实施

1. 建立一个数据库营销系统

首先，需要一个先进的系统实时管理顾客信息。即数据库营销管理软件。数据库营销软件可根据公司具体情况聘请专业计算机人员编写。另外，也可购买关系数据库营销软件。数据库营销软件主要提供数据处理、记录所需要的信息以及对信息进行迅速地检索、打印和记录的功能，提供一种最有力的工具来辅助做出市场营销和顾客服务的决策。

2. 搜集客户信息

可以直接从现有顾客和潜在顾客中收集这些信息，也可以购买商业性的有关顾客和企业方面的数据库。

3. 进行数据库营销

有了一个比较完善的数据库营销系统，已经能够区分出响应率最高的顾客，便可以以这些特殊的群体为目标市场，向他们提供专门的产品和服务。可以根据顾客的不同特点进行市场细分。把顾客和准顾客区分为若干具有相同特征的群体，根据每个顾客群的地区、行业、规模等因素，分别定制使用广告、电话推销、直接邮件和促销等手段。数据库营销大大提高了顾客或潜在顾客在邮件或电话访问中识别所需的和有价值的信息的可能性。正确地使用数据库营销，能够建立顾客忠诚，提高销售效率，降低销售成本。

四、交换链接

网站之间相互合作推广，是网站推广的一种重要方法。常用的合作方法有交换链接、资源互换、内容共享、互为推荐等，下面主要分析交换链接。

（一）交换链接的概念

交换链接，又称互惠链接、互换链接、友情链接等，是具有一定互补优势的网站之间的简单合作形式，即分别在自己的网站上放置对方网站的 Logo 或网站名称，并设置对方网站的超级链接，使得用户可以从合作网站中发现自己的网站，进而达到互相推广的目的。

交换链接的作用主要表现在两个方面：一是从合作网站上带来访问者；二是获得搜索引擎排名优势。这是互换链接最主要的价值所在。此外，交换链接的价值还表现在增加网站的可信度、获得合作伙伴的认可、为用户提供延伸服务等方面。

（二）交换链接的策略

交换链接也有一些可以遵从的技巧，这些技巧有利于网页整体显示效果，并尽可能减少因链接到其他网站带来的风险。

1. 链接图片本地化

尽量不要使用对方网站给定链接代码的图片链接。在正常情况下，尽管从你的网页上可以显示该图片，但是，实际上显示的是对方网站服务器上的信息，因而下载速度和显示效果都取决于对方的服务器，如果该服务器发生故障，或者图片所在的 URL 更换，那么，在你的网站上将不会显示这个图片，这样会影响网页的整体显示效果。另外，还有可能造成图片下载速度过慢，影响网页整体下载速度。那么，如何将该网站图标本地化呢？很简单，就是到其他网站上将该图片“另存为”在自己硬盘上的相应目录中，然后，在进行友情链接时，将该图片置入网页相应位置，在更新自己的网页时，将该图片同时上传到网站服务器上的相应目录中，这样就完成了链接图片本地化的工作。

2. 使用打开新窗口功能

交换链接为自己的网站带来一定利益的同时，也带来一定的风险，因为访问者如果在你的网站友情链接的名单中发现一个自己感兴趣的网站时，可能会点击那个网站的链接而离开你的网站，使用“打开新窗口”的方式则可以在一定程度上缓解这种矛盾。操作方法也比较简单，在为其他网站做链接时，只要在代码中加入 target = “_ blan”，这样，在访问者点击链接的网站时，会在客户端浏览器打开一个新窗口显示该网页的内容，原来的窗口显示的仍然是自己的网页，否则现行浏览窗口将只显示被用户点击的网站内容。例如，哈尔滨双丰木业有限公司网站的链接就是打开新窗口（<a href = “http：// www. hrbsfmy. cn/” target = “_ blan” >）。总之，吸引客户注意力的根本原因在于网站的内容。上述方法的可取之处在于，有些用户在跳到新的网站之后，还可能要回到原来的网站，打开一个新窗口将对此有所帮助。目前，大多数网站的友情链接采用这种方式。

3. 关注合作网站的情况

通常情况下，要关注合作网站的排名，只有质量较高的网站才能长期地排在前几位；看被链接网站是否已经被各大搜索引擎收录及其被搜索引擎更新的频率如何；如果交换链接的网站被各大搜索引擎收录而且还经常更新，则你的网站也会沾不少的光，因为如果搜索引擎对链接的站点也进行相应的更新的话，那么你就不需要给搜索引擎公司交费来进行更新了。

4. 博客网站是增加网站链接的一种有效途径

通常情况下，我们需要花费大量的时间联系其他网站进行链接，但是当自己企业网站的访问量比较低的时候，往往很难找到有价值的网站给自己链接。而通过在博客网站上发表文章，为自己的网站做链接，则是顺理成章的事情，这种链接的另一个好处是，你可以被博客网站主动链接，而不用在自己的网站上链接博客网站。

（三）交换链接的方法

建立交换链接的过程也是同行或相关网站推广自己网站的过程，只有你的网站引起对方的注意和认可，交换链接才能实现。在网站拥有一定访问量的前提下，相关性或者互补性越强的网站链接通常越容易引起访问者的注意，交换链接产生的效果也就越明显。一般来说，交换链接的整个过程可以分为分析潜在的合作对象、向目标网站发出合作邀请、交换链接的实施 3 个阶段。

1. 分析潜在的合作对象

如果希望在合作伙伴网站的链接中获得一定的访问量或者给潜在用户留下好的印象，前提条件是合作网站的用户应该对你的网站内容有类似的兴趣或需求特征。那么如何才能找到这样的网站呢？不妨分析哪种网站的访问者可能对自己的网站感兴趣，同时分析自己网站的访问者对这些网站是否会产生兴趣，找到那些双方的访问者可能互相有兴趣的网站，将这些列为重要目标。最好是到几个先于自己发布的，和自己实力、规模、经营领域最接近的网站去看看，逐个分析它们的交换链接对象，如果发现合适的，先作为备选对象，留待以后主动发出合作邀请。不过由于新网站不断涌现，这些早期网站链接的对象可能不够全面，那么就需要做更多的调研。

2. 向目标网站发出合作邀请

起草一份简短的有关交换链接的建议，发给目标网站的联系人，然后，静候对方的回应，如果几天以后仍然没有回复，不妨再发送一次邮件询问，如果仍然没有结果，基本可以理解为对方不感兴趣。

3. 交换链接的实施

得到对方的确认以后，应尽快为对方做好链接，回一封邮件告诉对方链接已经完成，并邀请对方检查链接是否正确，位置是否合理，同时也在暗示对方将自己的网站尽快链接好。这实质上仍然是向链接网站推广自己的一种方式，许多合作网站的关系就是这样建立起来的，同时也是在同行之间建立自己地位的一种有效措施。

为合作网站建立链接之后，最好访问一下已经建立链接的网站，看看自己的网站是不是已经被链接，有没有什么错误。当有多个合作伙伴时，需要重复上述过程，当获得一定量的交换链接之后，网站链接工作就可以暂时告一段落了，以后随着新网站的出现再逐步增加，并剔除那些被关闭的或有问题的网站。

学习导航

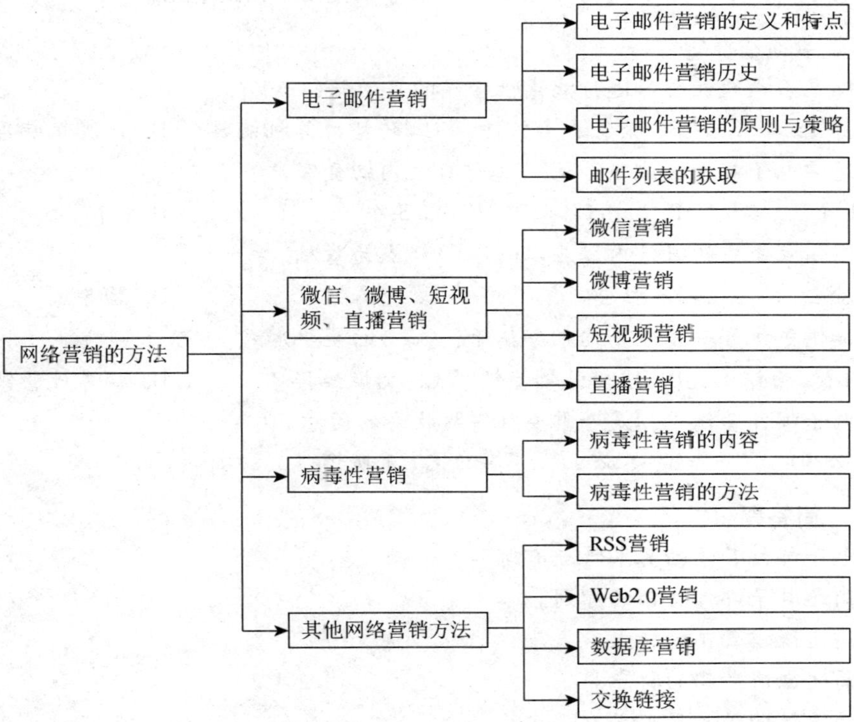

? 自测题

一、 名词解释

1. 电子邮件营销
2. 微信营销
3. 数据库营销
4. 交换链接

二、 判断题

1. 企业微信具有明确的企业营销目的，微信文章或多或少会带有企业营销的内容。（ ）
2. 为了在同行之间建立自己的地位，不应该和同行业企业网站交换链接。（ ）
3. 网络营销中吸引客户注意力的根本原因在于网站的内容。（ ）
4. 为了降低交换链接带来的风险，可以采取链接图片本地化的方法。（ ）
5. Web 2.0 营销就是微信营销。（ ）
6. 电子邮件营销中不同的邮件发送对象可以使用不同的签名。（ ）

三、 单项选择题

1. 瑞星杀毒软件公司进行病毒性营销的目的是(　　)。
A. 杀毒　B. 销售杀毒软件　C. 传播计算机病毒　D. 计算机病毒免疫
2. 通常电子邮件应该在(　　)工作日之内回复客户。
A. 1 个　B. 2 个　C. 3 个　D. 4 个
3. 微信营销中的微信内容应以(　　)观点为基础。
A. 企业　B. 社会　C. 个人　D. 领导
4. 提供手机号码属地查询服务属于(　　)的主要形式。
A. 微信营销　B. 搜索引擎营销　C. 交换链接　D. 病毒性营销
5. 电子邮件营销中，是否需要征得接收者的同意。(　　)
A. 必须　B. 不必　C. 无所谓

四、 简答题

1. 电子邮件营销的基本特点有哪些?
2. 简述电子邮件营销的原则。
3. 简述微信营销的特点。
4. 简述微博营销的特点。
5. 病毒性营销常见形式有哪些?

实训

1. 登录当当网（www. dangdang. com），订阅电子刊物，体验订阅电子刊物的过程，并写出电子刊物的订阅和确定过程，描述电子刊物发行系统的主要功能（以前台为主）。

2. 开通自己的微博，设置页面布局，撰写微博日志。

3. 在百度等搜索引擎登录自己的网上商铺，过一周后，查看效果，如果没有达到预期效果，分析其中存在的问题。

4. 利用相关软件制作病毒性营销载体，如电子贺卡、电子书、电子杂志等。

小组任务

全班分成6组，每组5人，进行直播营销，具体要求分述如下。

1. 每组成员按“直播+电商”“直播+发布会”“直播+互动”“直播+内容”“直播+明星/网络红人”五个方面分工，进行直播营销。

2. 选择多家企业网站、直播平台进行交换链接。

3. 浏览分析其他企业直播内容。

4. 撰写直播营销总结。以书面形式提交报告，要求字数在2000字以上，主要内容包括企业直播营销策略、直播推广效果分析、直播观看量及销售量、直播营销心得。

第七章 搜索引擎营销

搜索引擎营销是网络推广的一个重要方法，如何设置关键词和进行搜索引擎优化（Search Engine Optimization，SEO）是搜索引擎优化人员的重要工作，目前人才市场的主要需求岗位是SEO专员、SEO优化师、网站SEO优化师、网站SEO主管、网络营销专员等。这些岗位要求从业人员必须精通SEO，熟悉百度等排名机制和优化原则以及免费和付费推广服务。这要求学生能够独立完成网站推广策略规划和执行方案，拥有广泛的互联网知识和技能，拥有深入一线的网站建设维护经验，具有SEO实践经验，具有相关业务技能和成功案例的经验。

学习目标

1 了解搜索引擎营销的概念和分类。
2 能够进行搜索引擎营销。
3 掌握设计关键词的方法。
4 能够在主要搜索引擎中进行关键词竞价。
5 能够进行网页搜索引擎优化。

案 例

中小企业搜索引擎营销

新年第一季度三亚某酒店集团进行了市场推广活动，其中，搜索引擎营销部分效果明显。

(1) 公司选择百度、搜狗等知名搜索引擎竞价关键词，在淘宝旅行、去哪儿等网站竞价排名，部分竞价采取付费方式，从而保证了推广效果。

(2) 独特的营销目标。进行搜索引擎营销一般要实现被搜索引擎收录、在搜索结果中排名靠前、增加用户的点击率、将有效搜索转化为客户4个层次的营销目标。与其他企业不同，该酒店集团将搜索引擎营销的目标定位在前3个层次，第4个层次的目标由电子商务部完成，这样做的主要目的是提高询盘的转化率。

(3) 关键词数量众多，分类合理。这次推广的关键词多达30余个。在关键词的设计上，除了核心关键词外，又根据不同的分类与方向进行了关键词拓展。

(4) 密切监控竞争对手搜索引擎营销策略及效果，分析其关键词中竞价策略，随时采取应对措施。

(5) 为了保证营销的效果和节约费用，在竞价区域上选择了浙江、江苏、山西、辽宁等省，这主要是从产品的购买地域考虑的，在关键词的排名上，除了核心关键词排在主要竞争对手前面外，许多关键词只追求排在搜索引擎首屏首页，名次是3～5名，每个关键词的月点击量一般不少于80次。经过一个季度的实施，取得了良好的推广效果。

案例分析

由上述案例可以看到搜索引擎营销在企业网络推广中的重要作用，只有创新性地应用相关策略才能兼顾降低推广费用和提高推广效果，同时也应有意识地将多种营销手段和推广方式相结合，才能取得更好的推广效果。

第一节　搜索引擎营销概述

一、搜索引擎营销的基本概念

（一）搜索引擎

1. 搜索引擎的含义

搜索引擎是指根据一定的策略、运用特定的计算机程序搜集互联网上的信息，在对信息进行组织和处理后，为用户提供检索服务的系统。从使用者的角度看，搜索引擎提供一个包含搜索框的页面，用户在搜索框中输入词语，通过浏览器提交给搜索引擎后，搜索引擎就会返回跟用户输入的内容相关的信息列表。

相关链接 搜索

网站分类目录查询

互联网发展早期，以雅虎为代表的网站分类目录查询非常流行。网站分类目录由人工整理维护，精选互联网上的优秀网站，并简要描述，分类放置到不同目录下。用户查询时，通过一层层地点击来查找自己想找的网站。

2. 搜索引擎分类

搜索引擎一般可以分为以下几种类型。

（1）全文索引。全文搜索引擎是名副其实的搜索引擎，国内比较著名的是百度。它们从互联网上提取各个网站的信息，建立起数据库，并能检索与用户查询条件相匹配的记录，按一定的排列顺序返回结果。根据搜索结果来源的不同，全文搜索引擎又可分为两类，一类拥有自己的检索程序，俗称“蜘蛛”程序或“机器人”程序，能自建网页数据库，搜索结果可以直接从自身的数据库中调用，百度就属于此类；另一类则是租用其他搜索引擎的数据库，并按自定的格式重新排列搜索结果。

小知识

非主流搜索引擎形式

非主流搜索引擎形式有集合式搜索引擎、门户搜索引擎和免费链接列表。

（1）集合式搜索引擎。该搜索引擎类似元搜索引擎，区别在于它不是同时调用多个搜索引擎进行搜索，而是由用户从提供的若干搜索引擎中进行选择。

（2）门户搜索引擎。部分搜索引擎虽然提供搜索服务，但自身既没有分类目录又没有网页数据库，其搜索结果完全来自其他搜索引擎。

（3）免费链接列表。此种形式一般只简单地滚动链接条目，少部分有简单的分类目录，规模比目录索引小。

（2）目录索引。目录索引虽然有搜索功能，但严格意义上来讲不能称为真正的搜索引擎，只是一种按目录分类的网站链接列表而已。用户完全可以按照分类目录找到所需要的信息，不依靠关键词进行查询。目录索引中比较具代表性的有新浪分类目录搜索。

（3）元搜索引擎。元搜索引擎接受用户查询请求后，便同时在多个搜索引擎上展开搜索，并将结果返回给用户。在搜索结果排列方面，有的直接按来源排列搜索结果，有的则按自定的规则将结果重新排列组合。

3. 知名搜索引擎

主要搜索引擎有百度、雅虎、搜狗等。

（1）百度（http：//www. baidu. com）。2000 年 1 月创立于北京中关村的百度，是全球最大的中文网站、最大的中文搜索引擎，属于计算机自动搜索型搜索引擎。

2000 年 1 月 1 日，公司创始人李彦宏、徐勇从美国硅谷回国，共同创建了百度。2000 年 5 月，百度首次为门户网站——硅谷动力提供搜索技术服务，之后迅速占领中国的搜索引擎市场，成为最主要的搜索技术提供商。2001 年 8 月，百度发布 Baidu. com 搜索引擎 Beta 版，从后台技术提供者转为面向公众独立提供搜索服务，并且在中国首创了竞价排名商业模式。2001 年 10 月 22 日，正式发布百度搜索引擎。2003 年 12 月，开创性地推出百度贴吧，开搜索社区化之先河。2005 年 8 月 5 日，百度在美国纳斯达克上市，成为 2005 年全球资本市场上最引人注目的上市公司。2008 年 1 月 23 日，百度全面启动国际化战略，百度日本公司正式运营。自 2005 年在纳斯达克上市以来，截至 2015 年，百度的市值已达 800 亿美元。如今，百度已经发展成一家国际性企业，在日本、巴西、埃及中东地区、越南、泰国、印度尼西亚建立分公司，未来，百度将覆盖全球 50% 以上的国家，为全球提供服务。

（2）雅虎（http：//www. yahoo. com）。雅虎是全球第一门户搜索网站，业务遍及 24 个国家和地区，为全球超过 5 亿的独立用户提供多元化的网络服务。

（3）搜狗（http：//www. sogou. com）。搜狗是搜狐公司于 2004 年 8 月 3 日推出的全球首个第三代互动式中文搜索引擎。搜狗以搜索技术为核心，致力于中文互联网信息的深度挖掘，帮助中国上亿网民加快信息获取速度，为用户创造价值。搜狗的产品线包括网页应用和桌面应用两大部分。网页应用以网页搜索为核心，在音乐、图片、新闻、地图领域提供垂直搜索服务，通过说吧建立用户间的搜索型社区；桌面应用则旨在提升用户的使用体验；搜狗工具条帮助用户快速启动搜索，拼音输入法帮助用户更快速地输入，PXP 加速引擎则帮助用户享受在线音视频直播、点播服务。

4. 搜索引擎的商务模式

在搜索引擎发展早期，搜索引擎通常作为技术提供商为其他网站提供搜索服务，网站付钱给搜索引擎。2001 年以后，大多转向为竞价排名方式。现在搜索引擎的主流商务模式都是在搜索结果页面放置广告，通过用户的点击向广告主收费。这种模式有两个特点：一是点击付费，用户不点击则广告主不用付费；二是竞价排序，根据广告主的付费多少排列结果。

小知识

搜狗网页搜索作为搜狗最核心的产品，于 2007 年 1 月 1 日正式推出 3.0 版本。全面升级的搜狗网页搜索 3.0 凭借自主研发的服务器集群并行抓取技术，成为国际上首个中文网页收录量达到 100 亿的搜索引擎。2010 年 8 月 9 日搜狐与阿里巴巴宣布将分拆搜狗成立独立公司，引入战略投资，注资后的搜狗有望成为仅次于百度的中文搜索工具。

2013 年 9 月 16 日，腾讯向搜狗注资 4.48 亿美元，并将旗下的腾讯搜搜业务和其他相关资产并入搜狗，交易完成后腾讯随即获得搜狗完全摊薄后36.5%的股份，而且腾讯持股比例在之后一段时间内增加至40%左右。

搜狗2014年第四季度营业收入为1.19亿美元，同比增长70%，净利润为1800万美元。2014全年，搜狗营业收入达3.86亿美元，同比增长79%，净利润达3300万美元。

2015年11月8日，搜狗与知乎的深度合作正式公布，其中搜狗全面接入知乎内容数据，同时上线的搜狗知乎搜索垂直频道，聚合知乎优质内容；知乎启用搜狗为其定制的搜索技术解决方案，完全升级知乎搜索的底层引擎。

搜狗2016年第二季度收入达11.5亿元人民币，同比增长27%；非美国通用会计准则下净利润达到2.2亿元人民币，同比增长30%。

财报显示，搜狗移动搜索流量相比上年同期增长近80%，对整体搜索收入贡献从上年同期的24%上升到接近一半。艾瑞数据显示，搜狗移动搜索市场份额已达16.2%，在搜索行业稳居第二。

（二）搜索引擎营销

搜索引擎营销在中国经过几年的发展，已经被更多的企业广告主所重视。目前中国有超过20万个企业广告主正积极地投入搜索引擎营销中，这个数量与目前中国4000万家企业相比，尚有一定的距离，所以搜索引擎营销市场的发展潜力巨大。

1. 搜索引擎营销的含义

搜索引擎营销（Search Engine Marketingm，SEM）是指一整套的技术和策略系统，一般用于引导更多的访问者从搜索引擎寻找商业网站。

2. 搜索引擎营销的实现方式

（1）付费链接。通过诸如百度推广这类广告服务将内容广告在搜索引擎上通过关键词搜索显示出来，有时多指“付费搜索”“点击付费”广告和“竞价排名”广告。

（2）内容定向广告。是指显示在搜索联盟成员的内容站点而不是搜索站点的广告。例如，通过诸如Yahoo Search“Content Match”这类程序搜索到的新闻文章、博客等。

（3）付费收录。通过向搜索引擎和类似黄页站点付费的行为，使企业网站和网页能够被收录到服务器的索引信息中，但是通常不需要被显示在搜索结果列表上的某个特殊位置。

（4）自然排名搜索引擎优化。通过使用一些技术，包括HTML代码放大、站点导航、网页复制编辑、竞价链接等来提高企业网站或网页在特定搜索主题中的自然搜索结果排名。

小知识

搜索引擎营销服务提供商

搜索引擎营销服务提供商是指帮助企业广告主使用上述各种搜索引擎营销的机构或个人。

二、搜索引擎排名原理

（一）搜索引擎的工作原理

1. 计算机自动搜索型

计算机自动搜索型的“网络机器人”或“网络蜘蛛”多是一种网络上的软件，它遍历 Web 空间，能够扫描一定 IP 地址范围内的网站，并沿着网络上的链接从一个网页到另一个网页，从一个网站到另一个网站采集网页资料。为保证采集的资料最新，它还会回访已抓取过的网页。网络机器人或网络蜘蛛采集的网页，还要经过其他程序进行分析，根据一定的相关度算法进行大量的计算后建立网页索引，才能添加到索引数据库中。用户平时看到的计算机自动搜索型，实际上只是一个搜索引擎系统的检索界面，当输入关键词进行查询时，搜索引擎会从庞大的数据库中迅速找到符合该关键词的所有相关网页的索引，并按一定的排名规则呈现出来。不同的搜索引擎，网页索引数据库不同，排名规则也不尽相同，所以，当同一关键词用不同的搜索引擎查询时，搜索结果也就不一样。

2. 人工分类目录型

和计算机自动搜索型一样，人工分类目录型的整个工作过程也同样分为收集信息、分析信息和查询信息三部分，只不过人工分类目录型的收集信息、分析信息两部分主要依靠人工完成。人工分类目录型一般有专门的编辑人员，负责收集网站的各类信息。随着收录站点的增多，现在一般是由站点管理者向人工分类目录型递交自己的网站信息，然后由人工分类目录型的编辑人员审核递交到网站，以决定是否收录该站点。如果该站点审核通过，则人工分类目录型的编辑人员还需要分析该站点的内容，并将该站点放在相应的类别和目录中。所有这些收录的站点同样被存放在一个“索引数据库”中。用户在查询信息时，通常可以选择按照关键词搜索，也可按人工分类目录型逐层查找。如以关键词搜索，返回的结果与计算机自动搜索型结果一样，也是根据信息关联程度排列网站。人工分类目录型就像一个电话号码簿，按照各个网站的性质，把其网址分门别类排在一起，大类下面套着小类，一直到各个网站的详细地址，一般还会提供各个网站的内容简介，用户不使用关键词也可进行查询，只要找到相关目录，就完全可以找到相关的网站。

3. 主要工作步骤

搜索引擎的主要工作步骤分述如下：

（1）从互联网上抓取网页。通过“网络蜘蛛”或人工收集的方法，从互联网上抓取网页，存放到数据库中。

（2）建立索引数据库。由分析索引系统程序对收集回来的网页进行分析，提取相关网页信息，包括网页所在 URL、页面内容包含的关键词、关键词位置、编码类型、生成时间、大小、与其他网页的链接关系等。然后根据一定的相关度算法进行大量复杂的计算，得到每一个网页针对页面内容中及超链接中每一个关键词的相关度或重要性，然后用这些相关信息建立网页索引数据库。

（3）在索引数据库中搜索排序。当用户输入关键词搜索后，由搜索系统程序从网页索引数据库中找到符合该关键词的所有相关网页，相关度越高，排名越靠前。最后，由页面生成系统将搜索结果的链接地址和页面内容摘要等组织起来返回给用户。

（二）影响网页排名的主要原因

尽管不同的搜索引擎对排名的算法各不相同，但影响网页排名的最主要因素却是相同的。

1. 链接数量原则

按照关键词从其他网页链接到该网页中出现的数量来判断网页对该关键词的相关性。例如，按照关键词“苹果”进行搜索，在整个互联网中有 3000 个网页链接到 A 网页，而只有 2000 个网页链接到 B 网页，那么，在搜索结果中，很显然，A 排名在前，B 排名在后。

2. 链接质量原则

在链接数量相同的情况下，母链接网页的质量越高，其子链接网页的排名就越靠前。一般可以理解为名气较大的网页，其质量较高。

3. 位置/频率原则

按照关键词在网页中出现的位置/频率来判断网页对该关键词的相关性。

（1）标题优先于网页。比如，搜索关键词“美容签”时，A 网页在标题出现“美容签”而 B 网页在标题没有出现“美容签”，仅在网页的其他部分出现“美容签”，那么在其他条件相同的前提下，在搜索结果中，A 排名在前，B 排名在后。

（2）网页关键词位置靠前的优先。一般而言，关键词在网页中出现的位置越靠前，其排名也越靠前。比如，搜索关键词“IT 培训”时，A 网页在第三行出现“IT 培训”，而 B 网页在第五行才出现“IT 培训”，那么在其他条件相同的前提下，在搜索结果中，A 排名在前，B 排名在后。

（3）网页中频度大的优先。关键词在网页中出现的频度越大，其排名就越靠前。比如，搜索关键词“移动硬盘”时，A 网页出现这个词的次数 8 次，而 B 网页却只出现 6 次，那么当其他条件相同的前提下，在搜索结果中，A 排名在前，B 排名在后。值得注意的是，当关键词在网页中出现的次数过多，则会被搜索引擎认为是作弊，从而取消其排名资格。一般情况下，关键词出现的次数应不超过网页词汇总数的 8%。

4. 点击测量原则

一般认为得到较多点击数量的页面，其质量较高，排名也相应靠前。

三、搜索引擎的排名目标

互联网虽然只有一个，但是由于各个搜索引擎的能力和喜好不同，所以抓取的网页也各不相同，排序的算法也不一样。大量统计数据表明，50%以上的人通常只关注搜索结果的首页首屏的内容，而忽略后面所有的网页，所以必须把网页所对应的常用关键词排名在前2页。

较著名的搜索引擎的排名目标是：1~2个关键词排名进入前8名，3~6个关键词排名进入第一页，7~12个关键词排名进入前2页。

四、评测指标

从搜索引擎的角度分析，网站的质量是有高有低的。现在一般用公认的第三方评测工具来评价某个网站的质量。

Alexa是世界上公认的对网站访问量排名的权威网站，它对收录的网站的访问量进行统计，并按照3个月的平均数来确定排名，Alexa的网站排名是按照每个网站的被访问量进行的。访问量越大，排名越靠前。Alexa除了给出网站的排名外，还给出了两个指标。

一是访问统计。即每百万用户中浏览网站的人数。

二是网页浏览统计。即每个访问者进入此网站浏览页面的平均数的统计。

五、搜索引擎发展趋势

搜索引擎经过几年的发展和摸索，越来越贴近人们的需求，搜索引擎的技术也得到了很大的发展。搜索引擎的最新技术体现在以下几个方面。

（一）提高搜索引擎对用户检索提问的理解

为了提高搜索引擎对用户检索提问的理解，就必须有一个好的检索提问语言，为了克服关键词检索和目录查询存在的缺点，现在已经出现了自然语言智能答询。用户可以输入简单的疑问句，搜索引擎在对提问进行结构和内容的分析之后，或直接给出提问的答案，或引导用户从几个可选择的问题中进行再选择。自然语言的优势在于：一是使网络交流更加人性化；二是使查询变得更加方便、直接、有效。

（二）对检索结果进行处理

1. 基于访问大众性的搜索引擎

一般来说，多数人选择访问的网站就是重要的网站。根据以前成千上万的网络用户在检索结果中实际所挑选并访问的网站和他们在这些网站上花费的时间来统计确定有关网站的重要性排名，并以此来确定哪些网站最符合用户的检索要求。因此具有典型的趋众性特点。这种评价体制与基于链接评价的搜索引擎有着同样的缺点。

2. 去掉检索结果中附加的多余信息

过多的附加信息加重了用户的信息负担，为了去掉这些过多的附加信息，通常可以采用用户定制、内容过滤等检索技术。

（三）确定搜索引擎信息搜集范围，提高搜索引擎的针对性

1. 垂直主题搜索引擎

网上的信息浩如烟海，网络资源以十倍数增长，一个搜索引擎很难收集全所有主题的网络信息，即使信息主题收集得比较全面，但往往由于主题范围太宽，也很难将各主题都做得精确而又专业，因而使得检索结果垃圾太多。这样一来，垂直主题的搜索引擎便以其高度的目标化和专业化在各类搜索引擎中占据了一席之地，比如，天气、股票、新闻等类的搜索引擎，就具有很高的针对性，用户对查询结果的满意度较高。可见，垂直主题有着极大的发展空间。

2. 非 www 信息的搜索

即提供 FTP 等类信息的检索。

3. 多媒体搜索引擎

多媒体检索主要包括声音、图像的检索。

第二节 关键词策略

关键词就是搜索者在查找信息、产品或服务时，在搜索引擎界面中输入的词条。一般情况下，关键词越长，从搜索引擎索引中返回的信息也就越精确。对一些网站来说，制定符合自己网站特点的科学的关键词策略，可以避免与强大的竞争对手直接硬碰硬地竞争，从而占据属于自己的一席之地，为以后的生存及发展打下坚实的基础。

一、关键词选择

选择关键词的关键在于全面考虑词汇与企业产品或服务的相关性、网民关注程度、表现形式等。一定要仔细斟酌，找出周全的关键词。

（一）通过联想给出尽量多的相关联的词

在考虑关键词时，除了找出与产品直接相关的词外，还要通过进一步联想，找出与其相关的词。比如，在销售景区门票的网站中，可以考虑的关键词有景区门票、景点门

票、全国景区门票、全国景点门票、三亚景区门票、旅游景点门票、乐山大佛门票、故宫门票等关键词，用户在搜索这些关键词时很可能想购买门票，如果企业仅仅提交了“门票”作为关键词，那么将损失许多商业机会。

（二）站在用户角度给出适合大众习惯称谓的词

在考虑关键词时，要多做调查研究，使关键词符合大多数人的用语习惯。用户并不都是某行业中的专家，对于一个卖鲜花的网站来说，有些专业名称的关键词是不大会被搜索的，如“圣诞节用花”，企业可以提交“圣诞节用花”，但可能很少有人搜索这个关键词，所以建议提交“圣诞节送的花”“圣诞节装饰”这样比较适合大众习惯称谓的关键词。在遇到捉摸不透的情况下，也可以到百度等搜索引擎上用多个关键词查一下，看哪个反馈的结果多，就选用哪一个。

（三）要给出有联系的词

有时，除了给出通用性的词汇外，还要结合与关键词相关的产品的特点，给出一些与产品紧密联系的专门性术语。比如，在销售经济型酒店的网站中，除了使用快捷酒店、家庭旅馆、经济型酒店等关键词外，还要考虑使用著名地标如商业区、步行街、大学等关键词，这也是网民经常用到的搜索关键词，把它们作为关键词后，有助于潜在客户找到网站。

（四）勿用意义太泛的关键词

对于一家从事机票预订等票务公司的企业网站来说，选择“飞机”作为核心关键词就不利于吸引到目标客户，而选用“机票”就相对具体多了。实际上，为了准确找到需要的信息，搜索用户倾向使用具体词汇及组合寻找信息（尤其是二词组合），而不是使用那些大而泛的概念。此外，使用意义太泛的关键词，也意味着企业网站要与更多的网站竞争排名，常常难以胜出。

（五）知名企业用自己的品牌做关键词

如果是知名企业，那么最好在关键词中使用公司名或产品品牌名称，如中国旅行社、中青旅等关键词。

（六）使用地理位置

地理位置对于地方性的企业来说尤其重要。如果其业务范围以本地为主，则应在关键词组合中加上地区名称，如“杭州西湖”比“西湖”更易于定位、“浙江省中青旅”比“中青旅”更易于定位等。

（七）控制关键词数量

一个网页中的关键词最多不要超过 5 个，这样可以避免出现优化过度，并且所有内容都针对这几个核心关键词展开，才能保证关键词密度合理。搜索引擎也会认为该页主题明确。如果确实有大量关键词需要呈现，可以分散写在其他页面并进行针对性优化。这也是为什么企业网站的首页和其他页面的关键词往往要有所区分的原因。最典型的情况是在拥有不同的产品和服务的情况下，对每个产品进行单网页优化，而不是罗列在首页上。

二、关键词密度

（一）关键词密度的含义

关键词密度又称关键词频率，相对于页面总字数而言，关键词出现的频率越高，关键词密度就越大。简单地举个例子，如果某个网页共有 100 个词，而关键词在其中出现 6 次，则可以说关键词密度为 6%。

（二）关键字密度对网站排名的影响及应对策略

许多搜索引擎包括百度、雅虎、搜狐等都将关键字密度作为其排名算法考虑的因素之一，每个搜索引擎都有一套关于关键字密度的不同的数学公式。合理的关键字密度可使企业网站获得较高的排名位置，但如果密度过大，则会起到相反的效果。

关键词密度是一个模糊的概念，没有一个准确的公式来限定其密度。各家搜索引擎的密度值控制也都不一样，甚至同一家的搜索引擎，对不同网站的关键词密度的大小所能允许的容忍阈值也不相同，比如，同样一个页面，网易、CCTV 的网站密度值达到 20% 可能没问题，而如果是中小企业的网站估计就立刻被屏蔽了，因为这涉及搜索引擎的信任值问题。

关键词密度并不是越高越好。一般说来，在大多数的搜索引擎中，关键词密度在 2% ~8% 是一个较为适当的范围，这样有利于网站在搜索引擎中排名，同时也不怕被搜索引擎视为关键词作弊。应当注意的是在百度上的关键字密度对排名较为重要，5% 左右的密度应该是比较理想的。

三、关键词分布

要达到理想的网站优化效果，不但要为网站或网页选定恰当的、有效的关键词，更重要的是如何在网页中恰当地将这些关键词嵌入到内容当中。

小知识

什么是网站 SEO

网站 SEO 是针对搜索引擎而言的，为了使网站内容较容易被搜索引擎取得并接受，搜索引擎在收到该网站的资料后进行比对及运算，而后将 PR（Page Rank）值较高的网站放在网络上其他使用者在搜索时会优先看到的位置，进而促使搜索者可以得到正确且有帮助的资讯。

（一）网页代码中的 Title、META 标签

例如，<title>中国旅行社 中国旅行社网上直销网站：网上购物：在线销售海岛游产品</title>。

（二）正文内容必须适当出现关键词

正文内容必须适当出现关键词，并且要有所侧重，注意用户阅读习惯形成的阅读优先位置，比如，从上到下和从左至右，这些都是关键词的重点分布位置，具体包括页面靠顶部、左侧、标题、正文前 200 字以内位置。在这些地方出现关键词对排名更有帮助。例如，哈尔滨双丰木业有限公司网站（http：//www. hrbsfmy. cn）把一段富含关键词的文本网站介绍置于网站最顶部（这个地方通常被用来放 banner 广告）。这样做的好处是让用户和“蜘蛛”程序都能够以最快速度了解该网站内容，并且以“蜘蛛”重视的<b>黑体显示，对其排名起到了极大的作用。

（三）超链接文本（锚文本）

例如，http：//www. ctrip. com

<a href = “http：//www. ctrip. com/ ” id = nlinkmenu1 title = “世贸君澜酒店 杭州”><font color = “#0000ff” >酒店</font></a>。

（四）Header 等标签

即正文标题<H1><H1/>中的文字。搜索引擎一般比较重视标题行中的文字。用<b></b>加粗的文字往往也是关键词出现的地方。对于英文关键词来说，大写的关键词权重大于小写的关键词。其他标签有 H2、H5、strong 等。

（五）图片 Alt 属性

搜索引擎不能抓取图片，因此网页制作时在图片属性 Alt 中加入关键词是对搜索引擎优化的一种好办法，搜索引擎会认为该图片内容与关键词一致，从而有利于排名。如<img align = “center” src = “mrq116. jpg” alt = “美容签图片 116” >。

（六）域名及路径、文件名

拥有英文网页内容的网站在进行域名选择和网页文件夹命名时，可以考虑包含关键词（对关键词组则要用短横线隔开），如 www. made – in – china. com。

（七）文件注释

页面代码中经常会有关于页面内容的注释。如<！ 清华紫光扫描仪>。

案 例

中青旅遨游网站关键词分布策略

中青旅公司（http：//www. aoyou. com）是位于北京市的一家旅游企业，主营出境游、入境游、国内游。

不同等级的页面，不同的 URL 有不同的权重，首页 > 栏目页 > 内容页，权重逐层递减，那么所分配到的关键词热度也是由高到低。首页用来做网站最核心也是最热门的关键词即“旅游”“国内游”“出境游”；栏目页是跟核心关键词相关的热度稍低的一些产品，如“海岛游”“自由行”，或者核心关键词细分出来的大类产品，如“出境游”细分出来的“港澳游”“韩国游”等；而内容页则可以分配每一个具体产品的关键词，或者具体产品关键词的长尾关键词。

网站围绕主推产品出境游，包括出境游相关的附属产品，衍生出一系列相关关键词、长尾关键词以及地域性关键词。关键词数量超过 200 个，这是整站优化的特点。最后，网站在多个主要搜索引擎的搜索结果中均取得了较为理想的名次。

第三节　搜索引擎推广

企业选择搜索引擎营销作为推广工具主要是基于长期营销的目的，在搜索引擎营销推广中有 68. 0% 的广告主选择百度作为投放平台。在采用搜索引擎进行营销推广的方式选择中，有 75. 4% 的广告主采用了在搜索结果中的关键词排名，有 50. 2% 的广告主选用了网页中固定的关键字广告。

百度于 2000 年 1 月创立于北京中关村，是全球最大的中文网站、最大的中文搜索引擎。百度的推广服务主要包括百度推广和百度品牌推广等。

一、百度推广

百度推广是一种按效果付费的网络推广方式，企业用少量的投入就可以带来大量的潜在客户，从而有效提升企业销售额和品牌知名度。每天有数亿人次在百度查找信息，企业在百度注册与产品相关的关键词后，企业就会被查找这些产品的众多客户找到。百度推广按照给企业带来的潜在客户的访问数量计费，企业则可以灵活控制网络推广投入，从中获得最大回报。

小提示

百度尊重并保护所有使用百度用户的个人隐私权，百度不会主动地把用户的信息泄露给第三方。但是用户使用搜索引擎时输入的关键字将不被认为是用户的个人隐私资料。

案　例

让创业更简单

27岁的柏煜在北京开设了首家“康复之家”医疗器械连锁店。从创业第一天起，柏煜就想让网络营销与门店经营齐头并进。起初他在一些知名门户网站的搜索引擎服务上投入了2000多元，效果不是很明显，每月完成的网络销售额只有1万元左右。同年11月，柏煜终于决定在百度投放关键词。

按照百度的相关规定，推广服务使用者只需要预先在账户内预存一笔不高的款项，百度则根据关键词的实时点击次数从账户里扣款。柏煜记得自己开户后预存了2000元钱，并注册了与自己的行业有关联的十几个关键词。对柏煜来说，极低的预存款数，按点击次数扣款的模式，这些都大大降低了他的广告推广成本及进入门槛，使得在传统媒体上无法进行广告宣传的“康复之家”，能够最大限度地利用搜索引擎进行营销。而且柏煜还发现百度营销的另一个好处，那就是容易监测推广效果，而在传统的媒体上，不仅广告效果难以监测，而且广告收费门槛之高，是一般小企业难以企及的。

柏煜的2000元首期预付款在3个月后花光。等钱花光时，他已经可以肯定续费的必要性了：因为“康复之家”的网络销售额有了明显提升。于是，他进一步加大了关键词的投入力度，在百度上做推广的10个月后，“康复之家”的网络销售额由每月1万多元提升到4万多元。而柏煜在百度上的推广成本每月却只有3000元左右。

百度推广给“康复之家”带来的品牌提升也不可忽视。短短2年多时间的发展，“康复之家”已成为北京地区最有影响力的家用医疗器械专业连锁商，在北京发展到12家连锁店，此外，在外地也发展了6家加盟店。这一年“康复之家”全年销售收入达到1000万元，其中来自网络的销售达200万元，第二年的网络销售也继续翻番。

案例来源：百度（http：//www. baidu. com）

（一）百度推广的特点

一般而言，百度推广具有如下几个特点。

（1）支持限定地域推广。企业可根据推广计划，限定只有指定地区的用户在百度搜索引擎搜索企业关键词时，才能看到企业的推广信息，为企业节省每一分推广资金。

（2）支持每日最高消费额的控制。为了方便控制推广费用，用户可以选择限定每日最高消费。该功能开启后，你在百度的消费额当天达到你设定的限额时，你所有的关键词将暂时被搁置。次日7：00开始被搁置的关键词又会自动生效。

（3）自动竞价功能。百度推广不仅可以随时手工设定竞价价格，而且设有自动竞价功能，自动竞价则只需用户设定一个关键词点击的最高价，这个最高价是为这个关键词出的最大点击价格，也就是说，关键词实际点击价一定不会超过这个最高价。

案 例

查询百度关键词竞价价格

千岛湖景区营销部经理计划继续在百度竞价关键词“千岛湖”，于是进入百度搜索引擎竞价排名系统关键词和验证码，查询该关键词目前的竞价排名信息。

（4）账务续费提醒。当企业的账户余额小于某个金额时，可以在百度推广管理系统设定账户续费提醒功能，该功能会自动发邮件提醒，保证竞价排名服务不中断。

（5）关键词分组管理。企业可根据自己的产品分类，建立不同的推广关键词组，并分开管理关键词。

（6）关键词排名提醒。当企业购买的关键词的排名下降时，可以在百度推广管理系统中设定自动发邮件提醒，以便随时监控推广效果。

（7）防止恶意点击。在访问统计时百度推广管理系统有数十个参数来判断一个访问是否真实、有效，如果有人进入企业的网站不断访问同一条结果，则无论有多少次访问都会只计算一次，以防止恶意访问或程序自动访问，最大限度地保证了访问统计的科学性和合理性。

（二）申请百度推广服务

申请百度推广服务一般分为以下几个步骤。

（1）注册百度推广用户。

（2）挑选关键词并提交。在百度推广管理系统中提交关键词等相关信息。

（3）交纳推广费。

（4）开通账户。百度在收到款项并确认账户内已提交关键词后，一般会在两个工作日内审核企业的推广信息。审核通过即可开通账户。

小提示

企业在百度推广管理系统中提交关键词时不会产生任何费用，只有当客户在搜索结果中点击你的关键字时才会自动计费。

（三）百度推广的内容政策

为保证百度推广结果的合法性，保护百度推广客户的根本利益以及保护广大网民的搜索体验，搜索百度客户推广的网站内容及所添加的关键词、标题、描述，不得违反国家相关法律法规。凡在推广过程中出现违反国家相关法律法规的情况，百度公司将停止相关关键词的在线推广或拒绝用户账户信息。

所以企业在进行搜索推广时，无论企业所添加的关键词是否直接指向该页面，企业网站内的内容、服务项目或产品均不得违反国家相关法律法规，否则账户及关键词均不能进行线上推广。若企业的账户信息及关键词以“涉嫌非法内容或非法链接”理由被拒绝，应检查企业的网站内容、服务项目或产品，是否违反国家相关法律法规的内容。

小提示

由于禁止推广的内容会随着相关法律法规的更新而变动，基于以上原因，百度可能会对涉及的企业信息或关键词暂停推广，此时需要企业配合提供相关证明或进行修改。由于企业自身原因，例如，通过审核后修改网站或修改域名跳转等手段，使得指向页面内容不能符合有关法规政策的，一经发现，百度将有可能对涉及的账户信息或关键词停止推广，由此造成的未消费余额不予退还。同时，百度对由此可能造成的后果，有可能采取进一步追究责任的措施。

二、百度品牌推广

百度品牌推广是一种有效提升品牌知名度和获取目标客户关注的创新性的推广模式，是基于百度搜索平台为企业客户量身定制的网络营销推广服务。当搜索用户使用企业品牌对应的关键词进行搜索时，企业推广信息会以图文并茂的形式出现在搜索结果第一位，充分展示出企业实力及品牌形象。品牌推广不同于其他搜索推广，在文字之外，还可以展现图片，其独特的呈现形式给用户留下与众不同的品牌形象，从而有效提升品牌知名度和获取目标客户的关注。

小提示

对于新客户来说，如果目前要拿出一笔预算来测试广告效果的话，可以将每日预算设为50元/天及以上，最低不能低于30元/天；搜索网络的每次点击费用最高应为0.8元以上；最少持续投放3~4个星期，这样才能确保在测试期间看到明显的广告效果。之后可以再对预算以及出价做出相应调整。

第四节 网页搜索引擎优化

搜索引擎优化（Search Engine Optimization，SEO）是针对搜索引擎对网页的检索特点，让网站建设各项基本要素适合搜索引擎的检索原则，从而使得搜索引擎收录尽可能多的网页，并在搜索引擎自然检索结果中排名靠前，最终达到网站推广的目的。搜索引擎优化的主要工作是通过了解各类搜索引擎如何抓取互联网页面、如何进行索引以及如何确定其对某一特定关键词的搜索结果排名等技术，对网页内容进行相关的优化，使其符合绝大多数用户的浏览习惯，在不损害用户体验的情况下提高搜索引擎排名，从而提高网站访问量，最终提升网站的销售能力或宣传能力的技术。所谓“针对搜索引擎优化处理”，是为了让网站更容易被搜索引擎接受。搜索引擎会将网站彼此间的内容做一些相关性的资料比对，然后再由浏览器将这些内容以最快速且接近最完整的方式，呈现给搜寻者。通常搜索引擎的用户往往只会留意搜索结果最开始的几项条目。

对于任何一家网站来说，要想在网站推广中取得成功，搜索引擎优化都是至为关键的一项任务。同时，随着搜索引擎不断变换其排名算法规则，每次算法上的改变都会让一些排名很好的网站在一夜之间失去靠前的排名位置，而失去排名的直接后果就是失去了网站固有的可观访问量。所以每次搜索引擎算法的改变都会在网站之中引起不小的骚动和焦虑。可以说，搜索引擎优化也成了一个越来越复杂的任务。

为了在搜索引擎得到好的排名，首先就要在开发好的网页代码上进行优化工作，使得搜索引擎容易识别将要发布到互联网上的网页，从而在排名上得到“先天”的优待。

小知识

“白帽”与“黑帽”

SEO技术分为“白帽”和“黑帽”两种。“白帽”英文为whitehat，通常指那些使用正规方法，使网站排名自然上升的SEO技术。“黑帽”英文为blackhat，指专门用作弊手段取得排名的SEO方法。

一、网站首页内容

网站首页对搜索引擎的识别和排名至关重要。很多公司喜欢将首页放置图片或Flash动画，虽然这样看上去很美观，但是对搜索引擎的排名却没有一点好处。其原因在于浏览器打开的时间较长，以至于部分客户没有耐心看下去。另外，搜索引擎只认文字，不认图片等其他媒体，这让搜索引擎无法找到与之相匹配的关键词。

小提示

百度、小米商城的首页都是企业网站学习的榜样。一般而言，提倡使用的网站的首页应短小精悍、美观朴实、字节数小、图片少。

二、标题、关键词和内容描述

应在每个网页中插入有关标题、关键词和内容描述的代码，原因就是搜索引擎对这部分代码的文字描述比较重视，对排名的算法占有一定的权重。首先用DreamWeaver8.0等网页编辑工具打开网页，然后单击左下方的HTML标签，最后在代码的左上方、<HEAD>的下方插入代码。

三、网页的文件名称

虽然网页文件的名称只要符合语法规则就不会出错，但搜索引擎对有英文含义的名称会优先“照顾”。比如，某个以“书”为含义的网页文件名用 book. htm 就比 shu. htm 容易被搜索引擎识别。

四、动态网页与静态网页

所谓动态网页就是用 ASP、PHP 等程序语言编写的网页，其后缀一般是 ASP、PHP 等形式，其 URL 中通常出现“?”“+”“%”以及“&”“$”等符号。网站使用动态技术的好处，除了增加网站交互功能外，还具有容易维护和更新的优点，因此为许多大中型网站所采用。静态网页是用 HTML 语言编写的网页，其后缀一般是 HTM、HTML 等。由于大多数搜索引擎的蜘蛛程序都无法解读符号“?”后的字符，所以动态网页很难被搜索引擎检索到，因而被用户找到的机会也大为降低。对此，能够采用静态表现的网页尽量不要用动态实现，通常情况下，重要的网页应采用静态表现。同时使用技术将动态网页转化成静态网页形式，使 URL 中不再包含“?”“—”等符号。另外，也可以通过对网站进行一些改动，间接增加动态网页的搜索引擎可见度。

（一）静态网页搜索引擎优化

搜索引擎比较容易“抓取”静态网页，所以，静态网页在搜索引擎中较易获得比较好的排名。

1. 网页的内容

网站的内容始终是第一位的。人们总是愿意去浏览那些时常更新的，提供了丰富而又有趣味性的内容的网站。同时这样的网站又总是能够轻松赢得搜索引擎的好感。原因很简单，互联网是一个“信息”高速公路，人们往往通过它来找到所需要的信息。而一个站点上的信息就是它的网站内容。同时，网页大小最好不要超过 50K。因为体型庞大的网页下载速度慢，不仅会让普通访问者等得心急如焚，有时也会使搜索引擎感到不耐烦。

小提示

内容丰富并不是指内容的繁杂，而是指内容的深度、实用性和趣味性。

2. 友好的网页设计结构

在设计网页时不仅要考虑外观漂亮，还要考虑搜索引擎是否能够很好地支持网页的设计结构。下面这些设计风格对搜索引擎是缺乏友好度的。

（1）框架结构。框架结构（Frames）在信息查找、建立网站正规化概念等方面非常有优势。很多使用 Frames 技术的网站开发与设计人员，就是看上了它导航清晰且方便维护的优点。但是一些大型搜索引擎仍然不支持 Frames。搜索引擎能够跟读 Noframes 中的内容，所以可利用 Noframes 标识进行内容的填充和优化，在 Noframes 区域中应包含使用 Frames 的网页的链接。

（2）Flash 动画。Flash 制作的网页视觉效果较好，但它面临和 Frames 一样的问题，即搜索引擎对这类网站的索引仍有一定难度。此外，一个纯 Flash 网页的打开速度也相当慢。解决方案是最好能提供 Flash 和非 Flash 网页两种选择，这样既增加了网页的观赏性，又照顾到了搜索引擎的“情绪”。

（3）纯图像网页（Splash 页）。页面由图像组成，几乎没有文本内容。搜索引擎一般拒绝收录这样的网站，即使收录也不会给予重视。它们认为这样的网站没有给用户提供任何信息内容。

3. 页面关键字和关键字密度

百度通过页面的关键词密度（keyword density）来决定该页面对关键字的关联度。所以应确保关键字在整个网页中的充分利用和合理分布。即充分利用所有可以利用的因素，但不要过分重复或简单排列关键字。通常应遵循必要的语法规则，形成自然流畅的语句，使网页不失吸引力。从页面因素的优化角度出发，可考虑将关键字分布于下面位置。

（1）网页标题元。在对搜索的关键字进行匹配时，百度会对 Meta Title 中出现的关键字给予较高的“关注”。所以应确保网页标题中包含了目标关键词。即应围绕你认为最重要的关键字来决定网页标题的内容。通常情况下，网页的标题不可过长，一般宜控制在 10 到 20 个字符之间。

（2）网页描述/关键字元。由于这些 Meta Tags 的内容并不能为实际访问者所见，而且搜索引擎认为这些元标识很容易被网站设计者用来误导用户。所以很多搜索引擎如 FAST/Alltheweb，Excite，Lycos 等一般都会对这些 Meta Tags “视而不见”。但在它们的搜索结果中，一般都会使用网站自身的描述元标识作为对该网站的描述。而且对一些大型的 Meta Tags 搜索引擎来说，它们是根据网站的 Meta Tags 来决定排名的。此外，在条件完全相同的情况下，Meta Tags 的顺序对排名有时也会产生一点影响。

（3）正文标题。在网页的正文标题中涵盖关键字，并使用 <H> 属性来强调突出。如 <H（1，2，3…>标题内容</H（1，2，3…）>。

（4）正文内容。在网页的正文中合理穿插关键词，通常可对正文中出现的关键词进行加粗显示。一般 6% ~10% 的关键词密度就比较理想。

（5）文本链接。搜索引擎对文本链接中出现的关键词给予比较高的“关注”。在文本链接中包含关键词可有效提高网站相关性得分。

（6）ALT 标识。搜索引擎如百度等都支持 ALT 属性文字。所以应给网页中的图片都加上 ALT 属性，并在属性文字中尽量涵盖关键词以此来增加网站的相关性得分。

一个网站的功能性和形式应属于共生的关系。而功能性和形式严重失衡的一个典型特征就是基于 Flash 的网站和经过过度网页优化的网站。它们变成了一边倒，但不是倒向实际访问者，而是倒向了搜索引擎，因而顾此失彼。所以在网站开发中，开发者应注意融合网站的形式和功能性，从而达到两者的密不可分。

（二）动态网站的搜索引擎优化

动态网站虽然丰富了网站的功能，但是对于搜索引擎来说，情况就大为不同了，动态页面是在用户“输入内容”或者进行“选择”时动态生成的，但是搜索引擎的“搜索机器人”无法“输入”和“选择”。另外，搜索引擎还要避免“搜索机器人陷阱”的脚本错误。

1. 动态网站的出现和优势

互联网最早出现时，站点内容都是以 HTML 静态页面形式存放在服务器上，访问者浏览到的页面都是这些实际存在的静态页面。随着技术的发展，特别是数据库和脚本技术 PERL、ASP、PHP 和 JSP 的不断发展，越来越多的站点开始采取动态页面发布手段。比如，在百度上搜索一个内容，得到的搜索结果页面文件“本身”在百度服务器上并不存在，而是通过程序在人们输入搜索内容时调用后台数据库实时生成的，也就是说，这些结果的页面是动态的。

静态页面的站点只涉及文件的传输问题，而动态站点则相对复杂得多，用户和站点之间出现大量的交互，网站不再仅仅是内容的发布，而是成了一种“应用”，是软件业向互联网上的扩张。从软件的角度看，动态站点是逻辑应用层和数据层的分离，数据库负责站点数据的存储管理，而 ASP、PHP、JSP 等负责处理站点的逻辑应用。这样做的好处除了能够增加很多交互功能外，更重要的是站点的维护、更新和升级都方便了许多。可以说，没有动态网站技术，目前互联网上的这些超大型站点就不可能出现。

2. 搜索引擎抓取动态网站页面时面临的问题

从用户的角度看，动态网站非常不错，极大地丰富了站点的功能，但是对于搜索引擎来说，情况就不同了。

根本的问题在于“输入”和“选择”，动态页面是在用户“输入内容”或者进行“选择”时动态生成的，但是搜索引擎的“搜索机器人”却无法“输入”和“选择”。比如，在当当书店站点查看蔡元萍的《电子商务支付与结算》一书，介绍页面是动态生成的，URL 地址是：http：//www. dangdang. com/product_ detail/product_ detail. asp? product_ id =493699。这里在“?”后面的 product_ id 参数值是需要输入的，“搜索机器人”通过链接可以找到 http：//www. dangdang. com/product_ detail/product_ detail. asp 页面，但是由于它无法输入“?”后面的 product_ id 参数值，从而无法抓取这个页面文件。

另外，对于通过链接访问这种带“?”的页面，从技术上来说搜索引擎可以抓取，但是搜索引擎通常选择不去抓取，这是为了避免“搜索机器人陷阱”的脚本错误，这种错误会让搜索机器人进行无限循环的抓取，因无法退出而浪费大量时间。

3. 动态网站的搜索引擎策略

动态网站要被搜索引擎抓取，可以采用内容发布系统软件将动态站点转化成静态页面，这种办法对于页面发布后变动少的站点比较合适，比如，一些新闻类的站点（如新浪的新闻中心）。一般的动态网站可以通过下面的办法让搜索引擎抓取。

首先，要让动态页面的 URL 地址中没有“?”，让动态页面看上去像“静态页面”。看看下面这个页面 http：//www. amazon. com/exec/obidos/tg/detail/ –/043935806X/，这明显是一个动态页面，但是 URL 地址看上去却像“静态页面”。一般情况下，针对不同的动态页面可以采用下面技术来实现。

（1）对于采用 ASP 技术的动态页面，Exception Digital 公司提供一种工具 XQASP（http：// www. xde. net/products/product_ xqasp. htm）可以将“?”替换为“/”。

（2）对于采用 ColdFusion 技术的站点，需要重新配置服务器上的 ColdFusion，用“/”代替“?”将参数传输到 URL，更详细的信息请见 http：//coldfusion. com 站点。

（3）对于使用 Apache 服务器的站点，可以使用 rewrite 模块将带参数的 URL 地址转换成搜索引擎支持的形式，该模块 mod_ rewrite 在 Apache 服务器中不是缺省安装的。

采取其他的动态技术也能找到对应的方法改变 URL 的形式。然后，再创建一些静态页面指向这些动态页面。前面说过，搜索引擎机器人并不会自己“输入”参数，所以要让上面这些动态页面被搜索引擎抓取，还需要告诉机器人这些页面的确切地址。可以创建一些静态的页面，并使这些页面上有大量指向动态页面的链接。将这些入口页面的地址提交到搜索引擎，这些页面和链接的动态页面就都能被搜索引擎抓取了。

4. 搜索引擎对动态网站支持的改进

在用户调整动态站点适应搜索引擎的同时，搜索引擎也在不断地发展。到目前为止，绝大多数的搜索引擎还不支持动态页面的抓取，但是 Hotbot 和百度开始尝试抓取动态网站页面。这些搜索引擎在抓取动态页面时，为了避免“搜索机器人陷阱”，通常都只抓取从静态页面链接到的动态页面，而从动态页面链接出的动态页面都不支持抓取。

当一个动态站点如果只针对上面这些搜索引擎，则可以在前面介绍的方法基础上简化，即只需要创建一些入口页面，链接很多动态页面，然后将这些入口页面递交到这些搜索引擎就可以了。

小提示

直接使用动态的 URL 地址，一般应注意以下几点：

（1）文件 URL 中不要有 Session ID，同时不要用 ID 作为参数名称。

（2）参数越少越好，尽量不超过 2 个。

（3）在 URL 中尽量不要用参数，将一些参数转移到其他地方，这样可以增加动态页面被抓取的深度和数目。

第五节　搜索引擎营销工具

借助一些小工具或网站系统，可以高效、及时地检测、分析网站优化和运营情况，从而指导运营维护工作的深入开展。

一、免费登录入口

（一）百度免费登录入口

百度会收录符合用户搜索体验的网站和网页，为促使百度的“蜘蛛”程序更快地发现企业的站点，可向百度提交一下企业网站的入口网址（提交地址 http：//www.baidu.com/search/url _ submit.html）。只需提交首页即可，无须提交详细的内容页面。因为百度的网页收录机制只和网页价值有关，与竞价排名等商业因素没有任何关联。

至于百度是否已经收录企业网站一般可以通过执行 site 语法查看，直接在百度搜索中输入“site：域名”，如 site：http：//www.hrbsfmy.cn，如果 site 语法查询可以查询到结果，则说明网站已经被百度收录。

小提示

百度会定期自动更新所有网页（包括去除死链接、更新域名变化、更新内容变化）。因此，如果网站更新了，可是百度收录的内容还没更新，那么等一段时间，网站上的变化就会被百度察觉并自动修正。

（二）搜狗免费登录入口

通过搜狗免费登录入口，用户可以将网站提交给搜狗搜索引擎，搜索引擎会随着搜索数据库的更新，自动抓取网站。

相关链接　搜索

将网站提交给搜狗搜索引擎时只需输入网站的首页地址，搜索引擎将从首页进入，抓取网站的其他页面，并且定期进行更新。

二、域名与主机工具

域名与主机工具主要有查域名 IP（http：//www.123cha.com/ip）、域名批量查询工具（http：//www.whois.sc）、IP 转换成域名（http：//www.whois.sc/members/reverse-ip.html）等。

三、关键字工具

搜索推广是百度推出的搜索推广管理平台，利用搜索推广平台专业版客户可以对百度搜索推广信息进行管理与优化，对推广效果进行评估。在这个平台上，企业不仅能获得更多推广位置的控制权，更多关键词的选择权，还有更多的工具、强功能、全面的数据。具体来说，专业版的独特优势将给客户带来以下几方面的好处。

（一）覆盖更广泛

具体表现在如下几点：

（1）提交更多相关的关键词，覆盖多元化的潜在客户，拓展商业空间。

（2）更多可控的推广位（“赞助商链接”区域+网页右侧区域），轻松吸引潜在客户视线。

（3）关键词的广泛匹配技术帮助定位更多潜在客户，自动捕捉更多商机。

（二）管理更精细

主要体现在以下几方面：

（1）利用四层账户结构，制订更精细的推广方案。

（2）设置计划级地域/预算和推广时段管理，进行更灵活的推广管理。

（3）自主设置 IP 排除，屏蔽无效展现，获取更高价值的点击访问。

（三）优化更科学

一般包括以下几方面：

（1）展现量/点击率数据，对推广效果进行全面评估，指导优化方向。

（2）查看搜索词报告，提炼合意的关键词，添加必要的否定关键词，更精准地定位潜在客户。

（3）创意轮显/创意报告，系统自动优化和人工优中选优相结合，让创意质量更上一层楼。

（4）优化助手，力助推广方案/网站质量优化。

小提示

关键字工具在以下3种情形中特别有用：

（1）首次创建新广告组时。

（2）当前关键字的效果不好，需要寻找更好的关键字时。

（3）目前有一个关键字的效果非常好，希望寻找更多类似的关键字时。

四、内容与结构检测工具

（一）查看ALEXA全球排名

http：//www. alexa com/toolbar

http：//www. trafficzap. com/sitepopularity. php

（二）URL检测工具

检测网站URL结构、无效链接等下载地址如下：

http：//www. wuyue. cn/soft/xenu. zip

http：//validator. w3. org/checklink

（三）相似页面检测器

对比两个页面间的相似度，来判断是否有受到惩罚的危险。下载地址如下：

http：//www. webconfs. com/similar - page - checker. php

（四）链接广度检测工具下载地址

http：//www. sowang. com/so/（综合查询：含链接广度、PR、ALEXA排名）

http：//www. marketleap. com/publinkpop（可同时与多个竞争对手网站进行比较）

http：//www. uptimebot. com（同时检测10个搜索引擎的收录情况）

http：//www. seotoolkit. co. uk/link_ popularity_ checker. asp

http：//www. 123promotion. co. uk/directory/index. php（检查网站是否登录多个重要分类目录）

（五）排名监测工具

网站以某一关键词在搜索引擎中的排名。

http：//www. trafficzap. com/keyrank. php

（六）查看网页级别

http：//www. trafficzap. com/pagerank. php（查看PageRank值）

http：//www. seochat. com/seo - tools/future - pagerank（查看PR值是否处于更新期间）

http：//www. digitalpoint. com/tools/webrank

学习导航

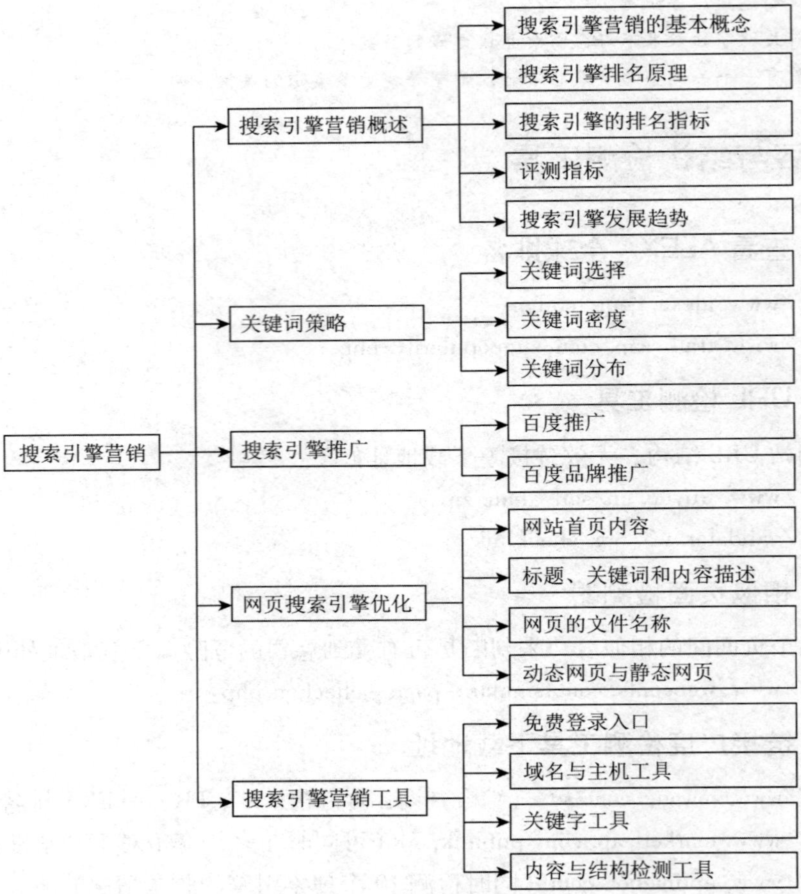

自测题

一、 名词解释

1. 搜索引擎
2. 关键词
3. 搜索引擎优化
4. 关键词密度

二、 判断题

1. 中小企业为了提高搜索引擎营销的效果，应加大在知名搜索引擎的资金投入，用于大量关键词竞价以获得好的排名。 ( )

2. 搜索引擎营销中关键词越短越好。 ( )

3. 在考虑关键词时，除了找出与产品直接相关的词外，还要通过联想，找出与其相关的词。 ( )

4. 相对于页面总字数而言，关键词出现的频率越高，关键词密度也就越大。 ( )

三、 单项选择题

1. 企业关键词出现在搜索引擎的搜索结果中的( )效果最好。

A. 首屏　　B. 首页　　C. 首屏首页　　D. 第二页

2. ( )是全球公认的对网站访问量排名的权威网站。

A. Alexa　　B. 百度　　C. CNNIC　　D. 雅虎

3. 一个网页中的关键词最多不要超过( )个为佳。

A. 1　　B. 5　　C. 10　　D. 20

4. 搜索引擎优化简称( )。

A. SCO　　B. EDI　　C. VAN　　D. SEO

5. 在大多数的搜索引擎中，关键词密度在( )是一个较为适当的范围。

A. 1% ~3%　　B. 5% ~15%　　C. 2% ~8%　　D. 10% ~30%

四、 简答题

1. 目前国内知名搜索引擎主要有哪些?

2. 简述搜索引擎的排名目标。

3. 关键词选择策略有哪些?

实训

1. 将一个网站向3个免费搜索引擎登录。

2. 登录百度网站，观察关键词酒店、杭州酒店、杭州西湖酒店的竞价价格，给出酒店系列的最佳关键词组合。

3. 登录搜狗网站，观察关键词景区、儿童景区的竞价价格，与百度竞价情况做比较，给出景区系列关键词的搜狗网站与百度网站的组合。

4. 在百度搜索引擎查询“机票”这个关键词的竞价排名现状。

小组任务

学生分成6组，每组5人，登录一家企业网站，对企业网站搜索引擎友好性进行分析，了解搜索引擎优化策略和关键词策略，写出搜索引擎友好性分析报告。具体要求如下：

1. 每组选择1家企业网站。

2. 浏览该企业网站并确认该网站的2~5个核心关键词（如企业名称、所在行业、主要产品或服务等）。

3. 用每个关键词分别在主流搜索引擎（如百度、搜狐等）进行检索，了解该网站在搜索结果中的表现，如排名、网页标题和摘要信息内容等，同时记录同一关键词检索结果中与被选企业竞争者的排名和摘要信息情况。

4. 根据有关信息分析被调查网站的搜索引擎友好性及不友好性。

5. 撰写搜索引擎友好性分析报告，报告以书面形式提交，要求字数达到2000字以上。报告内容包括公司及产品介绍、网站核心关键词、关键词在搜索引擎中的收录情况调查、搜索引擎友好性分析、搜索引擎不友好性分析、搜索引擎优化策略、关键词优化策略。

第八章 网络广告

学习网络广告的相关知识后可以从事的工作岗位有：网络广告策划、网络广告销售支持、网络广告运营、网络广告销售经理、网络广告销售代表、网络广告销售总监等。这些岗位要求从业人员具有独立进行网络广告策划及实施的能力，能够独立完成网站内广告位的规划、广告设计与测试、广告发布等工作。从业人员需要具有网络广告运营、网络公关、互联网活动策划经验，同时还要求人员形象气质佳、口齿清晰、普通话标准；具有较强的人际沟通、语言表达、适应及应变能力；有较强的判断力、分析力、敏锐的洞察力；能独立开发客户；精通广告销售技巧。学生们在校期间可以多参加一些社会实践活动，学习相关技能，丰富实践经验，这样才能在将来的工作中得心应手，游刃有余。

学习目标

1. 熟悉网络广告的含义与形式。
2. 了解网络广告效果评估方法。
3. 能够进行网络广告的策划。
4. 具备投放网络广告的基本技能。

案例

诗画浙江文化和旅游信息服务平台

“诗画浙江·文化和旅游信息服务平台”是浙江省政府数字化转型首批“8＋13”重大项目之一，由浙江省文化和旅游厅建设，项目于2019年年中立项，2020年1月实现全功能正式上线运行，并在省、市、县三级进行推广应用。项目聚焦“数据共享、业务协同”模型，建成产业管理、行业监管、公共服务、数据中心四大功能共计40个应用模块，形成从业务申报、监管、公共信息服务到大数据挖掘分析的全生态数据链条。通过“1＋N＋X”的应用创新机制，即全省统一的文化和旅游信息服务平台和文旅数据仓，完善11个地市分平台建设，并在全省89个区县开展特色应用创新，形成一体化监管、一体应用、共建共享的全省文旅系统“一盘棋”，构建省、市、县、企四级用户管理及应用体系，为不同类型用户提供分类应用，目前已纳入各级管理用户4000多个、企业用户2万多个、专家用户500多个。

案例分析

系统主要解决了“数据孤岛”林立、数据不能有效共享互通、无数据协同、数据应用场景不足、数据关联应用分析弱、重复建设以及面向公众的公共服务能力不足的问题。通过建设，系统整合了上下（国家与地市）、左右（横向）、内外（业务系统与互联网）的数据，完善文旅数据融合的数据仓，加大文旅数据挖掘和关联分析，实现智能化数据决策支撑，提升产业监测与监管水平，形成数据应用闭环和综合治理；进一步完善“浙里好玩”“导览一张图”等公共服务内容，提高个性化服务品质，实现从信息获取到预订一站式服务，核心应用模块实现与浙里办和浙政钉的无缝对接，使管理部门、公众、游客感受更多的便捷性和获得感。

案例来源：《中国旅游报》

第一节　网络广告概述

一、网络广告的含义与形式

（一）网络广告的含义

网络广告是一种新兴的广告形式，一般是指在互联网上发布、传播的广告信息，它是互联网作为营销媒体最先被开发和利用的一种营销技术。网络广告是广告主以付费方式运用互联网媒体对公众进行劝说的一种信息传播活动。它建立在计算机、现代通信等多种网络技术和多媒体技术之上，其具体操作方式包括注册独立域名、建立公司主页；在热门站点上做横幅广告等以及链接，并登录各大搜索引擎；在知名BBS上发布广告信息，或开设专门论坛；通过电子邮件给目标消费者发送信息等。其目的在于影响人们对所广告的商品或劳务的态度，进而诱发其购买行动而使广告主得到利益的活动。

（二）网络广告的形式

网络广告采用先进的多媒体技术，拥有灵活多样的广告投放形式。目前网络广告投放形式主要有以下几种。

1. 横幅广告

又名“旗帜广告”，是最常用的广告形式。通常以 Flash、GIF、JPG 等格式定位在网页中，同时还可使用 Java 等语言使其产生交互性，用 Shockwave 等插件工具增强表现力。横幅广告开始是静态的广告，用户可以点击进入广告主的网站，后来逐渐发展为互动广告。

2. 按钮广告

又名“图标广告”，是标语式广告的一种特殊形式，其制作方法、付费方式、自身属性与横幅广告没有区别，仅在形状和大小上有所不同。由于尺寸偏小，表现手法较简单，一般只由一个标志性的图案构成，通常是商标或厂徽等，它的信息量非常有限，吸引力也相对差一些，只能起到一定的提示作用。按钮式广告可以被设置在网页的任何一处，图标在主页上是不动的，通过点击可链接到客户的广告内容上去。因为网上按钮经常能带来免费下载的软件，所以被网民接受的速度快于横幅广告，并取得了显著的成功。

小知识

按钮广告的尺寸

最常用的按钮广告的尺寸有四种，分别是 125×125、120×90、120×60、88×31（单位：像素）。

3. 邮件列表广告

又名“直邮广告”，是指利用网站电子刊物服务中的电子邮件列表，将广告加在每天读者所订阅的刊物中发放给相应的邮箱所属人。这种直接电子邮件方式是用户能够接受的，因为网络公司的电子邮件地址清单上的每一个人都是自愿加入，并愿意接收他们所感兴趣的信息。

4. 电子邮件式广告

由广告支持的电子邮件，广告形式以 Buttons 为主，广告体现在拥有免费电子邮件服务的网站上，通常广告会出现在个人邮箱的主页上。如 Hotmail（http：//www. hotmail. com）公司和 Juno（http：//www. juno. com）公司对使用它们电子邮件阅读器的用户提供免费服务，当用户收发电子邮件时，广告就会在设定好的时间轮流播放。

5. 竞赛和推广式广告

又名“赞助式广告”，广告主可以与网站一起合办公众认为感兴趣的网上竞赛或网上推广活动。赞助式广告的形式多样，在传统的网络广告之外，给予了广告主更多的选择空间。如 TCL 赞助搜狐世界杯频道。

6. 软性广告

广告与内容的结合可以说是赞助式广告的一种，从表面上看它们更像网页上的内容而并非广告。在传统的印刷媒体上，这类广告一般都会有明显的标示，而在网页上通常没有清楚的界限。

7. 插播式广告

又名“弹出式广告”，访客在请求登录网页时强制插入一则广告页面或弹出广告窗口。类似电视广告，都是打断正常节目的播放形式，强迫公众观看。插播式广告有各种尺寸，有全屏的也有小窗口的，而且互动的程度也不同，从静态广告到全部动态广告都有。浏览者可以通过关闭窗口不看广告（当然电视广告是无法做到的），但是它们的出现没有任何征兆，肯定会被浏览者看到。

8. 富媒体广告

富媒体广告是一种不需要受众安装任何插件就可以播放的整合视频、音频、动画图像、双向信息通信和用户交互功能的新一代网络广告形式。具有大容量、交互性的特性，拥有更大的创意空间，可以更好地展现品牌形象，而其带来的高浏览率、高点击率、高转化率，更使其成为网络营销不可错过的广告形式。

9. 其他类型广告

主要包括视频广告、路演广告、巨幅连播广告、翻页广告、对联广告等。

二、网络广告与传统广告

（一）传统广告媒体

广告媒体众多，既有电视、广播、报纸等大众性传播媒体，又有路牌、灯箱、交通工具等户外媒体以及 POP、包装物、电话黄页、产品目录等其他媒体，当然还有日益兴起的互联网媒体。其中，报纸、广播、电视是公认的三大传统广告媒体。通过这三大媒体发布的广告是主要的传统媒体广告。分析传统广告媒体与传统媒体广告，其特点如下。

1. 覆盖域

任何媒体都有特定的传播范围与对象，如地区性的、全国性的、国际性的。应该注意的是，泛泛的传播实际上是无效果的，重要的是媒体传播范围的分布及分布范围内的主要对象。

覆盖域是在制定媒体战略，具体选择媒体时的一个重要指标。一般来说，目标市场的消费者在地域分布上是相对集中的，而广告媒体的传播对象也有一定的确定性。如果其覆盖域与目标市场消费者的分布范围完全不吻合，那么所选择的媒体就不适用。如果所选择的媒体覆盖区域根本不覆盖或者只覆盖一小部分或者大大超过目标消费者所在区域也都同样不适用。只有当媒体的覆盖域基本覆盖目标消费者所在区域或与目标消费者所在区域完全吻合时，媒体的选择才是最合适的。电视媒体的传播范围是相当广泛的，从世界范围看，电视传播所到之处，也就是广告所到之处。但就某一具体的电视台或某一具体的电视栏目或电视广告而言，其传播范围又是相对狭窄的。电视媒体传播范围的广泛性，衍生出传播对象构成的复杂性。不论性别、年龄、职业、民族、修养等，只要看电视都会成为电视媒体的传播对象，但有些受众不可能通过电视媒体成为广告主的顾客。因此，电视媒体的传播范围虽然广泛，但是电视广告对象的针对性却不强，诉求对象不准确。相比较而言，广播媒体不仅覆盖面大，而且传播对象广泛。由于广播是用声音和语言做媒介，而不是用文字作为载体传播信息，适合不同文化程度的广大受众，任何有听力的人都可以接受广播广告信息。因而广播广告的传播对象广泛，几乎是全民性的。报纸的传播范围则比较明确，有国际性的、全国性的、地区性的，既有综合性的又有专业性的，不同的报纸有不同的发行区域和发行时间，即不同种类的报纸的覆盖范围各有不同。这种明显的区域划分，给广告主选择广告媒体提供了方便，因而可以提高广告效果，并避免广告费用的浪费。

相关链接 搜索

某音乐网站广告价格表

广告形式	广告规格	价　格
音乐播放器左侧底部通栏 banner	288×60　<20K GIF/JPG	80000 元/条/天，3 轮播
乐库首页焦点图右侧 Button	145×50　<15K GIF/JPG	50000 元/条/天，3 轮播
歌手详细页左下方 Button	162×60　<15K GIF/JPG	80000 元/条/天，3 轮播
歌手索引页 Button	110×60　<15K GIF/JPG	60000 元/条/天，2 轮播
搜索首页文字链 1	20 个字	20000 元/天，独占
搜索首页文字链 2	20 个字	20000 元/天，独占
搜索结果页文字链 1	20 个字	20000 元/天，独占
搜索结果页文字链 2	20 个字	20000 元/天，独占

2. 到达率

到达率是衡量一种媒体的广告效果的重要指标之一，是指向某一市场进行广告信息传播活动后接受广告信息的人数占特定消费群体总人数的百分比。在消费群体总人数一定的情况下，接受广告信息的人数越多，则广告到达率就越高。电视、广播、报纸的媒体覆盖域都很广泛，而且又是人们日常生活中获得各类信息的主要途径，广告主在这些媒体上投放广告，其到达率一般是比较高的。但是由于广告过多过滥和各种媒体中广告的随意插播、镶嵌行为导致受众对广告的厌烦心理而刻意躲避广告，造成广告信息到达受众的比率严重下降。传统媒体的到达率已大幅降低。

3. 并读性

并读性是指同一媒体被更多的人阅读或收看（听）。电视、广播、报纸都是并读性较高的媒体。一场奥运会比赛的现场直播可吸引全球数十亿的电视观众，其广告信息并读性是相当高的。但随着卫星转播、有线电视的发展以及电视频道的不断增多，同时互联网作为网络媒体的发展以及网络数字电视广播的发展，使得更多的人走向计算机屏幕，这在一定程度上减少了电视观众，降低了电视的并读性。报纸的并读性也非常高，据估计，报纸的实际阅读者至少是其发行量的一倍以上。但由于报纸上的广告不可能占据报纸版面的重要位置，如果在专门的广告版面发布广告信息，由于广告拥挤、数量过大，某些广告往往很难被注意到，因而降低了广告的实际到达率，影响广告效果。而广播媒体在其问世初期并读性较强，后来随着电视、录音录像、卡拉OK、网络等新型娱乐产品的发展，广播收听人数急剧下降，尤其是年轻人。20世纪90年代以来，广播节目开始丰富并趋于多样化，收音机趋于小型化，广播媒体由多人收听而渐渐转变为个人收听，导致实际并读性下降。

4. 注意率

注意率即广告被注意的程度。电视广告由于视听形象丰富，传真度高，颜色鲜艳，给受众留下深刻印象，易于记忆且注意率最高。但不同电视台，或同一电视台不同时段的注意率又存在着差异，在具体选择媒体时还应结合企业产品的特点和消费公众的特点进行具体分析和选择。广播媒体的最大优势是范围广泛。有些节目有一定的特定听众，广告主如果选择在自己的广告对象喜欢的节目前后做广告，效果往往会很好，注意率也会很高。但广播媒体具有边工作边行动边收听的特点，广告受众的听觉往往是被动的，因而造成广告信息的总体注意率不是很高。报纸媒体覆盖域广，但注意率较低。由于报纸版面众多，内容复杂，读者阅读时一般倾向于新闻报道及自己感兴趣的栏目，如果没有预定目标，或者广告本身表现缺少特色，读者往往会忽略，所以报纸广告的注意率最低。

5. 权威性

媒体的权威性对广告效果常常会产生很大影响，即“光环效应”。所以对媒体的选择过程中应重视人们对媒体的认可度。不同的媒体因其级别、受众群体、性质、传播内容等的不同而具有不同的权威性；从媒体本身看，也会因时间和空间的不同而使其权威性有所差异。比如电视媒体，中央电视台与地方电视台的广告相比，前者比后者具有更明显的权威性。广播、报纸也同样如此。但权威性同时又是相对的，受专业领域、地区等各种因素的影响。在某一特定领域有权威的报纸，对于该专业之外的读者群就无权威可言，甚至可能是一堆废纸。

6. 感染力

从现代广告信息的传播角度来分析，广告信息借助于电视媒体，可以通过各种艺术技巧和展现形式，使广告具有鲜明的美感、生动的形象，使消费者在美的享受中接受广告信息，因此电视对于消费者的影响高于其他传统媒体，对人们的感染力最强。广播是听众"感觉补充型"的传播，听众是否受到广告信息的感染在很大程度上取决于收听者当时的注意力。同时仅靠广播词以及有声响商品自身发出的声音是不够的，有的受众更关注的是商品的形态，以便于更具体感性地了解商品，这一点广播媒体无法做到。而报纸以文字和画面传播广告信息，即使是彩色版，其传真效果和形象表现力也远不如电视、广播，比较而言，其感染力是最差的。

7. 实时性

电视和广播是最适合做时效性强的广告媒体，报纸次之。电视由于设备等因素制约，时效性不如广播。

8. 持久性

从某种意义上讲，三大传统媒体的持久性都不强，但实时性强。电视和广播媒体的广告信息转瞬即逝，不易保存。因而广告需要重复播出，资金成本投入巨大。报纸相对较好，可以保存，但因报纸是每日更新，所以也很少有人长期保留报纸。

（二）网络广告媒体

网络广告媒体，是利用通信线路将具有独立功能的计算机相互连接起来而形成的计算机集合，计算机之间可以借助于通信线路传递信息，共享软件、硬件和数据资源等。

20 世纪 80 年代后，互联网开始对公众开放。互联网的迅猛发展开始于 90 年代初，从此互联网开始商业化，几乎所有的著名公司和企业都在网上建立了自己的商业服务系统，并有越来越多的企业、家庭接入互联网。互联网的出现使计算和通信方式发生了巨大转变，人们能够享有的信息服务令人目不暇接。

小知识

阿里妈妈——网络广告交易平台

阿里妈妈（http：//www. alimama. com）是一个全新的交易平台，它首次引入"广告是商品"的概念，让广告第一次作为商品呈现在交易市场里，让买家和卖家都能清清楚楚地看到。开设买广告、卖广告、我的阿里妈妈、社区四大板块。目前，阿里妈妈囊括了美食、房产、汽车、通信、博客、网址，甚至政府组织等多个广告类目，并允许用户进行广告位的买卖。

互联网提供了一些基本功能用于信息检索和与他人交流，主要包括以下几个方面。

1. 信息浏览

WWW（万维网）是互联网上最受欢迎、最为流行、使用频率最高的信息检索服务程序，能把各种类型的信息（图像、文本、声音和影像）有机地集合起来，供用户查找、阅读。它是一种基于超链接的超文本系统。其正式提法是：WWW 是一种广域超媒体信息检索原始规约，目的是访问海量的文档。WWW 已经实现的部分，给计算机网络用户提供了一种快捷手段，以简单的方式访问各种媒体，WWW 最流行的软件界面 Netscape 改变了人们观察和创建信息的方法，为互联网的发展注入了生机。由于 WWW 为全世界的人们提供了查找和共享资源的手段，所以可以把它看作世界上各种组织机构、科研机关、大专院校、公司、厂商甚至个人共享的知识集合。正是 WWW 的简单易用和强大的功能，极大地推动了互联网的飞速发展和普及，它可以使一个从没接触过计算机的人，几分钟内就可以学会浏览网上丰富多彩的多媒体信息。只需要用鼠标点击一下相关题目和照片就可以从一个网站进入到另一个网站，从一个国家进入另一个国家，坐在家中就可以轻松漫游全球。

相关链接 搜索

网易首页的网络广告价值潜力

网易 Traffic 流量监测系统的统计数据显示，网易（http：//www.163.com）单日最高浏览量超过 7000 万次，单日最高覆盖独立用户达 800 万户，这使得网易首页成为国内流量最大的单一页面，是展示企业品牌形象的绝佳平台。

2. 电子邮件（电子邮件）

电子邮件是计算机与通信相结合的产物，主要用于计算机用户之间交换电子信件。发信者在计算机上输入信件内容，存入发信方信箱中，借助通信网络将信件从发信方信箱中传送到收信方信箱中，当收信人打开计算机，进入自己的邮箱，便可打开收信箱阅读发信方传来的信件。在互联网众多的应用中，电子邮件是其中比较受欢迎的一个。

3. 文件传输（FTP）

此功能可以将国际计算机互联网上感兴趣的信息（包括各种免费软件）拷贝（复制）到自己的计算机中来。网上的很多应用软件、游戏、歌曲、书籍等文件都是共享并可以免费下载的，只需登录相关网站，使用 FTP 协议就可以很方便地下载所需的文件。

4. Usenet 新闻

Usenet 是一个世界范围的电子公告板，用于发布公告、新闻和各种文章供大家共享。Usenet 的每个论坛又称新闻组，如同报纸一样，每篇来稿被看成一篇文章，每个人都可以阅读，每个读过文章的人都可以根据自己的观点发表评论。

5. 远程登录（Telnet）

通过使用 Telnet，互联网上的用户可以将自己的计算机仿真成一台远程计算机的终端，然后在它上面运行程序，或者使用它的软硬件资源。

（三）网络广告的独特优势

与传统媒体（报纸、杂志、电视、广播）广告及户外广告相比，网络广告的独特优势主要表现在以下几个方面。

1. 传播范围极大

网络广告可以通过国际互联网，把广告信息全天候地传播到世界各地，不受时间、空间的限制。目前中国网民数量已超过10亿，这些网民一般具有较高文化和消费水平，是网络广告的目标群。只要具备上网条件，他们可以在任何地方随时浏览网络广告信息，而且具有一定的消费能力。这种效果，是传统媒体无法企及的。

2. 非强迫性传播资讯

网络广告属于按需广告，不会将广告信息强行灌输到用户的大脑中，它具有分类广告的特点，可以由用户自由查询，并将用户所需的资讯集中传送给用户，这样不仅大大节省了用户的时间，而且可以避免无效的、被动的注意力，因而容易为用户所接受。

3. 受众数量可以准确统计

利用传统媒体做广告，很难准确地知道究竟有多少人得到广告信息，而网络广告则可以在互联网上通过权威公正的访问者统计系统，精确地统计出每个商家的广告被多少个用户浏览过，以及这些用户的基本信息、查阅的时间和地域分布，从而有利于商家正确评估广告效果，审定广告投放策略。

4. 灵活的实时性、低成本

在传统媒体上发布广告后很难随意更改，即使可以改动也往往需要付出很大的资金投入。而在网上则可以按照需要及时变更广告的内容和形式，这样一来，商家的经营决策也可以及时得以变更实施和推广。

5. 强烈的交互性和感观性

由于网络广告的载体基本上是多媒体、超文本格式文件，访问者可以随时对某些感兴趣的商品进行浏览、加强了解，只要一按鼠标就可以得到更为详细的信息，从而使消费者能亲身“体验”商品的基本功能以及商家的相关服务和品牌知名度。如能将虚拟现实等新技术应用到网络广告上，以图、文、声、像的形式，传送多感观性商品信息，让消费者如身临其境般感受商品的特性和服务，并能实现网上预订、支付与结算，将大大增强网络广告的实效。

6. 针对性强

不同类型的网站有不同类型的用户群体，而网络广告的受众通常又是该用户群中最有活力、受教育程度高、消费水平最高的群体，网络广告可以帮助商家直接命中最有可能的潜在用户。

案 例

巨型网络广告是救星还是流星

门户网站一向是新型广告战略的积极拥护者，因为广告收入是其利润的一大来源，也是企业生存的底线和基础。新浪网推出了“在线巨型广告”策略，力图重振低迷的网络广告市场，引起旁观者议论纷纷。

1. 巨型网络广告的机制

网络广告伴随互联网的发展而产生，最早的形式是旗帜广告，后被广泛采用，成为在线广告的标准形式。经过了四五年的探索，以及广告业界相互的借鉴和学习，现在的网络广告已经不限于旗帜广告，形式比当年更加丰富多样。

有“静止浮沉”，将小型图片放在浏览窗口右侧滚动条边上的固定位置，随滚动条做上下移动；有“动态浮沉”，从屏幕一侧缓缓地由上而下飘落；还有的是进入网站主页时，弹出窗口。各色的广告跃然纸上，吸引了人们的眼球，是“注意力经济”盛行一时的焦点。

巨型在线广告是网络广告应用概念发展到极致的终结产品。像新浪的在线巨型广告，确切地说，是在热点的网页内容的中心地带，插入一个像素点阵达 360×300 的大屏幕广告。在一台 17 英寸、分辨率为 1024×768 像素的显示器上，在线巨型广告占据了近 14% 的面积，几乎是一般网站旗帜广告（Banner）的 2~4 倍。

在线巨型广告被诠释为一个以广告宣传为目的的“微型网站”。由于采用了 Macromedia 公司的 Flash 技术，有超大的规模容纳、超大的数据和信息，因此一个在线巨型广告的影响力与一个小型网站几乎不相上下。用户点击广告后，信号会被传输到监测广告效果的服务器上，以记录广告效果的优劣。

2. 巨型网络广告的优劣

首先，由于巨型网络广告是海量的广告信息集合，因此它不像一般网络广告那样要求一个个精彩非凡的“片断”，而是着眼于全局，表达一个整体的宣传概念。

其次，巨型网络广告在屏幕空间增多的同时，网络广告的交互效应相应加强，网民与广告、产品、活动之间的交互持续的时间更长。这样巨型网络广告就承担起更多收集用户信息的责任，并将这些信息更为迅速地传递给广告客户。

最后，巨型网络广告的效果相较于其成本，其实价钱不贵。一些相关研究指出，网民浏览这种广告后，记住广告内容的概率一般比其他广告要高出 3 倍，而巨型网络广告的费用只比一般广告费用高 50%~80%。单纯从广告投放的性价比来看，巨型网络广告是有竞争力的。

然而，巨型网络广告也存在不少缺点：一是消耗资金巨大。像 IBM 在新浪的广告，每天的费用在万元以上，令人望而却步。高门槛客观上限制了一些广告的投放规模。目前只有英特尔、IBM、Compaq 等国际知名品牌对此表示感兴趣。二是巨型网络广告比旗帜广告文件的体积更大，无论怎样压缩，牺牲速度换取宣传质量是难免的。网民需要花更长的时间下载网页，才能看到自己真正想要看的内容。这将考验中国拨号上网用户的耐心和浏览网页的习惯，尤其是网络线路不通畅的时候。三是巨型网络广告最大的麻烦是有可能侵犯隐私。比如，网络广告巨子 Doubleclick 就曾经因为巨型网络广告处理不妥而引来麻烦。其原来的做法是在网页上放置广告，匿名跟踪用户在网络上的活动，在用户不知情的情况下，获得他们的姓名和地址。结果公司遭到用户隐私保护组织、政府和其他广告商的诉讼，Doubleclick 不得不放弃了该做法。

案例来源：硅谷动力（http：//www. enet. com. cn）

三、网络广告的起源

网络广告发源于1994年的美国。1994年10月14日，美国著名的*Wired*杂志推出了网络版的Hotwired（http://www.hotwired.com），其主页上开始有AT&T等14个客户的广告Banner。这是广告史上里程碑式的一个标志，同时也让网络开发商与服务商看到了一条光明的道路。自此以后，网络广告逐渐成为网络上的热点，无论网络媒体还是广告主均对其充满希望。于是各网络媒体的经营者纷纷改进经营方向，开始向多元化发展，意在尽量地吸引更多的浏览人群及广告客户。我国IT业界也从1997年开始意识到网络广告的明朗前景，于是逐渐有网络广告出现在我国的网站中。

相关链接　搜索

中国第一个商业性的网络广告

中国第一个商业性的网络广告出现在1997年3月，传播网站是Chinabyte，广告表现形式为468×60像素的动画旗帜广告。英特尔和IBM是国内最早在互联网上投放广告的广告主。我国网络广告一直到1999年年初才稍有规模。网络广告行业历经多年的发展，经过数次洗礼已经慢慢走向成熟。

网络广告在我国的发展大致可划分为如下几个阶段：引入期的高速增长（1997～2000年）；网络泡沫破灭后（2001年）增长率锐减；网络广告增幅回升（2002～2004年）；网络广告稳步增长（2004～2006年）；网络广告百花齐放（2006年至今）。可以预见，随着互联网络的进一步发展，网民数量的进一步增加和网民结构的进一步成熟，将会有越来越多的个人和企业接受网络广告的跨时空、跨地域、图文并茂、双向传播信息的超凡魅力，网络广告将成为一种具有巨大商业潜力的传播媒介。

第二节　网络广告策划

网络广告策划是根据互联网的特征及网络消费者人群的特征，从全局角度所展开的一种运筹和规划。在有限的广告信息载体上，对整个网络广告活动进行协调安排，包括对广告设计、广告投入、广告时间、广告空间等各个具体环节都进行了充分考虑，并做到精益求精。广告商对广告实施检测，不断改进、加强创新，胸有成竹地执行各个环节。

一、网络广告策划概述

（一）网络广告策划的含义和特点

网络广告策划，是对网络广告活动的全面运筹与整体规划，是网络广告经营单位在接受要求投放网络广告客户的委托后，对其网络广告活动进行全面筹划和部署的工作。它是网络广告活动的中心环节。网络广告策划体现出以下3方面的特点。

1. 事前性

网络广告策划是在整个广告活动开始之前，对即将开始具体实施的广告进行预先策划和部署，包括对未来的广告设计、广告投入、时间地域安排等各个具体环节的充分考虑。

2. 指导性

网络广告策划的目的是为广告的具体制作、实施提供一个蓝图，后面的实际操作要以此为依据。在一项广告的制作中，常常要分成不同的实施步骤，比如广告创意、广告制作、广告发布、广告媒介的选择等，但这种分开的步骤最终必须要得到整合加工，这就是广告策划的任务，其指导性就体现在对各个子环节如何进行取舍修正。广告策划为整个广告活动提供具体的实施模本、行为依据、评价标准。

3. 整体性

网络广告策划是对整个广告活动的整体把握，网络广告活动的每一环节都服从网络广告活动的整体目标。网络广告的整体性还体现在它常常与企业的实体动作相关联，比如企业的产品特点、产品性质、企业文化等。

（二）网络广告策划的内容

1. 网络广告目标策划

广告目标指引着广告的方向，只有明确了网络广告活动的总体目标之后，广告策划者才能决定网络广告的内容、形式、创意，甚至包括网站的选择和广告对象的确定。一般情况下，广告的目标可分为第一目标和第二目标。第一目标是指广告对顾客的吸引，用来描述的指数有顾客认可率、信任度、偏好度等。第二目标是指广告最终促成的购买行为，用来描述的指数有销售量、市场占有率等。广告的第一目标与第二目标是相互关联的，只有在成功地达到第一目标后，才有可能达到第二目标，而第二目标的达到又可能是多种因素综合的结果，不一定与第一目标有直接的相关性，但在第一目标与第二目标之间寻找一个均衡点却是重要的，这也是网络广告策划目标因素的具体要求。

2. 网络广告战略策划

广告战略是从整个企业的营销计划出发，紧密联系企业市场开发、新产品推广甚至企业整体发展布局，对广告的总体性、全局性的把握。它有别于对广告细节的策划，更多的是关心广告在整体企业发展战略中所处的地位作用。广告战略通常可以概括成4W1H：Where战略，即广告的地域战略，也就是说要在什么地域实施广告，实施后要把产品推向什么地域，地域一般分全方位地域和局部性地域；When战略，此战略重点是广告的时间战略，按时间先后顺序实施广告计划，在产品推出初期，重点是说服顾客；Why 战略，即广告的目标战略，分市场渗透、市场扩展、市场保持三种类型，是广告要达到什么样目的的具体安排和布置；What 战略，即产品战略，根据自己的产品特点而实施的战略；How 战略，是指如何实施广告的战略。

3. 网络广告战术策划

网络广告战术的策划相对于战略策划是一个更为缜密具体的工作，是对战略的具体运用。在一般的广告实践中（包括网络广告实践），可将其分为开诚布公式、说服感化式、货比三家式、诱客深入式和契约保险式五种。

（1）开诚布公式。开诚布公式是指在广告战术中将自己的产品性能及特点，客观公正地告诉消费者。为了真正达到客观性和科学性，可以借助科学方法。在网络广告中，可以利用科技手段对产品进行"透视"，利用多媒体技术，在显示器屏幕上显示整个实验过程。此外，网民还可以就更多具体的细节点击相应的广告窗口，以便了解更加详细的资料，这在网络广告中具有非常大的优势。

（2）说服感化式。说服感化式是指在战术上先制造悬念再诱导消费者产生购买行为的方法。使用悬念是说服感化的前奏，只有吸引了消费者的"注意力"，才有说服感化的可能和机会。制造悬念的目的在于吸引顾客，而真正需要下功夫研究的却是如何说服顾客去购买自己的产品，这时使用诱导的方法是必要的。诱导一般可分为权威感化式和情感感化式两种。

（3）货比三家式。这是针对一般顾客都有"货比三家、货看三家"的消费心理而策划的一种广告战术。在买方市场中，顾客一般都有对同一种商品先进行比较，然后再购买的心理。在传统广告中，提供同类产品进行比较往往受到限制。而在网络广告中，比较容易将自己的产品与其他同类产品进行比较，用客观的事实证明自己产品的优越性。

（4）诱客深入式。诱客深入式是利用问卷、提示甚至夸张比喻的手法将顾客"强行"拉过来。在实践中，可以采取请消费者来设计广告标志、广告图案、广告用语等方式将其吸引过来，然后对其中有用的少量部分进行奖励。

（5）契约保险式。这是广告战术的又一种形式。这种形式主要是针对网络虚拟化的特点而设计的。在虚拟空间中，交易双方的权利义务关系并不好界定，这使得许多广告语言尽管生动活泼，让消费者产生了购买欲望，但出于对权利无保障的担心，一部分消费者仍然不会产生购买行为。提供契约保险的目的有两个，一方面是为顾客的购买行为本身作担保，如果有了什么问题，使双方有评说的依据，这对网络广告本身而言也有节约交易成本的作用；另一方面则是在心理上打破消费者的顾虑，给消费者吃了一颗定心丸。

4. 网络广告地域策划

广告的地域性是指企业打算在哪些地区实施广告，以及广告要覆盖多大的范围。广告地域的选择通常要考虑多种因素，该地域是不是企业产品的营销市场、是不是有该种产品的需求存在、有没有相应的购买能力等因素是首先要考虑的问题。一般来说，一个企业的广告计划往往是配合其营销计划的。

5. 网络广告对象策划

广告的目标对象决定着网络广告的表现形式、广告的内容和具体网站的选择，也影响着最终的广告效果。广告的目标对象是由产品消费对象来决定的，所以透析产品特性是准确定位广告目标对象的关键。在网络广告中，只有确定了广告对象，才能制订出有吸引力、激发购买欲、促成购买行为的有针对性的广告。广告策划者要找到准确的广告对象并非容易，并非所有的网民一定都是广告对象，要认真研究市场，周密布置和细致划分，才能基本确定广告对象。描述广告对象的指标有多种，如年龄、性别、文化程度、职业、收入、兴趣等。

6. 网站策划

网站策划主要指对网站的选择、网站与其他传媒的配合。网站不同，其覆盖消费人群也不同，选择合适的网站能够有针对性地向网民推销自己的产品。不同网站的广告成本也有所不同，结合播出频率、播出范围、成本投入、网民特点、网站信誉等与网站有关的因素进行的对策和分析就是网站策划。

7. 网络广告时间策划

网络广告与传统广告的相同点之一就是广告都有时间限制，怎样在有限的时间内传递出企业的有关信息，怎样最有效地节约广告时间成本，是网络广告和传统广告都要解决的问题，对这一问题的确定与安排就是广告策划的时间因素。要考虑的是在什么时间播出广告。在网络环境中，不同时间内有不同的网民群体，一般年轻的网民多数都有晚上上网的习惯，那么，在夜间推出适合年轻人、时尚的产品应该是一个好的策略。

8. 网络广告主题与基调策划

主题是广告的灵魂，是广告通过其内容所要表达的基本观点和意图。一则广告作品如果没有主题，就会使人们看到或听到之后不知所云，没有印象。一般而言，确立广告主题要做到鲜明、新颖、深刻、有创意。鲜明，就是要观点明确、意图清楚，使人一目了然；新颖，就是要不落俗套、富有新意，能从新的角度和层次给人某种启迪；深刻，就是要深入主题、富于哲理，使人能抓住本质；有创意就是要摆脱传统的方法，有创新、有新意，给人耳目一新的感受。另一个重要的问题是广告基调的确立。广告基调的确立是市场调研的反映，同时又要与产品性质、企业文化、网站特色相联系。许多广告策划者都忽视了对广告基调的准确定位。作为广告的基调，它并不要求对广告的每一环节都有所反映，更多的是在网络广告中，给自己找一个既标新立异又能准确反映产品及公司特点的风格。每一则广告只能有一个基调，它具有统一性、单一性的特点。

9. 网络广告的反馈系统策划

一则广告是否成功要看其对产品的销售究竟起了多大的效果。评价其效果的指标有多种，比如，市场占有率、公众认知度、公众信任度、品牌忠诚度、年或季度销售量等指标，这些指标数的获得就依赖于广告反馈系统是否科学合理。一则成功的广告总是有一套与之相匹配的反馈系统，有了这样一个系统才能检测广告投入效果。

10. 网络广告的成本与预算的策划

任何广告都需要投入一定的成本，要在成本投入与广告效果之间力求最优化，就离不开对投入的合理安排以及对广告预算的科学计量。在具体策划中，总的原则就是要考虑企业的广告目的和广告整体方案，做出最低成本、最优效果的广告预算安排。

二、网络广告策划的原则

（一）指导性

广告策划是对整体活动的指导性方案，策划的结果就成为广告活动的蓝图。

（二）整体性

广告策划应该从全局和长远着眼，让局部为全局服务，让眼前利益为长远利益服务。

（三）差异性

创造性思维是广告策划生命力的源泉，贯穿于广告策划过程的始终。

（四）灵活性

广告策划的中心要随着市场和消费者的变化而变化。

（五）效益性

广告活动要讲究投入产出，要用最少的钱取得最大的效果。

（六）合作性

广告策划应以集体策划为主，集思广益。

（七）数量化

广告策划要对预算、时间、对象、预期销售额等有明确严格的数量上的规定。

（八）可行性

广告策划中要注意策划目标及整体方案的现实性和可行性。

（九）保密性

商场如战场，企业内部资料必须认真做好保密工作。

三、网络广告策划的程序

网络广告策划在本质上仍然属于广告策划的一种，因此，在实施过程中的各个环节与传统广告有很多相同的做法。具体可以将网络广告策划分成准备阶段、制作阶段、检测阶段、实施阶段。

（一）准备阶段

准备阶段的主要工作是将前一期的调查信息加以分析综合，形成正式的调查研究报告。前一期调查的信息是广告策划的基础，是广告实施的依据，在相当程度上决定着广告策划及广告实施的效果和成败。广告信息的调查包括从产品、顾客到市场，甚至媒介的方方面面，比如企业状况、消费偏好、顾客收入、宗教文化等。在准备阶段，要充分利用已有信息对下一阶段的实施提供一个成形的计划。广告学本身是一门基于实践的应用性学问，广告策划更多的是实践的操作，广告过程的每一个环节都应充分考虑到实践的因素。在现代企业，尤其是跨国企业中，广告的操作更是体现实际商业活动的特点，也几乎没有任何广告学能涵盖所有广告中的每一个环节。所以说在广告策划准备阶段，也许其他学问和知识更能起作用，比如美术、摄影、色彩、心理学、审美学等知识。因此，在策划的准备阶段，对知识的全面准备也是必要的。对于一个没有一定艺术天赋和心理学基础的人，在广告设计中会很难成功的。

（二）制作阶段

制作阶段是广告策划的实质性阶段，在这一阶段首先要对成形的资料经过汇总、分析、整合，从而得出初步结果，这个结果对下一阶段的实施具有重要的指导意义。此阶段的首要工作仍然是整合资料，是对上一阶段整合的继续，其中关键的环节是对人员及分析工具的选取。因为这是一个创造性的分析过程，在不同人手中、使用不同的分析工具时，有可能得出不同的结论，甚至有些会是互相矛盾的。那么，对人员及分析工具的选取就尤为关键，一般来说，有多年广告经验，对企业情况，包括产品、企业文化等有较多了解的人会更好一些。同时，制作主体应该非常熟悉广告信息，并有一定的分析综合、去伪存真的能力。在分析工具上更多的是使用计算机技术和互联网。但充其量是在信息加工上有一定的作用，因此，这一阶段的工作更多的是依靠人脑来完成。

经过分析与整合后，就需要对这些零散的信息形成一个较具体的纲要。广告信息是为广告实施服务的，广告的实施依赖于这些信息，但又不是这些信息的简单复制，在分析整合的基础上，还要对广告目标、广告媒介、广告载体、广告语言、广告时间、广告地域、广告对象等问题，形成初步的书面材料。这一过程既是前一阶段的分析结论，又是下一步行动的开始，因此，每一阶段的形成都不能有任何失误，否则将影响后面的一系列计划。在这一计划的形成过程中，不仅广告设计的全体人员应参与其中，而且企业的产品设计者、生产者、企业经营者、企业决策层都应参与其中，群策群力、集思广益才能形成统领企业整体战略的广告计划。这一计划一旦形成，任何个人都不应轻易改动，即使有明显的商业环境改变，也应请示决策层集体做出决定，除非发生突发性事件时来不及这样做。

纲领性的计划书一旦形成，广告策划的操作过程就已经过半了。但计划的形成并不是一次完成的，在后来的实践中还应对其不足之处做出修正，甚至反复多次修正才能最终形成稳定的计划书。在修正过程中，既要考虑到产品的时间性、企业的发展重点、企业战略的方向等企业自身因素，又要更多地看到商业环境的变化，比如竞争对手的异军突起、广告地域的自然灾害、广告对象的政治环境改变、新产品的问世等外在的商业环境因素。这些因素的改变有可能使整个广告计划面临全线改组的命运，但真要是有了上述这些变化，这种改变是必需的。否则，一项无效的广告计划不仅耗费时间、金钱，而且会对企业形象产生消极的影响。在网络广告中，这一点尤其如此，网络本来就变化多，这一媒介具有传统媒介不能比拟的时效性和新颖性，在网络上从事广告也必须适应网络本身的特点。因此，对网络广告来说，计划的随时修改更正可能更频繁一些。经过修正的计划就要进入实施阶段，在这一阶段首先要由某个设计人员写出一份具体的执行计划，这项执行计划不仅要体现操作过程的内容，而且应对具体实施中的细节考虑周到，力求做到具体、翔实、可靠、全面。比如，网站的选择、费用计算、投入费用、播放时间、播放频率、图形设计、语言选择、误差纠正、广告更新、版面调整、经济周期、产品季节性等方面。执行计划一般并不需要太多的人参与其中，只要对广告全过程及公司运作有一定了解的人都会胜任此工作。这项计划是广告实施前的最后蓝本。

（三）检测阶段

检测阶段是对最后出台的广告实施计划的审定和测评。将上一阶段拟制的稿件交给广告主或企业主，呈送过程中有必要把更加具体详细的实施计划向企业主进行解释说明，解释者应该是这项计划自始至终的参与者和制定者，应该以公正、坦诚的心态与企业主进行沟通，以便二者真正达成一致共识，这直接关系到广告设计与实施者与企业的合作状况，从而影响广告的整体效果。这一过程是一个沟通与协调的过程，使广告与产品真正能浑然一体。这对二者的利益关系也有潜在的影响，如果这一协调过程失败或没达到圆满，很有可能在未来的实施过程中留下很多后患。评议者收到计划后一般会提出一些修改意见，这时的修改与广告设计人员和执行人员没有关系，主要是企业主的意见反馈，是对稿件来自非设计人员的审定，也是整个广告计划的最后审定工作，其目的是更加有效地提高广告效果。一般来说，企业主的修正与广告设计人员的设计不会产生根本性的冲突，因为二者在总体目标上没有利益冲突，但显然也会有一些不合的地方，这时广告制作者应充分听取企业主的意见，因为企业主对该种产品的商业环境有更充分、更深刻、更准确的把握。广告设计者毕竟只是从某些方面出发去把握产品，因而很难做到全面。当然，在明显的失误面前，广告设计者应坦诚地提出来并讲明道理，相信企业主会理解的。在实践中，许多广告人埋怨企业主专横、武断，这也许是二者在沟通上存在困难，这一阶段的沟通应该是很重要的，它不仅关系到广告的实施，而且对双方敬业精神也是一个考验。只有坦诚的合作，才会带来广告的成功。

（四）实施阶段

网络广告操作的最后一个阶段是实施阶段。经过设计人员的测评与修正，最后还要经由企业主的测评和修改，此时整个计划就确立了下来。确定好的策划方案呈送到广告主手中，广告主再与网站沟通进入实施阶段。这几方的权利义务关系在实施阶段也需要以书面合同的形式加以确认，合同一经签订，整个网络广告的策划工作可谓大功告成。签约方可以根据合同中的权利义务具体行事。只要在上述过程中不出现大的问题，设计者、执行者能坦诚相待，那么广告的实施只需按部就班。关键的环节在实施之前，如果有某个环节出现问题，则有可能导致整个计划失败，因此有人说网络广告的成功在文字背后，就是指网络广告策划的操作过程是至关重要的。

第三节　网络广告的发布

网络媒体的出现，刷新了广告发布的传统概念，并促使广告代理方式发生了重大的改变。在网络媒体上，广告主可以建立自己的网站，自行发布各种各样的广告信息，而不一定要通过广告代理公司发布。而对于广告代理公司来说，网络媒体的出现又为其业务发展提供了一片新天地，它完全可以通过专业化服务为企业代理网络广告业务，再挣一份钱。

无论广告主还是广告代理公司，在网络媒体上都可以找到新的生存方式与发展空间。只不过在网络媒体上，无论是广告主自行发布广告，还是由广告公司代理广告主的广告业务，其广告的发布方式都是一样的。

一、通过企业自有网站发布广告

这是最常用的发布网络广告的方式之一。企业可以建立自己的主页并以此作为自己网络宣传的阵地。通过主页，企业不仅能发布自己产品、服务方面的广告信息，而且可以以一定形式的创意风格向用户全方位地展示自身的企业文化及团队精神。这不但能树立企业形象，而且可以宣传企业的产品。网上有许多广告形式，如黄页、工业名录、免费服务广告、网上报纸、新闻组等，但若是想让用户成为消费者，并与之进一步沟通就必须建立自己的主页，通过链接让点击自己广告的用户到达自己的页面。

实际上，企业的web网站本身就是一个广告。但是，网站也不能像传统媒体广告那样所有的页面全都被广告所充斥。根据目前网站的运作实践分析，如果一个网站只提供广告，而不能同时提供其他信息的话，那么肯定不会有众多的访问者。因此，网站这种特殊的广告形式，其定位应放在树立企业的整体形象方面。所以许多企业的网站上通常还提供一些非广告信息，如时事新闻、名人逸事及可供访问者免费下载的软件、游戏等，总之，必须能给访问者带来一定的利益，使其成为网站的常客。

二、利用著名网站发布广告

这也是目前常用的网络广告发布方式。互联网上的网站成千上万，为达到尽可能好的效果，应当选择合适的网站来投放自己的广告，选择投放广告网站的基本原则有以下几条。

（一）选择访问率高的网站

互联网上有许多访问流量较大的网站，它们一般都是搜索引擎或较有影响的 ICP，其中搜索引擎可作为首选网站，如百度、搜狐等网站，这些网站的访问流量每天高达几十万人。好的搜索引擎能够将成千上万从未造访过你的网站的网民吸引过来。需要指出的是，现在许多导航网站都提供了很多供客户发布广告的展位。

选择在搜索引擎中投放广告，受众覆盖面广，数量大，但不足之处是，由于搜索引擎所涉及的信息具有很大的综合性，因此其中的很多受众可能与你无关，而且在这些网站上发布广告的费用相对也较高。

（二）选择有明确受众定位的网站

互联网上还有许多专业性的网站，其特点是访问人数较少，覆盖面也较窄，但访问这些网站的网民可能正是广告的有效受众。从这个角度看，有明确受众定位的网站的有效受众量不一定比搜索引擎少。因此，选择这样的网站投放广告，获得的有效点击次数甚至可能超过搜索引擎，正所谓“小市场大占有率”。

除上述方式外，还可以采取由几家企业合办或协办网站，如 IBM 公司与北京 169 合办的“中国荟萃”网站；或由企业对网站的某些栏目提供赞助，网站则为其做广告等形式。

相关链接　搜索

马蜂窝

马蜂窝（http：//www. mafengwo. cn），通过与网友共享旅游体验的模式，已经成为国内最大的图片、视频分享网站之一。

三、使用电子邮件广告

电子邮件广告是目前许多公司运用较多，且费用较省的网络广告之一。广告主通常建立自己的客户邮件列表，定期向客户发送广告、发布新产品的信息。此外，也可以向其他公司购买邮件组定期发布广告信息。电子邮件广告通常应制作得小而精简，便于在目前网络传输速度不够理想的条件下，占用客户较少的下载时间。如果广告中图片过多、文件过大，或者广告内容不能吸引客户，则很容易引起客户的反感而拒收广告主的电子邮件。除以上方法外，还可以利用网络调查或 BBS 来发布广告。

如何在 Web 站上投放广告，如何吸引网络访问者浏览广告，这些都需要经过精心的策划。对于广告主而言，看重的是网站的访问量，一切商务活动都是以浏览者访问 Web 站点为基础的。没有访问量，广告的效益也就无从谈起。以下是网络广告发布的一些技巧。

（一）注册到搜索站点

目前国内外专门用于中文搜索引擎与分类导航的站点有许多，几乎每个大城市的多媒体公众信息网都有导航站点，如网民所熟悉的搜狐等站点。既有收费的，又有免费在其上登记的。

（二）加入广告交换网

广告交换网是指能提供以下服务功能的网络，即那些拥有自己主页的用户，可以向某个交换网络的管理员申请一个账号，并提交介绍自己主页的 gif 格式的图片文件或带动画的 gif 图片文件，该交换网会给用户一段 HTML 代码，用户将该代码加入自己的主页中。当有人访问该用户的主页时，在该主页上就会显示别人的广告图片。根据该交换网的显示交换比率，该用户的广告在该交换网上的另一用户的主页上显示相等的时间。如果用户的广告图片做得十分精致美观，能够全面体现用户的特点，同时网络访问者对该网络有兴趣，则访问者就会通过点击广告图片链接到用户的主页上来。

此外，还可以用高级工具为网页增加搜索功能，这不仅可以使上网者浏览站点上的信息，而且能吸引上网者再次浏览该站点。也可以利用 Banner 来宣传自己的网站，因为 Banner 是利用网页制作中超文本链接功能而形成的，本身含有广告语，其动态或静态的精美而别致的图形又引人入胜，能使上网者情不自禁地去点击它。

当广告主制作了一个精美的广告并通过 ISP 放到网上以后，其效果如何是广告主最关心的问题，一个没有访问量的广告将不能产生任何效益。这就需要人们对广告的效果进行监测，并通过一定的手段来判断广告投放的实际效应，根据探测到的结果及时改进网络广告的操作。

要了解网络广告投放的实际效果，比较简单的方法是统计广告所在网页的访问量。用计数器统计自己网站的访问量是目前不少网站通用的方法。计数器简单明了，数字越大说明访问量也越大。但是，计数器只能简单地告诉人们网页访问的数字，并不能确定具体有多少访问者通过网络广告进入相应的网站或认真浏览过网络广告，通常只能表示有访问者浏览载有广告的网页。

统计点击率也是一种简单的检测方法。如果一个网络广告被点击得越多，说明有不少网上浏览者对该广告有兴趣。但是，点击率将每一个文件都单独当成一个点击，容易产生虚假的数字。

相比较而言，统计报告是统计访问量并进行详细分析的较好方法。这种方法首先可以通过服务器端的统计软件随时进行监测，并生成详细的报告。广告主可以了解在何时有多少网上浏览者访问过载有广告的网页，有多少浏览者通过该网页进入广告主自己的网站，甚至可以了解在线浏览的网民所用的浏览器、平台、ISP 及所在国家等资料。这些资料可以方便地转换成电子表格或生成图表。当然，要想取得这些资料还是需要付出一定的费用的。

广告主可通过广告评估机构，也就是请有关的审计部门来统计数据。这种方法一般适用于网站访问量很大，网络广告的收入在公司的业务中占较大比重的情况。人们比较熟悉用广播的收听率、电视的收视率和报刊的发行量等指标来衡量相应媒体的优劣。随着网络广告的兴起，评价与监测网络广告的新的机构也将随之形成。在我国，专门的检测网络广告的权威评估机构尚未形成。这种公认的权威机构的设置对于促进网络广告健康而快速地发展起来无疑是极为重要的。目前，我国一些民间机构正在积极地筹备这一工作。作为网络广告的检测评估机构，首先应具备公正、客观和权威三方面的品质，同时应精通商业运作的方式和模式、熟悉广告业务、熟知网络广告的特点。

第四节　网络广告效果评估

网络广告效果是指广告作品通过网络媒体发布后所产生的实际作用和影响。网络广告效果评估就是利用一定的指标、方法和技术对网络广告效果进行综合衡量和评定的活动。

一、网络广告效果评估的意义

网络广告效果贯穿于网络广告活动的全过程，包括网络广告调查、网络广告策划、网络广告创意和制作、网络广告发布和实施等活动。网络广告效果的评估，不仅可以对企业前期的广告运作做出客观的评价，而且对企业今后的广告活动还能够起到有效的指导作用，它对于提高企业的广告效益具有十分重要的意义。

（一）有利于完善广告计划

通过网络广告效果评估，可以检验原来预定的广告目标是否正确，网络广告形式是否运用得当，广告发布时间和网站的选择是否合适，广告费用的投入是否经济合理等，从而可以提高制订网络广告活动计划的水平，争取取得更好的广告效益。

（二）有利于提高广告水平

通过收集消费者对广告的接受程度，鉴定广告主题是否突出；广告诉求是否针对消费者的心理；广告创意是否吸引人；是否能起到良好的效果，从而可以改进广告设计，制作出更好的广告作品。

（三）有利于促进广告业务的发展

由于网络广告效果评估能客观地肯定广告所取得的效益，因而可以增强广告主的信心，使广告企业更精心地安排广告预算，而广告公司也更容易争取广告客户，从而促进广告业务的发展。

二、网络广告效果评估的标准

由于传统广告效果很难用直接的方法加以评测，所以传统广告效果评估难以制定出具体的标准，而网络广告的数字化特征决定了其精确性和可统计性。因此，同传统广告相比，网络广告效果评估具有其独到之处。

（一）网络广告效果评估的原则

1. 有效性原则

评估工作必须要达到测定广告效果的目的，要以具体的、科学的数据结果而非空泛的评语来证明广告的实际效果。由于目前我国还未形成规范的网络广告市场，因而有一些广告商采用一些不正当的手段来获取高统计数字。例如，有些广告商很可能为了争取利益而通过各种虚假诱惑广告甚至强制弹出手段制造点击次数，这些点击往往造成访问率很高的假象。对此广告来访用户的回访情况分析能对这种行为产生很好的甄别。当然，该分析数据依然与广告主站点本身的设计密切相关，但是通过对比不同广告牌来访用户的回访情况，对比搜索引擎来访用户的回访情况以及其他广告商来访用户的回访情况数据，就可以很容易地分辨究竟怎样的广告带来的来访用户才是真实有效的。所以，它要求在测定广告效果时必须选定真实有效、代表性的答案来作为衡量的标准；否则，就失去了有效性。这就要求采用多种测定方法，进行多方面的综合考察，广泛收集意见，才能得出客观的评估结论。

2. 可靠性原则

前后测定的广告效果应该有连贯性，以证明其可靠。若多次测定的广告效果的结果相同，其可靠程度就高；否则，可靠程度就低甚至不可取。这就要求广告效果测定对象的条件和测定的方法前后一致，才能得到准确的答案。

3. 相关性原则

指广告效果测定的内容必须与所追求的目的相关，不可做空泛或无关的测定工作。若广告的目的在于推出新产品或改进原有的产品，则广告测定的内容应针对消费者对品牌的印象；若广告的目的在于在已有的市场上进一步扩大销售，则应将广告效果测定的重点放在改变消费者的态度上；若广告的目的在于和同类产品竞争，抵消竞争压力，则广告效果测定的内容应着重于产品的号召力和消费者对产品的信任感。

4. 综合性原则

影响广告效果的可控性因素是指广告主能够改变的，如广告预算、媒体的选择、广告刊播的时间、广告播放的频率等因素；不可控因素是指广告主无法控制的外部宏观因素，如国家有关法律法规的颁布、消费者的风俗习惯、目标市场的文化水平等。在测定广告效果时，除了要对影响因素进行综合性分析外，还要充分考虑到媒体使用的并列性以及广告播放时间的交叉性。只有这样才能排除片面的干扰，获得客观的、全面的评测效果。

5. 经济性原则

进行广告效果测定，所选取的样本数量、测定模式、地点、方法以及相关指标等，既要有利于测定工作的展开，又要从广告主的经济实力出发，考虑测定费的额度，充分利用有限的资源为广告主做出有效的测评。

6. 经常性原则

广告效果测评有时间上的滞后性、积累性、符合性以及间接性等特征，因此，就不能抱有临时性或者一次性测定的态度。要坚持经常性原则，要定期或不定期地进行测评，并保证一定的量。

（二）国际网络广告效果评估标准

一般来说，互联网广告效果可以从广告计费形式上可见一斑，目前国际上采用比较多的有以下两种形式。

1. 千人印象成本（Cost Per Mille，CPM）

千人印象成本是指网络广告所产生1000个广告印象的成本，通常以广告所在页面的曝光次数为依据。其计算公式如下：

$$\text{CPM} = \text{总成本} \div \text{广告曝光次数} \times 1000$$

2. 每点击成本（Cost Per Action，CPA）

CPA是一种按广告投放实际效果计价方式的广告，即按回应的有效问卷或订单来计费，而不限广告投放量。CPA的计价方式对于网站而言虽然有一定的风险，但广告若投放成功，其收益也比CPM的计价方式要大得多。其计算公式如下：

$$\text{CPA} = \text{总成本} \div \text{转化次数}$$

这两种形式使用份额最大，比例也较接近，是目前使用较为广泛、较为频繁的互联网广告计费形式，也是可以用以衡量网络广告效果的重要指标。CPM的原理与传统媒体的广告效果评价体系有相似之处，十分注重广告的显示效果。而CPA则完全区别于传统媒体，是一种基于互联网互动性特征的广告计费形式，在确定了广告主所需要获得的广告效果基础上，以效果的实现来衡量广告价值。

（三）国内网络广告评估现状

目前，在国内除了 CPM 和 CPA 外，还有两个指标是国内广告主衡量互联网广告效果的重要参考——CPC 和 CPT。

1. 按点击付费（Cost Per Click，CPC）

CPC 是一种点击付费广告形式，根据广告被点击的次数实行收费。如关键词广告一般就采用这种定价模式，比较典型的有百度竞价广告。

2. 按时长付费（Cost Per Time，CPT）

CPT 是一种以时间来计费的广告，国内很多的网站都是按照“一个月多少钱”这种固定收费模式来收费的，这种广告形式很粗糙，无法保障客户的真正利益。但是 CPT 的确是一种很省心的广告，能给网站、博客带来稳定的收入。例如，阿里妈妈按周计费广告和门户网站的包月广告都属于这种 CPT 广告。

通过 CPC 的广告点击数及点击率，广告主可以很清楚地了解自己投放的网络广告到底带来了多大的宣传效果，大大满足了广告主对广告效果评估的需求。而 CPT 则是目前国内互联网广告计费形式的主导，CPT 是传统媒体广告购买模式的延续，它使得网络广告的计费模式更趋近于传统媒体的购买模式。广告主可以根据自身需求在特定时间段选取特定广告位进行有针对性的宣传。换言之，CPT 在技术上可以看作 CPM 的变形，以适应国内广告主在广告购买上的方便，但由于网络媒体区别于传统媒体的广告效果可记录性，因而 CPT 无法精确体现出互联网便于衡量广告效果的优势。

由于各大媒体尚未能实时地公布其每天不同页面的日访问量和日不重复访客数，因此，广告主在衡量广告投放效果时只能根据媒体公布的数据进行估算，这种评估方法难以体现出互联网广告所应有的精确性和实时性，而只是根据经验估算出广告所能传达到的用户数量及相应所需付出的费用。同时，一个越来越明显的趋势是，随着媒体页面访问量的不断提高，媒体却缺乏有力的第三方数据向广告主证明这种页面访问量增长的准确可靠性，而只能被动地每半年或每一年调整一次价格，以提高自己的广告收入。

CPT 沿用几年，广告主渐渐发现这种计费形式缺乏有效的说服力，或者说，广告主们越来越需要系统地分析互联网广告所产生的实际效果，对这一变化体会最深刻的是网络广告代理公司的客户服务人员。在提供的互联网广告监测预测数据和报告中，以往客户服务人员只是提供 CPC，但很显然，广告点击率并不是解释广告效果的唯一指标。对于以树立品牌作为广告目的的企业来说，广告位置和广告语言的优劣所导致的广告支出和用户对广告的印象才是他们的最终需求，而这等同于传统媒体告知效果的需求。目前，不少网络广告代理公司为了满足这些客户的需求，也已经将 CPM 作为一种广告效果来进行评估。事实上，在国内网络广告市场不够成熟的环境下，CPM 作为一种计费形式还未被国内广告主接受和理解，这一方面是由于 CPM 的计费方式与传统的包版位的购买方式之间存在较大的差异；另一方面，也由于权威的第三方监测系统并未能广泛地应用，CPM 尚未能获得足够的公信力。目前，这种情况仍然存在，还有待改变。但随着权威调研机构介入，CPM 至少可以作为一种广告效果监测的指标提供给广告主。

（四）网络广告效果评估的内容及指标

广告的根本目的是在于促成消费者购买产品，但是由于网络广告所起的作用是一项缓慢的过程，其效果也不仅仅表现为销售效果，因此应把广告的传播效果、经济效果以及社会效果几方面综合衡量，并按照网络广告活动过程分阶段进行评估。

1. 网络广告传播效果评估的内容及指标

广告除了具备复合性的特点之外，还具备阶段性的特点。这是因为广告对于广告主来说其最终目的是促进产品的销售，但这个广告目的不可能一步实现，中间势必要经过几个阶段。于是有人针对这一广告传播的阶段性过程提出了“AIDA 公式”（AIDA Formula），它指的就是潜在消费者从接触广告开始，一直到完成某种消费行为的几个动作，具体阶段如下。A（Attention）：注意；I（Interest）：兴趣；D（Desire）：欲望；A（Action）：行动。

与传统广告相比，网络广告在传播渠道上发生了很大的变化，广告的表现方式也不一样，但是，广告基本的“AIDA 公式”却仍是值得遵从的法则。广告主可以依据不同的广告目的，用“AIDA”来检验网络广告的效果。广告的 AIDA 的每一个阶段都可以作为网络广告传播效果评估的内容，其与评估指标的对应关系如表 8－1 所示。

表 8－1　网络广告评估指标的对应关系

评估内容	网络广告的传播效果评估指标	位　置
注意	广告曝光次数	媒体网站
兴趣	点击次数与点击率	媒体网站
欲望	网页阅读次数	广告主网站
行动	转化次数与转化率	广告主网站

（1）广告曝光次数。即网络广告所在的网页被访问的次数，这一数字通常用计数器（Counter）来进行统计。假如广告刊登在网页的固定位置，那么在刊登期间获得的曝光次数越高，表示该广告被看到的次数越多，获得的注意力也就越多。但是，在运用广告曝光次数这一指标时，应该注意以下几方面的问题：首先，广告曝光次数并不等于实际浏览的广告人数。在广告刊登期间，同一个网民可能光顾几次刊登同一则网络广告的同一网站，这样他就可能不止一次地看到这则广告，此时广告曝光次数应该大于实际浏览的人数，并不相等；还有一种情况就是，当网民偶尔打开某个刊登网络广告的网页后，也许根本就没有看广告的内容就将网页关闭了，此时的广告曝光次数与实际阅读次数也

不相等。其次，广告刊登位置的不同，每个广告曝光次数的实际价值也不相同。通常情况下，首页比内页得到的曝光次数多，但不一定是针对目标群体的曝光，相反，内页的曝光次数虽然较少，但目标受众的针对性更强，广告的实际意义更大。最后，一个网页中很少只刊登一则广告，更多情况下会刊登几则广告。在这种情形下，当网民浏览该网页时，他会将自己的注意力分散到几则广告中，这样对于其中某个广告主的广告曝光的实际价值到底有多大我们无从知道。总而言之，得到一个广告曝光次数，并不等于得到一个广告受众的注意，只可以从大体上来反映。

（2）点击次数与点击率。网民点击网络广告的次数就称为点击次数。点击次数可以客观准确地反映广告的效果。而点击次数除以广告曝光次数，即可得到点击率（CTR），这项指标也可以用来评估网络广告的效果，是广告吸引力的一个指标。如果刊登这则广告的网页的曝光次数是5000，而网页上的广告的点击次数为500，那么点击率是10%。点击率是网络广告最基本的评价指标，也是反映网络广告最直接、最有说服力的量化指标，因为一旦浏览者点击了某个网络广告，就说明他已经对广告中的产品产生了兴趣，与曝光次数相比这个指标对广告主的意义更大。不过，随着人们对网络广告的深入了解，点击率已越来越低。因此，在某种程度上，单纯的点击率已经不能充分反映网络广告的真正效果。

（3）网页阅读次数。浏览者在对广告中的产品产生了一定的兴趣之后便会点击进入广告主的网站，在了解产品的详细信息后，可能就产生了购买的欲望。当浏览者点击网络广告之后即进入了介绍产品信息的主页或者广告主的网站，浏览者对该页面的一次浏览阅读称为一次网页阅读。而所有浏览者对这一页面的总的阅读次数就称为网页阅读次数。这个指标也可以用来衡量网络广告效果，它从一个侧面反映了网络广告的吸引力。广告主的网页阅读次数与网络广告的点击次数实际上是存在差异的，这种差异是由于浏览者点击了网络广告而没有去浏览阅读点击这则广告所打开的网页所造成的。目前，由于技术的限制，很难对网页阅读次数进行精确地统计，在很多情况下，就假定浏览者打开广告主的网站后都进行了浏览阅读，这样的话，网页阅读次数就可以用点击次数来估算。

（4）转化次数与转化率。网络广告的最终目的是促进产品的销售，而点击次数与点击率指标并不能真正反映网络广告对产品销售情况产生的影响，于是，引入了转化次数与转化率指标。"转化"被定义为受网络广告影响而形成的购买、注册或者信息需求。那么，转化次数就是由于受网络广告影响所产生的购买、注册或者信息需求行为的次数，而转化次数除以广告曝光次数，即得到转化率。网络广告的转化次数一般包括两部分，一部分是浏览并且点击了网络广告所产生的转化行为的次数，另一部分是仅仅浏览而没有点击网络广告所产生的转化行为的次数。由此可见，转化次数与转化率可以反映那些浏览而没有点击广告所产生的效果，同时，点击率与转化率不存在明显的线性关系，所以出现转化率高于点击率的情况是不足为奇的。但是，目前如何来监测转化次数与转化率，在实际操作中还有一定的难度。通常情况下，将受网络广告的影响所产生的购买行为的次数看作转化次数。

小知识

转化率最早是由美国的网络调查公司 AdKnowledge 在《2000 年第三季度网络广告调查报告》中提出的。

2. 网络广告经济效果评估的内容及指标

网络广告的最终目的是促成产品的销售，因而广告主最关注的是由于网络广告产生的影响而得到的实际收益。收益是广告收入与广告成本两者的差，因此，网络广告经济效果评估的内容及指标可以概括为：

（1）网络广告收入。顾名思义，网络广告收入就是指消费者受网络广告刊登的影响产生购买而给广告主带来的销售收入。其计算公式为：

$$网络广告收入 = P \times N_i$$

其中，P 表示网络广告所宣传的产品的价格；N_i 表示消费者 i 在网络广告的影响下购买该产品的数量。这一结果看似很简单，但是要得到准确的统计数字，还具有相当大的难度。

（2）网络广告成本（Cost）。网络广告行业中，其计费模式主要有 CPC、CPM、CPT、CPA 四种。

案 例

一定时期内一个广告主投入某产品的网络广告的费用是 6000 元，这则网络广告的曝光次数为 600000，点击次数为 60000，转化数为 1200。

则这个网络广告的千人印象成本为：$CPM = 6000 \div 600000 \times 1000 = 10$（元）

这个网络广告的每点击成本为：$CPC = 6000 \div 60000 = 0.1$（元）

这个网络广告的每行动成本为：$CPA = 6000 \div 1200 = 5$（元）

总的来说，CPM 是目前应用最广，也是使用起来最简单的指标。广告主投放网络广告的费用是一个明确的数字，而广告曝光次数是由 ISP 或 ICP 直接提供的，所以 CPM 能够被很容易地计算出来。然而 CPM 的真实性要受到质疑，这是因为广告曝光数字是由 ISP 或 ICP 提供的，他们为了宣传其网站经营效益，通常情况下会夸大曝光数字。这样，网络广告 CPM 的客观性就大大降低，不能真实地反映网络广告的成本。CPC 也是目前常用的指标，这一数据的产生是基于点击次数计算出来的，而点击次数除了 ISP 或 ICP 提供外，广告主是可以自己来进行统计的。所以利用 CPC 在一定程度上限制了网站作弊的可能，在很大程度上提高了评估的准确性。但是如果一个浏览者点击了广告而没有进行下一步的行动就关闭了浏览器，那么广告效果也只是停留在曝光上，此时 CPC 的数值就比实际情况偏小，这是不科学的。由于CPM和CPC两个指标都存在一定的局限性，所以有人提出了CPA指标。CPA指标对于广告主是最有借鉴意义的，因为网络广告的最终目的就是促进产品的销售，是通过消费者的购买行动来实现的。但是由于目前技术的限制，很难将那些在网络广告的影响下产生实际行动的数字准确地统计出来，所以这个指标应用起来也有一定的局限性。

3. 网络广告社会效果的评估内容及指标

网络广告的社会效果主要是对广告活动所引起的社会文化、教育等方面的作用。无论是广告构思、广告语言，还是广告表现，都要受到社会伦理道德的约束。评估网络广告的社会效果，通常受一定的社会意识形态下的政治观点、法律规范、伦理道德以及文化艺术标准的约束。意识形态不同，约束的标准也不同，甚至相反。对网络广告社会效果的评估，很难像对网络广告传播效果和经济效果评估那样用几个技术指标来衡量，因为网络广告产生的社会影响涉及整个社会的政治、法律、艺术、道德伦理等上层建筑和社会意识形态。所以，网络广告社会效果只能用法律规范标准、伦理道德标准和文化艺术标准来衡量。

（五）网络广告效果评估所需数据的获得方式

网络广告效果评估的一项基础工作就是获得统计数据，这是评估工作得以进行的前提。目前，网络广告效果评估主要通过以下两种方式来获得数据。

1. ISP或ICP通过使用访问统计软件获得评估数据

使用一些专门的软件可随时监测网民对网络广告的反应情况，并能进行分析、生成相应报表，广告主可以随时了解相关的信息。目前，权威的网络广告监测公司Double Click和Netgraphy就是用一定的统计软件来获得广告曝光次数、点击次数以及网民个人情况的一些数据。如今，在美国比较流行的AdIndex软件可以实时跟踪网民对产品品牌印象变化的情况。同时，广告主希望网络广告在网站上刊登时具有非常强的针对性，这就需要获得每个网民的IP地址和消费习惯，这如何实现呢？Cookie技术就提供了这种实现的可能。Cookie技术可以区分不同地址甚至同一地址不同网民的信息，以此来为广告主提供不同类型的统计报表。这种方式是目前普遍采用的，但是这种方式也存在很大的作弊可能。

2. 委托第三方机构进行监测来获得评估数据

广告效果评估特别强调公正性，所以最好由第三方机构独立进行，传统媒体广告在这方面已经形成了一套行之有效的审计认证制度，并且也有专门的机构来从事这一工作，如美国的盖洛普、中国的央视—索福瑞等。第三方独立于ISP或ICP之外，因此在客观程度上有所提高，减少了作弊的可能，使统计数据的可信度大大增强。国外像Media或Metrix这样的网络调查公司，利用对网民的随机抽样，来评估网上广告行为，从而获得效果评估数据。目前，网络广告效果评估的标准和体系还很不完善，相信随着各界人士对这个问题的关注程度的提高，网络广告的效果评估体系不久就会确立，而且评估技术和评估方法也会有很大的进步，那时网络广告的效果评估将会更加客观、准确。

三、网络广告效果评估方法

在广告效果评估中，使用最多的就是DAGMAR方法，在网络广告的效果评估中此方法也同样适用，只不过在这里是通过网络广告中的特定指标和方法来体现的。下面根据使用评估指标的情况将评估方法大体分为以下两大类，但是DAGMAR方法一直贯穿其中。

（一）单一指标评估法

顾名思义，单一指标评估法是指当广告主明确广告的目标后，采取适当的单个指标来对网络广告效果进行评估的方法。当广告主所追求的广告目的是提升和强化品牌形象时，则只需要选择那些与此相关的指标，如广告曝光次数、广告点击次数与点击率、网页阅读次数等指标来衡量；当广告主所追求的广告目的是实际收入时，则只需要选取转化次数与转化率、广告收入、广告支出等相关指标进行评估。

（二）综合指标评估法

所谓综合指标评估法就是在对广告效果进行评估时所使用的不是简单的某个指标，而是利用一定的方法，在考虑几个指标的基础上对网络广告效果进行综合衡量的方法。下面介绍两种综合指标评估方法，其评估结果从不同方面反映了网络广告的效果。

1. 传播效能评估法

所谓传播效能是指随着网络广告的刊登，其广告宣传对象的信息也在不断传播，从而产生了对品牌形象和产品销售潜力的影响，这种影响侧重于长期的综合的效果。而传播效能评估法就是在网络广告刊登后的一段时间内，对网络广告所产生的效果的不同层面赋予权重，以判别不同广告所产生效果之间的差异的方法。这种方法实际上是对不同广告形式、不同投放媒体，或者不同刊登周期等情况下的广告效果所进行的比较，而不仅仅反映某次广告刊登所产生的效果。

2. 耦合转化贡献率评估法

广告主在以往网络广告的经验基础之上，会产生一个购买次数与点击次数之间的经验比例数值，根据这个比例即可估算广告在网站刊登时，一定的点击次数可产生的购买转化次数，而该网站上的广告的最终转化次数可能与这个估计值并不完全吻合，由此产生了实际转化次数相对于预期转化次数的变化率，本书称之为该网络广告与该网站的耦合转化贡献率。

案 例

手机网络广告效果评估

某手机制造商在A、B两家网站上分别刊登了某手机产品的广告，刊登周期为1个月的时间，广告刊登结束后，A、B两家网站向该制造商提供了网络广告在其网站上的被点击次数，分别为5102和3051。同时，网站协助手机制造商对网民的行动进行了跟踪调查，分别得到由于受网络广告影响而产生的购买次数分别为102和124。

根据一般的统计数字，每100次点击可形成2次实际购买。那么按照两种方法进行评估的情况如何呢？先来看一下传播效能评估法。根据上面所提到的统计数据，每100次点击可以形成2次购买，那么可以将实际购买的权重设为1.00，每次点击的权重设为0.02，由此可以计算出网络广告在A、B两家网站刊登所产生的传播效能。

网络广告在A网站上所产生的传播效能为：$102\times1.00+5102\times0.02=204.04$

网络广告在B网站上所产生的传播效能为：$124\times1.00+3051\times0.02=185.02$

再来看一下耦合转化贡献率法。根据统计数据，每100次点击可形成2次实际购买，那么按照这一经验预测，网络广告在B网站产生3051次的点击，则应该有61次的购买，而实际的购买是124次，由此，实际转化相对于预期转化发生了变化，其变化的幅度就是该网络广告与B网站的耦合转化贡献率。

学习导航

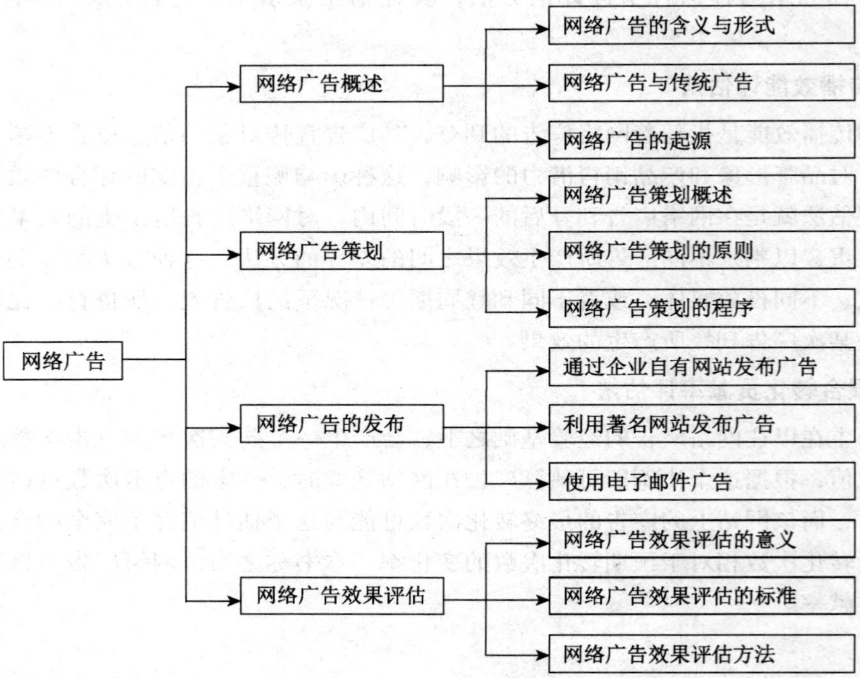

自测题

一、 名词解释

1. 网络广告
2. 网络广告策划
3. 网络广告收入
4. 到达率
5. 网络广告的媒体

二、 判断题

1. 报纸、广播、电视是公认的三大传统广告媒体。（　　）

2. 富媒体广告需要受众事先安装插件。（　　）

3. 在消费群体总人数一定的情况下，接受广告信息的人数越多，广告到达率就越高。（　　）

4. 阿里妈妈允许用户进行广告位的买卖。（　　）

5. 在网络环境中，不同时间内有不同的网民群体，一般年轻的网民多数都有白天上网的习惯，那么，在白天推出适合年轻人的、时尚的产品是一个好的策略。（　　）

6. 广告主发布网络广告不一定要通过广告代理公司。（　　）

7. 企业的 Web 网站本身就是一个广告。（　　）

三、 单项选择题

1. 中国第一个商业性的网络广告出现在（　　）年。

A. 1997　　B. 1995
C. 2001　　D. 2002

2. （　　）又称为旗帜广告，是最常用的广告形式。

A. 横幅广告　　B. 按钮广告
C. 富媒体广告　　D. 软广告

3. 网络广告策划具有事前性、指导性和（　　）等特点。

A. 局部性　　B. 可控性
C. 专业性　　D. 整体性

4. 在网络广告中，只有确定了（　　），才能制订出有吸引力、激发购买欲、促成购买行为的有针对性的广告。

A. 一级代理商　　B. 二级代理商
C. 广告对象　　D. 生产商

四、 简答题

1. 网络广告的形式有哪些？
2. 网络广告策划分成哪几个阶段？
3. 选择投放广告网站的基本原则有哪些？
4. 网络广告时间策划的内容有哪些？
5. 网络广告效果评估的原则有哪些？

实训

1. 浏览淘宝旅行网、艺龙网、携程等网站，观察网络广告的主要形式，并对所看到的网络广告进行分类。

2. 制作一个横幅广告。

3. 登录阿里妈妈，了解阿里妈妈提供的服务。

小组任务

全班分成6组，每组5人，进行网络广告策划。具体要求如下：

1. 进行产品分析和市场分析。

2. 明确宣传目标。

3. 决定广告投放方向（需要写明原因）。

4. 设计网络广告作品。

5. 撰写网络广告策划书，要求2000字以上，主要内容包括方案概述、投放方案、费用预算。

参考文献

图书

［1］胡劲军．智慧旅游［M］．北京：清华大学出版社，2012.

［2］李云鹏等．智慧旅游：从旅游信息化到旅游智慧化［M］．北京：中国旅游出版社，2013.

［3］黄羊山，刘文娜，李修福．智慧旅游：面向游客的应用［M］．南京：东南大学出版社，2013.

［4］陈涛，徐晓林，吴余龙．智慧旅游：物联网背景下的现代旅游业发展之道［M］．北京：电子工业出版社，2012.

［5］巴兆祥．旅游与城市发展［M］．上海：复旦大学出版社，2013.

［6］蔡红，李云鹏．信息化与网络化背景下的旅游发展与旅游教育［M］．北京：中国经济出版社，2013.

［7］陈拥军．电子商务与网络营销［M］．北京：电子工业出版社，2008.

［8］董林峰．旅游电子商务［M］．天津：南开大学出版社，2012.

［9］沈凤池．网络营销［M］．北京：清华大学出版社，2005.

［10］李玉清．网络营销［M］．北京：清华大学出版社，2007.

［11］戴建中．网络营销与创业［M］．北京：清华大学出版社，2008.

［12］李应全．淘宝网开店做赢家［M］．2版．北京：人民邮电出版社，2008.

［13］肖龙．网上开店创业指南［M］．北京：中国宇航出版社，2007.

［14］丁薇．网络营销实用教程［M］．北京：人民邮电出版社，2007.

［15］闫建华．网络营销与策划［M］．北京：人民邮电出版社，2007.

期刊

［1］朱万春，刘松．以现代科技支持的智慧旅游理论与实践应用研究［J］．科研管理，2021，42（6）：210.

［2］王桂英，董春晓．论我国旅游网络营销的问题与对策［J］．商场现代化，2006（11S）：210－211.

［3］银淑华．关于我国发展旅游网络营销的几点思考［J］．北京工商大学学报：社会科学版，2001，16（5）：76－80.

［4］王光伟，宋杨，刘静．基于在线旅游社（OTA）发展态势的旅行社网络营销策略［J］．濮阳职业技术学院学报，2017，30（2）：99－102＋128.

［5］林铁，田茂露，段艳．乡村旅游网络营销研究综述［J］．中国商论，2017（22）：42－43.

［6］郭阿林．国内旅游网络营销的探讨［J］．商场现代化，2018（18）：38－39.

［7］贺剑武．智慧旅游对旅游型乡村振兴发展的影响作用与实现路径［J］．农业经济，2021（3）：42－44.

［8］陈喆芝，李新皓，杨婷．“互联网＋”背景下旅游供应链渠道协调及网络营销研究——以7天连锁酒店和携程旅行网为例［J］．旅游纵览，2021（3）：17－20.

［9］徐岸峰，任香惠，王宏起．数字经济背景下智慧旅游信息服务模式创新机制研究［J］．西南民族大学学报：人文社会科学版，2021，42（11）：31－43.

［10］王国栋，孟仁振．“旅游＋”新媒体平台运营策略研究——以中国青年旅行社为例［J］．传媒，2021（24）：69－71.

［11］贺剑武．智慧旅游对乡村旅游资源开发与利用的赋能研究［J］．农业经济，2021（9）：100－102.

［12］林铁，田茂露，曾慧珠．乡村旅游经营者参与网络营销的意愿及行为研究——基于广西融水、阳朔的调查数据［J］．中国农业资源与区划，2019（2）：56－63.

网站

［1］携程网：http：//www. ctrip. com/

［2］中国互联网络信息中心：http：//www. cnnic. com. cn

［3］艺龙旅行网：http：//trip. elong. com

［4］支付宝网站：http：//www. alipay. com. cn

［5］遨游网：http：//www. aoyou. com

［6］去哪儿网：http：//www. qunar. com/

［7］同程网：http：//www. ly. com/

［8］飞猪：http：//www. alifrop. com/

［9］百度：http：//www. baidu. com

［10］网易：http：//www. 163. com

［11］穷游网：http：//place. qyer. com/

［12］驴妈妈旅游网：http：//www. lvmama. com

项目策划：段向民
责任编辑：张芸艳
责任印制：孙颖慧
封面设计：武爱听

图书在版编目（CIP）数据

旅游网络营销 / 金涛主编；李卓君，严荣，金莹副主编. -- 2 版. -- 北京：中国旅游出版社，2022. 6

中国旅游院校五星联盟教材编写出版项目　中国骨干旅游高职院校教材编写出版项目

ISBN 978-7-5032-6457-3

Ⅰ. ①旅…　Ⅱ. ①金… ②李… ③严… ④金…　Ⅲ. ①旅游业-网络营销-高等职业教育-教材　Ⅳ. ①F590. 82

中国版本图书馆 CIP 数据核字（2020）第 051871 号

书　　名：旅游网络营销（第二版）

主　　编：金　涛
副 主 编：李卓君　严　荣　金　莹
出版发行：中国旅游出版社
（北京静安东里 6 号　邮编：100028）
http：//www. cttp. net. cn　E-mail：cttp@ mct. gov. cn
营销中心电话：010-57377108，010-57377109
读者服务部电话：010-57377151
排　　版：北京旅教文化传播有限公司
经　　销：全国各地新华书店
印　　刷：三河市灵山芝兰印刷有限公司
版　　次：2022 年 6 月第 2 版　2022 年 6 月第 1 次印刷
开　　本：787 毫米×1092 毫米　1/16
印　　张：16
字　　数：321 千
定　　价：39. 80 元
I S B N　978-7-5032-6457-3